《农业软科学研究丛书（2004—2009）》之三

农业产业政策与农业宏观调控

农业部软科学委员会办公室

中国财政经济出版社

图书在版编目（CIP）数据

农业产业政策与农业宏观调控/农业部软科学委员会办公室．—北京：中国财政经济出版社，2010.9

（农业软科学研究丛书．2004～2009；3）

ISBN 978－7－5095－2455－8

Ⅰ．①农…　Ⅱ．①农…　Ⅲ．①农业政策－研究－中国②农业经济－宏观调控－研究－中国　Ⅳ．①F320

中国版本图书馆 CIP 数据核字（2010）第 169583 号

责任编辑：刘五书　周桂元　张怡然

封面设计：郁　佳　　　　版式设计：董生萍

中国财政经济出版社出版

URL：http：//www.cfeph.cn

E－mail：cfeph@cfeph.cn

社址：北京市海淀区阜成路甲 28 号　邮政编码：100142

发行处电话：88190406　财经书店电话：64033436

北京富生印刷厂印刷　各地新华书店经销

787×960 毫米　16 开　22.75 印张　294 000 字

2010 年 9 月第 1 版　2010 年 9 月北京第 1 次印刷

定价：39.00 元

ISBN 978－7－5095－2455－8/F·2089

（图书出现印装问题，本社负责调换）

本社质量投诉电话：010－88190744

《农业软科学研究丛书（2004—2009）》

编 辑 委 员 会

编 者 说 明

呈现在读者面前的这套丛书，是农业部软科学研究2004—2009年成果汇编。

农业部软科学委员会曾编纂《农业软科学研究丛书》和《农业软科学研究新丛》，收录1994—2000年、2001—2003年间的软科学研究成果。丛书出版后，受到了社会各界的广泛好评。2004—2009年，农业部软科学委员会组织专家对农业和农村改革发展的重大问题、热点难点问题开展深入研究，形成了一大批高质量的研究成果。许多研究成果既注重前瞻性，又注重战略性；既注重理论性，又注重操作性，为领导决策发挥了重要的咨询服务作用，为推动农业农村经济持续健康发展提供了重要的理论支撑。为进一步强化农业软科学成果的转化利用，扩大农业软科学研究成果的社会影响，现将这六年的研究成果汇编成《农业软科学研究丛书（2004—2009）》继续公开出版，供读者研究“三农”问题时参考。

在丛书编辑过程中，农业部软科学委员会办公室组织有关专家在全面整理农业软科学2004—2009年研究成果的基础上，筛选出仍具有理论和实践参考价值的研究成果，按主题和内容分类，编纂形成6册专集（著作）出版，分别是：《农业综合生产能力与农业社会化服务》，《现代农业与新农村建设》，《农业产业政策与农业宏观调控》，《农村劳动力转移与农民收入》，《农村基本经营制度与农业法制建设》，《农村改革与统筹城乡发展》。

各专集编纂人员对各项研究成果进行了认真的遴选，按一定的逻辑关系进行了整理和编排，并尽量保持原貌，以反映出认识与实践演进的时代脉络。同时，为方便读者阅读和参考，对入选研究成果作了内容综述。此外，为了保证这套丛书的质量，编审人员作了认真细致的审校工作。限于编者水平，书中不妥之处在所难免，敬请读者批评指正。

农业部软科学委员会办公室

2010年7月

目录

综　述

本书共分五章，围绕农业产业政策和农业宏观调控将2004—2009年农业部软科学相关研究成果摘编成书。按照先总体后行业的思路，前三章介绍农业产业政策和农业宏观调控的共性问题，后两章介绍农业内部种植业、畜牧业及渔业等行业的产业政策及宏观调控问题。

一、加快我国传统农业向现代农业的转型升级

现代农业是我国农业的发展方向。早在20世纪60年代国家就曾提出在20世纪末实现农业现代化的宏伟蓝图，然而我国探索农业现代化的道路异常坎坷曲折，这与我国不同于先行工业化国家的独特国情密切相关。事实上，20世纪末我国农业现代化的战略目标并未实现，仍然处在不断探索和发展之中。进入21世纪以来，国家继续提出大力发展现代农业，把走中国特色农业现代化道路作为基本方向，这是总结了我国几十年探索农业现代化道路经验教训后做出的重大战略选择，由

此开始摆脱简单模仿发达国家农业现代化之路，走向立足国情、兼收并蓄、自主发展的道路。于是，针对我国如何发展现代农业的各种研究成果不断涌现，本书第一章采取历史纵向演绎、国际横向比较的方法，阐述了农业的发展阶段和现代农业的发展阶段，介绍了国外现代农业的发展模式，从中得出重要启示，结合国情提出了加快我国现代农业发展的对策措施。

（一）农业发展阶段划分

书中用图示方法形象地展示了按照生产力性质和状况划分农业的“四分法”或“三分法”，前者将农业划分为原始农业、古代农业、近代农业和现代农业四个阶段，后者将农业划分为原始农业、传统农业和现代农业三个阶段。这两种方法的区别在于“四分法”的古代农业和近代农业对应于“三分法”的传统农业，都是自给自足农业。“四分法”是严格参照人类历史发展进程划分农业阶段，而“三分法”的划分依据既参照了人类历史阶段，又考虑了生产力特征，依据不够一致。但是，“三分法”的划分结果比较适合政策分析，应用性强，故书中着重介绍了“三分法”的划分内容。原始农业从距今1万多年的新石器时代到铁器工具出现之前，经历了约七八千年的时间；传统农业出现在距今约五千年的奴隶制社会初期；现代农业逐步形成于20世纪40年代。

（二）现代农业发展阶段

书中将现代农业划分为三大阶段：传统农业阶段、传统农业向现代农业的过渡阶段、现代农业阶段。这种划分方法概念不够周严，存在逻辑矛盾。如果按照现代农业萌芽阶段、过渡阶段和实现阶段进行划分，似乎更符合逻辑。为了重点揭示“过渡阶段”，文中又将该阶段划分为三个小阶段：传统农业为主、现代农业为辅的初始阶段，传统农业与现代农业相持阶段，现代农业为主、传统农业为辅的现代化阶段。这种划分方法针对性和现实性比较强，只是研究者未对我国究竟处在何种阶段做出判断。根据经验估计，我国目前可能处在传统农业与现代农业相持阶段，即“半传统、半现代”农业阶段，下一步将努力迈向现代农业为主、传统农业为辅的现代化阶段。至于我国究竟处在现代农业的何种发展阶段，尽管已有学者在研究，但仍未有科学的结论。

（三）国外现代农业的发展模式及启示

书中从国际比较的角度介绍了目前世界主要国家现代农业发展的三种模式，即以美国、加拿大、澳大利亚等国为代表的“劳动节约型”模式，以日本、荷兰、韩国等国为代表的“土地节约型”模式，以英国、法国、德国等国为代表的“中间类型”模式。至于我国属于哪一种模式或更接近哪一种模式，书中尚未展开分析。根据我国国土辽阔、农业发展模式区域性差异大的特点，总体上看，我国可能偏重“土地节约型”的“中间类型”模式，这可能是中国特色农业现代化道路的立足点。

本书从国外发展现代农业的措施中总结了可借鉴的共同经验：政府对农业的支持至关重要；以市场为导向充分发挥资源优势；农业合作经济组织是农业现代化的基础；建立完整的农业技术推广体系，走专业化、一体化、社会化的农业发展道路。这几条经验已在我国现代农业发展过程中得到了不同程度的运用，但在农业合作经济组织、农业技术推广体系等方面还存在较大困难，这与我国传统计划经济体制时期合作化运动失败的后遗症以及政府主导农业技术推广的管理体制密切相关。

（四）加快现代农业发展的政策建议

借鉴国际经验，结合我国实际，本书提出了加快我国现代农业建设的政策建议。包括建立支持现代农业的法律体系，完善农业国内支持政策的管理机制，打造现代农业示范区，制定扶持农民和农业企业的优惠政策，倡导持续标准化农业，培训并鼓励农民创业。这些政策建议从框架上来看并无大的新意，主要在一些具体措施和执行力度方面有一定参考作用。其中，现代农业示范区已成为省部共建的重要内容。目前不少部门和专家学者高度重视农业法律法规体系的建设，不时提出将成熟的政策上升为法律的建议。但是，我们在借鉴欧美、日本等发达国家主要运用法律来推动农业发展的经验时，要充分考虑到我国法治社会的发育水平与发达国家的巨大差距，这主要是几千年来我国人治社会的历史文化传统造成的。我国要实现依法治国、接近发达国家的法治化水平，道路依然漫长。即使从文字上构建了比较完善的法律体系，但法律对推动现代农业的作用依然不可高估。法律的作用在某些领域不如“红头文件”的作用，例如，我国《农业法》虽然对农业投入占财政支出的比例做了明确规定，现实当中由于体制等多方面原因，这一规定并未完全落实。然而，中央一号文件中做出农业投入“三个高于”的规定却发挥了实效。随着我国法治化水平的不断提升并基本进入法治社会阶段，通过修订和完善农业法律体系来推动现代农业快速健康发展是有保障的。但是，在经济政治体制未发生重大改革、法治社会未完全建立的背景下，某些推动现代农业的重大政策措施纳入政府红头文件，可能比程序复杂的修改有关农业法律法规更快、更有效。

二、我国农产品价格、需求及成本变化状况

目前，我国消费者价格指数（CPI）中农产品所占的权重高，农产品价格事实上已成为影响宏观经济调控的重要因素，因此，农产品价格在一定程度上成为了宏观经济是否稳定的先行指标，备受社会各界关注。农产品收入需求弹性小，在买方市场的常态状况下，农产品“卖难”是困扰社会的老大难问题。随着我国工业化、城镇化进程加快，要素结构发生变化，农产品成本快速上升趋势引起广泛关注，有人提出我国开始进

入高成本农业时代。

（一）农产品价格

1. 分类农产品价格变动特点

本书通过大量数据计算分析，不仅对农产品价格的总体变动特点进行了揭示，还从农林牧渔业角度分四种行业对其价格变动特点进行了比较分析，方法科学，得出的结论令人信服。结论指出，分类农产品价格波动方向趋同，波动幅度有异，粮食价格偏离种植业产品价格和总体农产品价格的程度有扩大趋势，对二者带动作用趋弱。种植业和畜牧业价格与农产品价格总指数拟合程度更佳，它们的波动幅度小于林业和渔业的价格波动幅度。2007 年之前的大部分年份，农产品价格上涨主要是由粮价上涨带动的，而 2007 年农产品价格上涨是由猪肉价格上涨带动的。

2. 运用滤波法揭示农产品价格波动周期的内在规律

本书采用经典方法 H－P 滤波法对农产品价格定基指数进行处理，把价格序列分解为趋势成分和波动成分，并把剔除趋势因素后的价格波动部分作为划分价格周期的依据，并在此基础上考察农产品价格周期长度、周期振幅及频率分布等特征。这种方法是国际上通行的研究波动规律的精准方法，剔除了趋势因素，而一般研究成果中往往简单地直接用名义价格或指数进行波动分析，并不剔除趋势因素的影响，其结论不够精准。根据该方法得出了以下结论：①农产品名义价格与实际价格波动走势逐渐吻合；②实际农产品价格上涨幅度逐渐赶上并超过下跌幅度，周期类型由收缩型向扩张型转变；③我国农产品价格市场化程度不断增强；四是农产品价格波动周期与改革进程密切相关。

3. 农产品价格与 CPI、PPI 的关系

目前，对农产品价格的地位判断不一。有人认为，现在城乡居民恩格尔系数已比较低，以粮价为代表的农产品价格不再

具有"百价之基"的战略地位，没必要将CPI中农产品价格的权重设置过高；相反，另有人认为，我国贫富分化严重，特别是数以亿计的庞大进城农民工仍是低收入群体，现在的城乡居民恩格尔系数并不能完全反映现实当中人们的生活支出水平，粮价等农产品价格仍对社会产生重大影响，不能降低CPI中农产品价格的权重。那么，我国农产品价格究竟对CPI以及PPI的影响有多大，农产品价格能否反映总体价格涨跌状况，文中对此进行了科学的计算分析，指出农产品价格与CPI、PPI的走势基本一致，但其波动幅度在绝大多数年份大于CPI和PPI的波动幅度。2000年之前，农产品价格与CPI、PPI的波动部分走势趋同，但在2000年之后的某些年份与CPI、PPI的波动走势相背离。从波动幅度看，在周期的上涨阶段，农产品波动部分涨幅及峰值高于CPI和PPI，而在下降阶段，跌幅和谷底又低于CPI和PPI。

4. 我国农产品价格波动的原因

成本变动是农产品价格波动的重要因素，供求关系变化是农产品价格波动的主要原因，政策因素对价格波动的影响比较大，农业弱质性加剧了农产品价格波动，小规模家庭经营及产业化组织化程度低加剧农产品价格波动，国际市场价格波动引发我国农产品价格波动。

（二）农产品需求

1. 农产品卖难的新特点

相对于以前的三次农产品"过剩"，20世纪90年代中期以来的农产品"卖难"具有四个"最"的新特点，即规模最大、农产品价格持续下降且下降幅度最大、延续时间最长、"卖难"涉及面最广，几乎全国各地和每一种农产品尤其是主要农产品都出现了销售困难的情况。这种通过前后纵向对比方法总结出来的特点比较新颖，反映的情况比较符合现实。

2. 制约农产品需求扩大的因素

作者从宏观层面和农业内部分析了五条基本影响因素。宏观层面因素包括收入分配不当和城镇化水平偏低，这些是间接的、深层次的基础性影响因素，调整难度大；农业内部因素包括农业结构不合理、农产品流通不畅和农产品绿色贸易壁垒，这些是直接影响因素，调整相对容易。本书得出了“城镇化水平偏低使我国农产品缺乏国际竞争力，制约了我国农产品出口增长”的判断，这种观点似是而非。城镇化水平和农产品国际竞争力之间是否存在因果关系，需要按照科学的方法严格论证。美国、日韩的城镇化水平都高，但美国农产品国际竞争力强，而日韩农产品国际竞争力弱，表明在一些重要国家城镇化水平与农产品国际竞争力之间不存在因果关系。在我国，城镇化水平偏低与农产品国际竞争力弱至多是相关关系，真正发挥直接影响力的重要因素是小规模分散经营的落后生产方式。即使我国城镇化达到日韩水平，土地经营规模显著扩大，也可能与日韩一样无法达到像美国一样的规模化经营水平，规模经营提高的竞争力不足以抵补劳动力成本上升削弱的竞争力，农产品国际竞争力未必提高。关键在于规模经营只是影响农产品国际竞争力的一项重要因素，劳动力、土地、科技、经营管理等其他影响农产品国际竞争力的因素与城镇化之间的关系是不确定的。

此外，本书提到农产品加工程度低是影响农产品需求扩大的因素之一，这也是目前比较流行的观点。从总体看，我国农产品整体加工水平依然偏低，一定程度抑制了农产品消费需求扩大。但是，农产品加工中的主要产品——食品加工并非加工程度越高，消费需求越大，这主要受我国居民鲜食习惯和顾虑加工品安全等因素的影响。因此，我们不能想当然地推定我国农产品加工程度会接近发达国家的农产品加工水平。究竟我国农产品加工水平达到多少比较合适，这很难通过理论分析预测，而是由市场决定的，并且是动态变化的。此外，农产品加工度越高，农业产业链的整体碳排放水平也越高，不符合低碳消费理念，因此，需要在追求农产品附加值的经济效益和减少碳排放的生态效益之间把握平衡，适度调控农产品的加工程度。

（三）农产品成本

随着国际石油等能源价格上涨和我国工业化、城市化发展，农业生产成本的持续上升已成为社会各界关注的重要问题。

1. 我国农业生产成本的结构现状

对全国农产品成本资料的分析发现，我国粮食作物“物质与服务费用”占生产成本的比重高于经济作物，而“人工成本”的比重低于经济作物，反映了粮食作物对物化成本变化的反应更敏感，其中最敏感的是小麦和粳稻；而经济作物对人工成本变化的反应更为敏感，其中最为敏感的是棉花和油菜籽。养殖业的发展劳动生产率较高，生产成本对物化成本变化的反应更敏感，人工成本占的比重相对较低。但是，需要指出的是，随着我国农村劳动力转移拐点的出现，劳动力成本快速上升，养殖业生产成本将对人工成本越来越敏感。

2. 农业生产成本对农产品价格的影响

农产品价格既受成本影响，又受需求影响，究竟农业生产成本对农产品价格影响有多大，仅靠经验性的定性分析缺乏说服力。本书通过相关性的定量分析后，指出对绝大多数农产品来说，农业生产成本与农产品价格的变动方向相同，且生产成本的增长能显著带动农产品价格增长；但由于不同农产品生产成本中各要素的组成比例不同，生产成本对各种农产品价格也会表现出不同的影响方式和程度。稻谷、棉花和生猪这三种代表性农产品的出售价格和生产成本的相关系数分别高达0.948、0.928和0.954，这在一定程度上反映了生产成本对农产品出售价格有很大影响。

3. 近期农业生产成本的变动及其影响

近期农业生产成本持续上升，成本上升推动农业结构调整步入新阶段，农产品和食品价格将不断上涨，农民持续稳定增收困难，农村经济社会风险管理难度增大。

4. 未来我国农业生产成本变化面临的挑战

书中通过现实数据和情况显现的发展趋势，形象地总结了未来我国农业生产成本将面临“四高两升”的挑战，即高能源成本、高劳动力成本、高气候影响成本、高现金投入成本、土地成本与生产成本双上升。

5. 稳定农业生产成本的对策建议

在客观分析现状和面临未来挑战的基础上，书中提出了如下政策建议：提高认识，完善农业国内支持政策；注重引导，推动农业产业结构升级；深化改革，完善农产品市场运行机制；创新金融，实施更有效的农业信贷政策；改进技术，大幅提高农业投入品利用效率；加强管理，健全农民收益保障机制；开发信息，完善成本调查统计与公共服务。这些措施建议尽管不是严格的政策，但都是政府要采取的具体措施建议，内容比较全面，是一揽子应对农业生产成本上升趋势的对策方案。

三、完善农业宏观调控

农业作为大国国民经济的基础，决定了农业具有战略性产业属性，其产业的外部性明显超过一般的第二、第三产业，政府对农业的干预程度也超过一般产业。通过农业补贴或国内支持政策，对农业进行宏观调控，实现政府目标，是大多数国家的通行做法。

（一）农业补贴

1. 我国农业补贴政策体系及其主要问题。文中通过梳理我国现行农业补贴政策，指出我国已经形成了围绕粮食发展、农民增收、生态保护三个主要目标，覆盖基础设施、种籽、农业机械、生产结构、生产技术、农产品加工、灾害救助、农产品价格等各个环节和内容的农业补贴政策体系。然而，该政策体系还存在以下问题：补贴政策框架缺乏科学规划和系统安排，农业补贴政策之间以及与其他农业支持政策缺乏协调和配合，农业财政补贴资金总量不足、覆盖面小，部分补贴政策操作方式不够完善，农业补贴缺乏稳定增长机制。上述观点比较全面、客观地总结了我国农业补贴政策的现状，准确指出了存在的主要问题，是长期跟踪研究并进行大量调查基础上得出的结论。

为什么我国农业补贴政策缺乏规划和系统安排？从根本上说，这是我国渐进式改革模式在农业补贴政策领域的反映。渐进式改革是按照“摸着石头过河”的思路推进的，没有成熟的理论指导和实践经验可以遵循。从理论上说，通过研究可以为我国设计出一套农业补贴政策框架，并提前进行规划，但在现实当中很难行得通。许多政策问题在未发生时难以根据理论和国际经验预见，也就没法提出针对性强、可操作的农业补贴政策。即使个别专家能够预见到可能出现的新政策问题并提出前瞻性的政策建议，但在政府部门和决策层也难以取得共识并最终形成某项补贴政策。发达国家比较健全的法律体系和农业补贴政策体系也不是通过理论研究和规划提前设计出来的，而是在实践中遇到问题，通过研究解决方案和政治博弈等方式不断丰富完善，才逐步形成的。因此，一国的农业补贴政策体系不可能进行提前规划并系统安排，只能在实践当中一边解决问题一边出台补贴政策，逐渐形成体系，并不断进行动态完善。

关于农业补贴缺乏稳定增长机制的观点比较流行。一般而言，农业补贴会随着国民经济的增长而增长，但是，农业补贴总体水平的稳定增长不代表所有补贴项目都要稳定增长。这里要区分哪些项目是稳定增长型补贴，哪些项目属于相机抉择型补贴，前者是线性增长的，后者则是波动的。现在的问题主要在于，有些需要稳定增长的补贴却处在波动中（如一些项目区专项性补贴)，有些随着市场供求变化而应该波动的补贴却在稳定增长，例如最低收购价很少反映市场供求关系，一直处于稳定增长中。

2. 完善农业补贴政策体系

书中提出了构建包括综合性收入补贴、新型农田水利设施建设补贴、投入品补贴、农业灾害救助、科技应用与推广补贴、资源和生态保护补贴、农民培训补贴以及市场调控和产后加工综合支持等九大农业补贴政策体系。这是立足现行农业补贴政策，针对补贴政策存在的问题，提出的一揽子完善农业补贴政策体系的解决方案。其中，主张合并种粮农民直接补贴和农资增支综合直补，建立种粮农民收入补贴制度。从表面上看，这两项补贴都具有收入补贴作用，都通过直补方式发到农民手中，但是前者资金来自于粮食风险基金，是增加农民收入的，比较稳定；后者来自于石油特别收益，是根据农资成本变动幅度弥补农民支出的，具有波动性。农资增支综合直补可能是2009年1号文件提出的“完善补贴动态调整机制”的基础，是随着农资成本变动而动态调整的，与种粮农民直接补贴的目标有差别，因此，将两者合并可能存在比较大的困难。

(二) 国内支持

1. 妥善处理国内支持重点与一般的关系

在财力有限的预算约束条件下，往往按照重要程度，采取差别化的支持政策。书中提出了农业国内支持的重点方向，即重点产品应当锁定为粮棉等具有战略意义的敏感性大宗农产品，以及具有国际竞争力且对农民就业和增收有重大意义的外向型农产品；重点支持的地区应该是粮食主产区、欠发达地区和外向型农业主产区；重点对象是从事重要农产品生产的农民、中低收入农民以及外向型农业主产区的农产品出口龙头企业。国内支持政策常常受到“公平”与“效率”两难问题的挑战，实践上从来说没有完美的政策，只能根据政策目标的倾向性在两者之间寻求平衡，追求次优效果而已。一些支持重点地区的政策在力度把握不当时会明显扭曲资源配置。2009 年国家在东北实行玉米托市收购，因地区差价过大，导致河北省 1/3 的玉米销往东北，致使许多河北玉米加工企业因原粮匮乏停产，激化了区域间的矛盾，因此，区域差别化政策要把握好支持力度“差距”，避免政策漏损过大，激化区域矛盾。重点人群理论上易区分，现实当中往往因识别重点人群成本过高而被迫简化区别办法，使得不少非重点人群也得到支持，这种政策操作中的漏损是执行过程中不得不支付的费用，只要大部分重点人群受益就是有效政策。

2. 慎重对待农业结构调整基金的回收

书中建议建立农业结构调整基金，农业结构调整基金的来源由中央政府和省政府以低利率进行投资援助，3—5 年后从农民的调整收益中逐年提取一定比例进行偿还。建立农业结构调整基金的设想是好的，但指望从千家万户农民结构调整收益中收取资金偿还基金，其收取成本很高而难以实现，因此，该基金最好是财政资金，一般要间接地通过在农业产业链的加工等有关环节以征税方式来弥补。

3. 妥善处理市场营销基金的收取

书中建议提高少量（如 1%）出口农产品的市场价格，用增加的收入建立出口农产品的市场营销基金，对这些农产品在国内外的市场营销活动提供补贴。在出口农产品竞争激烈的买方市场格局中，我国有多大比例的农产品能够提高价格？即使部分农产品可以提高出口价格，谁来协调企业一致行动，不健全的行业协会能担当此责任吗？如何收取企业提价收益、如何转化为市场营销基金？如果以征税方式提取，出口农产品企业既提价又缴税，是否会削弱国际竞争力？因此，该建议的可行性值得商榷，比较务实的做法是不提价，在新增财政收入中列支市场营销基金。

四、扩大农业对外开放

加入世贸组织后，我国农业国际化程度加深，农产品贸易由顺差迅速转为逆差。这一方面有利于缓解我国土地和水资源短缺的矛盾，另一方面又导致部分农产品过度依赖国际市场，定价权受跨国公司控制，国际农产品市场的剧烈波动严重干扰我国农产品市场调控，不利于稳定宏观经济。

（一）入世后过渡期农业发展对策

1. 入世过渡期我国农业发展经验

通过系统梳理入世后我国推动农业发展的各项应对举措，客观分析农业发展取得的成效和出现的问题，总结出几点宝贵经验：以理论创新指导政策创新，切实加强“三农”工作；坚持市场化取向，全面推进农村市场经济体制建设；围绕两种资源和两个市场，调整农业发展思路和重点；坚持用发展的办法解决发展中的问题。这些经验对过渡期结束后我国农业发展仍具有重要指导作用。

2. 过渡期内我国农业面临的突出问题

主要包括尚未建立起农业支持稳定增长的长效机制，农民就业与收入增长空间有限，出口能力水平受到制约，农民自我服务能力不足。这些问题即使不加入世贸组织也不同程度地存在，只是入世后暴露得更加充分。其中，出口能力受限出乎不少专家学者的预期，他们在研究入世对我国农业的影响时，大多对我国劳动密集型的畜产品出口增长持乐观态度，然而事与愿违，专家们低估了世贸组织成员利用 WTO 规则设置绿色贸易壁垒和技术壁垒保护本国农业的行动，对世贸组织规则的漏洞认识不足，高估其对成员的约束力。

3. 加强过渡期农业发展的应对措施

书中提出了五大对策措施，包括：建立健全农业增长支持保障体系；切实提高农业国际竞争力；改善贸易环境，促进公平贸易，扩大农产品出口；围绕农业发展和农民增收，确定宏观调控目标和任务；加快农业法律法规环境建设。其中，许多具体政策建议都已逐步转化为国家实施的政策，建议的采纳率很高，这与课题组成员熟悉农业政策制定和实施的农业主管部门的背景密切相关。例如，提出的完善主要农产品最低收购价制度、建立完善农业风险保障制度、建立农业技术推广补贴制度、大力发展农民专业合作组织、加强耕地保护和质量建设、支持企业“走出去”等具体政策建议，都不同程度地转化为后来的政策措施。

值得注意的是，提出的“设立改善耕地质量补贴”尚未在国家层面实施，该建议的出发点很好，难点恐怕在于识别千家万户小块耕地质量改善的运行成本很高，可操作性较弱，需要在实际工作中探索出一些简易的替代办法。

此外，书中提出要准确把握进出口调控的方向、力度、时机，充分考虑国内农业产业发展的现状和需要，充分考虑我国的“大国效应”，避免进出口大起大落对国内生产和国际市场的冲击。这是基于我国大豆和棉花等大宗农产品进口调控不力的教训提出的建议，针对性很强。从我国入世过渡期结束后大豆进口依然高速增长，对国内大豆产业冲击严重的现实来看，该建议未得到有效采纳。从大豆受冲击的程度看，我国有充分证据启动反补贴或反倾销调查，以适度保护大豆产业。之所以迟迟未动，原因可能在于决策部门在保护大豆产业和控制通胀预期的两难抉择中不得已暂时牺牲大豆产业利益。但是，如果长此以往下去，可能陷入饮鸩止渴的陷阱，重蹈2008年豆油价格受国际市场操纵而出现暴涨的局面，更不利通胀治理和宏观调控。

（二）完善农产品进出口调控

入世以来，我国农产品进出口调控遇到了市场准入门槛低，国内支持总量水平不高，贸易救济能力偏弱，体制与机制不完全适应新的国际竞争环境等主要问题。其中的某些具体问题和政策主张值得关注。

1. 农产品出口市场过于集中

这是长期以来老生常谈的问题，采取农产品出口多元化的应对之策也旷日持久，然而，这一格局仍未改变。根本原因在于，我国农产品出口市场过于集中是国际市场供求结构决定的，短期内很难通过政府推动和企业努力来改观。通过实施农产品出口多元化战略，可以在边际层面上略微降低农产品出口市场的集中度，但在相当长时期内不可能根本改观。因此，扩大农产品出口的重心可能不在于出口多元化，而在于力争突破重点出口对象国家的贸易壁垒。

2. 土地密集型和劳动力密集型农产品进出口的平衡

按照比较优势理论，许多专家学者在加入世贸组织前后都主张，在保障粮食安全条件下，调减棉花、油料等缺乏比较优势的土地密集型农产品生产，扩大蔬菜、水果、畜产品、水产品等具有比较优势的农产品生产。现实中的农产品进出口国家并不机械遵循自由贸易的比较优势理论，形形色色的贸易保护层出不穷，这是由农业特殊的战略产业地位决定的，背后涉及主权国家利益至上原则，而不是世界农业资源配置最优化原则。于是，我国在单纯地开放大豆产业之后才发现，大豆国际市场并不遵循教科书上的经典市场结构理论，不仅出现了寡头垄断，而且形成了战略联盟，操纵国际市场定价权，威胁大豆产业安全。国内棉花也不同程度地经历了高补贴、低价格进口棉的不断冲击。目前我国畜产品等劳动密集型产品出口也未按照比较优势理论预期的大幅增长，反而频频受阻，出口困难重重。2008 年世界“粮荒”之际多国限制粮食出口的严酷现实，再次重创了比较优势理论倡导的以劳动密集型产品通过自由贸易交换土地密集型产品的幻想。因此，必须丢掉理论幻想，回归现实国际贸易环境，充分保护具有战略产业属性的大宗土地密集型农产品生产，保持合理的自给率，维护农业核心产业的战略安全。

3. 关于调整农产品进口关税结构的探讨

书中指出我国农产品关税税率设置不合理，小麦、玉米等大宗商品进口数量很大，但关税很低，而一些小商品进口数量较少，关税壁垒却很高。建议大幅度降低进口量很少的小商品税率，提高粮食等大宗重要商品关税税率。问题在于我国大量进口的粮食、棉花、油料等大宗农产品的关税受到入世协定的约束，不能自主提高，可能的途径是通过多哈回合谈判来努力，但前景难料。可行的做法是，以降低进口量很少的小商品税率，进而进一步降低农产品关税水平为谈判筹码，通过多种间接途径换取保护大宗敏感性农产品的利益。

4. 利用 WTO 规则实行贸易保护

WTO 规则并不排斥各成员国经济的自主性，保留本国经济自主性的要求不仅来自发达国家，而且还来自发展中国家。因此，采取与 WTO 不直接冲突的各种保护措施，已成为经济全球化过程中贸易保护主义的普遍形态。在各国推进全球化过程中，都打出了自由贸易的旗帜，现实的情况是，有利于本国利益的领域都主张自由贸易，不利于本国利益的领域则采取种种借口予以保护，这在 2008 年国际金融危机之后，不少国家一边高呼自由贸易的口号、一边采取贸易保护的行动中得以验证。

5. 做好多双边贸易谈判准备工作，尽可能保留目前十分有限的农产品关税

谈判中要把农业作为战略产业来对待，不能为建立自贸区而牺牲入世谈判过程中艰难保留的权利和利益，不能以牺牲国内农业核心产业利益为代价，应稳妥地把握谈判进程，谨防操之过急。这一条建议很重要，不要一方面喊着农业是国民经济的基础，另一方面又忽视农业作为基础产业的战略价值，仅将农业作为一般竞争性产业，轻易将农业的核心利益用来交换自由贸易区中工业产品的国际市场空间。不要等到农业在进口农

产品冲击下不断萎缩（如大豆产业）、国民经济基础受到威胁时，再想通过贸易谈判来挽救农业，届时将不得不付出极大的代价。如果我们深刻领悟了发达国家宁愿放弃不少高附加值的工业领域，却通过补贴等方式力保本国农业的战略用意，就会摆正自由贸易区谈判中对待农业的立场。

五、加强农业产业调控

我国农业是自然风险和市场风险交互作用的战略性产业，这一共性特征决定了农业需要共同的宏观调控政策。然而，农业内部种植业、畜牧业和渔业的行业差异较大，在各行业中以同一产品为核心的粮食、棉花、生猪、奶业等具体产业又有明显差异，决定了不同产业需要相应的具体调控政策，才能促使各产业又好又快发展。

（一）种植业

1. 健全粮食调控措施

（1）改革粮食管理体制

参照国外成功经验，统一设计和部署粮食管理体制。在明确界定政府职能的基础上，加强中央统筹协调和宏观调控职能，逐步形成粮食生产、加工、销售、对外贸易一体化的管理体制。关于农业大部制改革的设想曾在本届政府机构组建时广泛受到媒体热议，但最终也未能实现。为什么大部制改革推进如此艰难，除了体制惯性造成的既得利益集团阻挠之外，重要一条原因在于现行这种职能分割、交叉的政府框架结构尽管效率低，但有利于相互监督制衡，弥补了全国人民代表大会缺乏实质性监督和制衡的不足。同时，农业的基础地位决定了大幅度改革包括粮食在内的农业行政管理体制，在新旧体制衔接过程中会存在较大风险，有关方面担心影响整个国民经济的稳定发展，因此，这种伤筋动骨的改革建议短期内难以实施。

（2）借助商业银行支持粮食产业发展

从粮食金融支持政策看，随着粮食市场化改革的深入，商业银行有取代农业发展银行的趋势，通过利息补助和奖励等办法，引导商业银行向粮食产业放贷，拓宽粮食产业的金融支持空间。这是粮食产业从主要依靠政策银行的单一渠道向借助商业银行共同参与的多元渠道转型的金融支持思路，值得探索。

（3）试行耕地保护省长负责制

要像建立“米袋子”省长负责制一样，探索建立耕地资源保护省长负责制，对耕地资源进行行政、政策保护，并让传统文化观念在耕地保护责任制中深入。该建议比较新颖，可供有关部门参考，是现行体制下可能操作的方案。但是，这种耕地保护制度依然缺乏坚实的土地产权基础，是人治思想的反映，没有调动起广大农民依法保护耕地的动力。如果将农民的土地承包经营权赋予类似房产证式的权益，在依法限制土地用途的基础上搞活土地流转，建立健全农村土地产权交易市场，才是治本之策。

2. 加强棉花进口调控

（1）棉花进出口调控机制的实证分析

书中通过规范的实证经济学分析，得出了比较可靠的结论。指出实行滑准税对我国棉花进口量起到了显著的平抑作用。滑准税对国内市场棉花价格是有显著影响的，且有提高棉花价格的作用。滑准税本来是要保持进口棉价与国内棉价持平，而目前进口棉花征滑准税后反而大大高于国内棉价，不能给企业带来原有的价差利润。实施滑准税对于保护棉农收益并不显著，棉花收购价格与棉花市场价格之间的传导机制并不通畅。从近几年棉花进口实际情况来看，棉花进口超过配额上限并没有带来灾难性影响，而是对我国经济增长包括增加农民就业和收入发挥了重要作用。但是若结合国内外棉花竞争力现状考察，各国棉花补贴力度相差很大，补贴政策将直接影响各国棉花进出口政策的竞争力。从长远来看，无论从效率层面来讲还是从操作层面来讲，配额管制均有必要进行重新评估和改革。但在现阶段，结合我国纺织企业现状，完全放开配额必然导致低价棉大量进口，从而冲击国内棉花生产，这将使棉花有可能重蹈大豆覆辙。因而从短期来看，应在坚持滑准税政策的前提下，尽量对其加以修正完善，使之更好地发挥稳定棉价的作用。

（2）加工企业数量过多、秩序混乱

“一放就乱、一管就死”是棉花产业的“老大难”问题。为什么我国棉花产业长期受到该问题困扰？这可能与棉花领域传统计划体制影响深远，市场发育不充分，尚未通过竞争形成良好的市场结构，以及政府的行业管理措施不完善有关。

（3）完善我国棉花进出口调控的政策建议

一是加大棉花生产基础设施和科技投入；二是强化棉花生产环节支持。其中，给予棉花生产机械补贴，实行棉花政策性保险补贴，将棉花列入农资综合直补范围等政策建议比较务实可行；三是加强棉纺行业支持；四是改革进口棉配额管理办法和滑准税；五是完善棉花市场调控机制。其中，试点封闭运行反周期补贴具有新意，可为粮食等其他产品探索反周期补贴提供试点经验；六是综合治理国产棉问题。

3. 促进油料产业稳定发展

（1）我国油料产业存在的主要问题

我国油料产业存在的主要问题是：包括油料作物品种及其种植结构性失衡严重，油料生产主体分散且经营规模小，油料产业发展受制于人越来越严重，国内外油料价格隔断导致国内油料生产“矮小化”。从表面上看，我国大豆种植面积最大，产油量最低，产值也低，而花生种植面积并不是最大，但产油量最大，产值也最大，似乎存在结构失衡矛盾。为什么农户不根据市场信号多种高产油量、高附加值的花生呢？如果在没有进出口的封闭经济体中，农户就会多种花生来替代大豆进而弥补豆油缺口。但在开放经济环境中，国内高价花生油无法替代大量低价进口大豆轧制的低价豆油，花生没有增产的市场空间。再加上花生和大豆的适宜种植区不能完全替代，也限制花生种植面积的扩大。因此，在油料进口格局不发生重大改变的背景下，当前这种油料种植结构是政策诱导和市场选择的结果，有其合理的一面。

（2）油料与粮食争地的关系处理

近几年来，油料安全已成为仅次于粮食安全的第二大食物安全问题，两者在不能错季种植的地区存在争地问题。书中提出发展油料生产“不与粮食争地的原则”，想法虽好，但实施中会遇到困难。农户拥有种植粮油的自由选择权，是否与粮争地最终由农户决定，政府只能通过价格支持干预粮油比价并提供差别化的补贴等方式，尽可能维持油料不与粮争地的原则。如果油料价格暴涨，政府要想保粮食种植面积就要付出高昂的财政补贴代价。

（3）我国油料生产加工“走出去”举步维艰

书中提出：“要鼓励本国农业企业到南美、非洲和东南亚等地进行植物油料生产投资，通过收购或控股等手段对海外食用油加工及其关联企业投资”。这是一条立意好但难实施的政策建议。中国油料生产加工企业曾多次试图进军南美从事大豆的种植、加工和流通，但面对四大国际粮商的垄断势力封杀，最后都铩羽而归。非洲农业基础和农产品加工异常薄弱，中国涉农企业发展油料生产加工的外部成本高昂，油料生产加工的产品运到国内毫无竞争力。东南亚主要生产棕榈油，棕榈扩大面积有限，该油品主要用于食品加工领域，其安全地位低于居民直接烹调用的豆油、菜籽油等食用油。中国涉农企业可以进入东南亚参股或控股部分棕榈油生产加工企业，防止四大国际粮商今后在棕榈油方面遏制我国，但这不是“走出去”解决食用油安全的重点领域。

（4）建立废弃食用油回收制度，运用回收后的食用油打造生物能源产业链

这是一条艰难但值得尝试的战略举措。我国每年废弃的食

用油数量惊人，估计世界第一。正规的回收机制未建立，相反，以“地沟油”等非法形式回收再食用的现象频频见诸报端。日本、泰国都建立了一整套完备的废弃食用油回收体系，既遏制了“地沟油”问题，又增加了生物柴油供给，走出了一条兼顾食品安全和节约资源的双赢道路。为此，政府要尽快将食用油回收加工生物柴油纳入循环经济的重要支持项目，支持企业建设相应的废弃食用油回收加工体系。

（二）畜牧业

1. 推动生猪产业稳定发展

书中利用 HP 滤波法对 1972 年以来我国生猪生产波动周期进行研究后发现，1972—2006 年间我国生猪生产经历了 5 次大的周期波动，平均每 6 年多就发生一次，并且 1985 年以后波动强度明显减弱，1980 年和 2007 年生猪生产出现了异常波动，波动强度增大。这种剔除长期趋势值后得出的生猪生产波动结论比较科学。

（1）全国生猪市场价格波动的特征

生猪价格和粮食价格的运动方向上具有相悖性，价格波动呈现出幅度逐渐增大、周期越来越短趋势，价格波动的季节特征明显，价格周期性波动幅度成增大趋势。

（2）稳定生猪市场价格波动的对策建议

一是深入把握生猪周期演变规律，指导生猪产业发展；二是建立现代养猪业发展新机制，增强养猪业应对市场风险的能力；三是引导和推进生猪保险工作，防范市场风险；四是继续加大对生猪生产的扶持力度；五是构建生猪生产与市场波动预警监测体系，完善信息报送与发布机制；六是强化市场调节和监管工作。其中，提出“适时推出生猪期货，平抑生猪市场波动”的建议比较很重要，它是健全生猪市场体系，利用市场机制稳定生猪产业的重要举措。目前，生猪期货设计面临的标准化、检验检疫和活体交割三个难题已基本解决，但其迟迟未推出。根本原因可能在于发展中国家政府普遍不太相信市场，有关部门总顾虑生猪期货一旦控制不好，反而成为放大投机风险、干扰政府通过储备稳定猪价的障碍。如果确有此顾虑，有关部门要想促进生猪产业长期稳定发展，至少可以通过试点来验证顾虑是否属实，否则就会贻误生猪产业市场化进程。

2. 健全奶业利益联接机制

（1）散户奶农面临困难的深层原因

奶业供应链中企业的市场力量逐渐收敛，农户缺乏与企业博弈价格的能力；配种繁殖、动物营养、疾病控制与防疫等科学技术的日新月异变化加大了散户奶农获取技术的难度；分散化的奶农缺乏抵御市场风险和自然风险的能力；市场经济越发达，公共产品越重要，但是发展中国家往往缺乏提供公共产品的决策经验和系统协调能力。以上几点从理论层面深入揭示了散户奶农在市场自由竞争中处于弱势地位的原因。

（2）奶牛养殖小区和合作社的异化

目前，不少奶牛养殖小区在某些地方成为套取国家补贴的“外壳”，矛盾冲突的“集中地”以及疫病隐患的“火药桶”；合作社则被“异化”为市场经济中的另类私营经济组织，无法从根本上理顺奶农与企业、原料奶与加工奶之间的关系。

（3）促进乳品加工企业与奶农利益联接的政策建议

鼓励生产饮用巴氏消毒奶，刺激消费市场；将“原料奶奶源标识”制度引入定价机制；加强生产、技术、销售等信息的公开化和透明化；加大对各种规模化养殖模式的支持。其中，“原料奶奶源标识”制度很有价值，现实当中仍难实行，可能与我国目前企业缺乏稳定的养殖基地、奶源复杂、标识难度大等因素有关。这一难题将会随着我国奶业发展方式的转型升级而逐步得以解决。

（蓝海涛　钟钰　执笔）

第一章

推动我国现代农业发展的对策①

新中国成立以来，党和政府对如何建设现代农业进行了不懈的探索。尤其是党的十七大后，强调积极发展现代农业，是全面落实科学发展观、构建社会主义和谐社会的必然要求，是加快社会主义现代化建设的重大任务。促进传统农业向现代农业的转变，既应遵循全球农业发展的一般规律，也要考虑我国经济社会发展的实际情况。本章对建设我国现代农业的原则进行了探讨，对世界现代农业发展的成功经验与最新趋势进行了分析研究，在此基础上提出我国发展现代农业的政策措施。

① 本章内容节选自农业部软科学课题："现代农业发展的政策体系研究"（课题编号 200812－1），课题主持人：蒋和平；"现代农业发展的政策体系研究"（课题编号 200812－2），课题主持人：齐城。

第一节 现代农业的内涵和发展阶段

农业发展是依次经历从低级阶段向高级阶段逐步演进的过程。这一过程的快慢，取决于人类对自然规律认识的程度及对其干预利用的能力。

一、农业发展阶段的划分

对于农业发展可以分成多少阶段，专家学者们有不同看法，但影响较为广泛的主要是按照生产力的性质和状况划分为四段或三段，又称为“四分法”或“三分法”（如图 1－1）。本书中采取“三分法”。

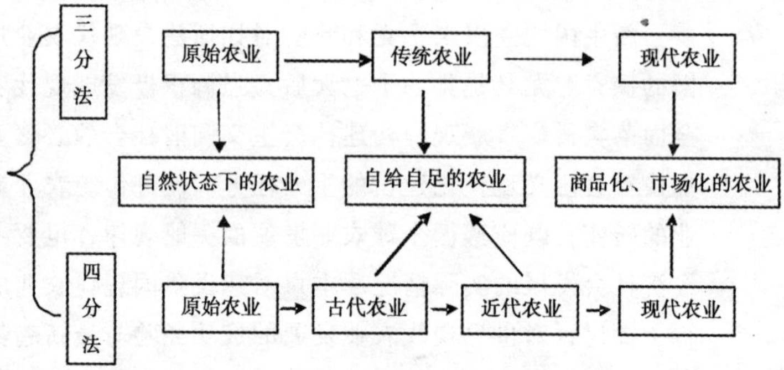

图 1－1　农业阶段的划分示意图

（一）原始农业

原始农业出现于亚洲西部肥沃的新月形地带（即今伊拉克、叙利亚一带）、中国黄河流域以及其他一些被誉为古代文明起源的地区。从距今1万多年的新石器时代，到铁器工具出现之前，经历了约七八千年时间，总体上是自然状态下的农业。原始农业处于农业的萌芽时期，但人类已开始由顺应自然到积极地干预自然，由获取自然界现存食物到有目的地生产人类所需的食物，尤其是开始了对野生动植物的驯化，实现了采集向种植业、狩猎向畜牧业的转变。但人类对自然界的干预能力是极其微弱的，以刀耕火种为基本生产方式，凭借的生产手段只是石刀、石铲、木棒等最简陋的工具，火和水等生产手段在一定程度上得以应用，即“饭稻羹鱼，或火耕而水褥”。耕作方式主要依靠撂荒来自然恢复地力，农田在大部分时间仍被自然植被所控制，劳动者技能来自于有限的经验积累。生产基本上只有种和收两个环节。如我国相传后稷“教民稼穑”，稼即播种，穑即是收获。土地利用率和农业劳动生产率低下，生产力各要素处于自然状态。这一阶段由于生产力水平低下，农畜等产品多在氏族内部分配和消费，很少有剩余产品可以用于交换。

（二）传统农业

传统农业出现在距今约五千年的奴隶制社会初期。在这个时期，人类对自然条件如季节变化、土壤肥瘠等与农业生产的关系有了进一步认识，农产品产量由于因时因地种植而增加。但初期受奴隶制的束缚，生产力发展是缓慢的。在奴隶制解体并进入封建社会的过程中，铁制农具的出现和畜力的使用，促使生产力发生了质的变化。凭借铁犁、畜耕等新的生产手段，人们有了改善动植物生态环境的较大能力。长期生产经验的积累，又使人们有可能摒弃“刀耕火种”而采取新的耕作方法。在欧洲，出现了以休闲轮作为主要内容的二圃制或三圃制农业；在中国，则较早地形成了以耕、锄、选种、施肥、浇水、轮作、复种等措施紧密配合的精耕细作的农业技术体系。与之同时，在有的地区还出现了以放牧或游牧为主的畜牧业生产方式。剩余农畜产品的增加，又促进了手工业和商业，商品交换逐渐发展起来。这种情况，反过来又要求农业提供更多可供交换的农产品，从而推动农业生产和农业技术的继续进步。正是在这种背景下，古代农业突破了原始农业的局限，导致了农业生产力的一次飞跃。

但古代农业仍然有很大的局限性。作为基本动力来源的人力与畜力，是靠农业生产的食物所提供的能量来维持的；施入土壤的自然肥包括绿肥和动物排泄物等，也来自农业本身。因此，在生产过程中，物质和能量主要是在农业系统内部周而复始地循环着。这种半封闭式的循环由于不能从其他物质生产部门取得更多的物质和能量补给而限制了农业的发展。同时，封建地主阶级对农业劳动者实行残酷的压迫和剥削，严重地束缚了农业生产力。商品经济的发展很缓慢，自给自足的自然经济仍占统治地位。

到18世纪60年代，欧洲产业革命的兴起，蒸汽动力的应用，促进了资本主义经济的勃兴和科学技术的进步，使农业生产力出现了又一次飞跃。随着机器工业、纺织工业和食品加工工业的发展，工商业人口大量增加，促使农产品市场不断扩大，对农业生产提供了强大的经济刺激。于是，以畜力牵引的改良农具和化学肥料的使用，扩大了农业的经营规模，提高了农业的集约化程度。

（三）现代农业

现代农业逐步形成于20世纪40年代。随着内燃机的发明和使用，石油等矿物能源的开发利用以及化学工业的进一步发展，以人畜力农具为动力机械所代替，多种化学肥料和农药被广泛使用，电力也逐步应用于农业，农业中投入的物质能量大大增加。农业同工业的关系更加密切了，从而打破了传统农业的半封闭式循环。尤其重要的是，各门自然科学纷纷被引入农业领域，形成了栽培、饲养、育种、病虫害和兽疫防治、农业工程以及生物工程等应用科学。这不仅使人们在调节控制作物和畜禽的生产环境方面逐渐取得了前所未有的主动权，而且获得了改造动植物本身遗传特性的能力。再加上电子计算机、原子能、遥感等先进技术手段在农业中的应用，人们对农业自然再生产过程的干预能力达到了空前的广度和深度。同时，农村经济向现代商品经济转化，农业的专业化、社会化程度更加提高，农业逐步由产品数量型向高产优质高效型农业转化；农业生产同农产品的加工、销售以及同农业生产资料的制造、供应之间的联系日趋紧密，促进了农、工、商一体化经济的发展。所有这一切，都为农业的扩大再生产提供了有利条件，使现代农业的生产水平远远超越了古代农业。

在当今经济发达的国家和地区，农业现代化的效果是十分显著的。但是，世界农业的发展很不平衡。广大第三世界国家仍处于传统农业向现代农业转化的过程中，而且不同国家转化的程度和所需条件的完备程度还相差悬殊。1981 年世界按人口平均的谷物产量达 368.5 千克，但占世界人口 74% 的发展中国家人均谷物产量只有 243.5 千克。营养不良还在影响着广大人民的健康，饥荒还在剥夺很多人的生命。这都说明，已经经历了漫长发展过程的农业，还将继续按照其经济的和自然的规律性，不断前进，迈向新的发展阶段。

二、现代农业的基本内涵及发展历程

现代农业是农业的高级发展阶段，具有其自身的内涵。同时，现代农业的发展也是一个长期过程，在此过程中，也可分为几个不同的阶段。

（一）现代农业的基本内涵

所谓现代农业，就是指在世界范围内处于先进水平的农业发展形态。具体地讲，就是用现代科技装备武装的、用现代经营管理理念和方法经营的、生产效率达到现代世界先进水平的农业。现代农业与传统农业相对应，是以广泛应用现代科学技术为主要标志的农业。现代科技的应用，使农业的内涵、结构、体系等方面发生巨大变化，生物技术的发展和应用使农业成为技术密集型产业，计算机和信息技术的应用使农业逐步成为可控性行业，材料、能源科学和工程技术的应用使农业生产领域不断扩展，与其他行业相互融合。现代农业彻底改变了以手工劳动为主的生产方式，实现了专业化、规模化、集约化、社会化的大生产，大幅度提高了农业劳动生产率。

1. 现代农业是农业发展的一个新的历史时期

古代农业或传统农业，是以农用动植物为中心的一种相对封闭的物质和能量循环系统，遵循着农业生物质自身的运动规律和产出的极限。在近代科技革命大潮中出现了化学肥料、合成农药、育种技术。工业革命为农业带来了拖拉机和农用电力，提高了劳动生产率。这些外来物质和能量的投入，打破了古代农业的封闭式循环，带来了 20 世纪农业的高速发展。DNA 双螺旋结构的发现和计算机信息技术的发明掀起的新农业科技革命浪潮，翻开了农业发展历程新的一页——现代农业。

2. 现代农业是以生物技术和信息技术为先导的技术高度密集的产业

生物技术、信息技术和现代工程技术在农业上的应用，不是常规农业技术一般意义上的发展，而是在分子和信息化层次上的一次重大技术突破。在未来的二三十年里，它将使农业成为现代技术高度密集的产业。

3. 现代农业必须面向全球经济、实行农工贸一体化经营

长期以来，农业是以土地为基本生产资料，以农户为基本生产单元的一种小生产。在工业化和市场化进程中，人们不断寻求解决农业的小生产与工业的社会化大生产之间矛盾的办法。农业的产业化经营和公司加农户的模式，是在长期实践中摸索出的一种适合于我国的农业社会化经营形式，是美、欧之

外的第三种模式。20世纪70年代末，我国农副产品的商品率仅为30%，近年已达50%以上，开始走上现代农业发展的快车道。

4. 现代农业是正在拓展中的一种多元化的新型产业

新的技术平台和生产经营方式，正推动着现代农业由单一的初级农产品生产，向着以生物产品生产为基础的农产品加工、医药、生物化工、能源、环保、观光休闲等领域拓展，传统的第一、第二、第三产业界线将趋于模糊。

5. 现代农业是资源节约和可持续发展的绿色产业。现代农业是以资源节约、可持续发展和从事绿色化生产为其最高理念的，土、肥、水、药和动力等资源投入的节约和高效化是现代农业的重要特征，对生物体及其系统所蕴含的巨大潜能的挖掘是一种最大的资源节约。现代农业是质量标准、安全性以及环境质量严格监管下的一种高环境标准的绿色产业，不仅在于产品及其生产过程，还在于对人类生活质量和生存环境的维护与改善。

（二）现代农业的发展历程

1. 传统农业阶段

在这个阶段中，劳动力充裕，资本稀缺，生产规模小，农民素质低，农业技术处于停滞状态，农业生产遵循农用植物或动物自身生长规律和产出极限，处于一种低水平的均衡状态。突出地表现为人们世世代代耕种同样的土地，种植同样的作物，使用同样的生产要素和采用同样的生产技术。传统农业技术，一般来讲，虽然生产率不高，但对资源的结合和配置却是较优的，对收成的保险系数较大。在传统农业阶段，很难找到适宜的替代技术来促进技术从停滞转为进步。

2. 传统农业向现代农业的过渡阶段

由于农业劳动力的较大比重和工业扩张对资本的占用，在这一阶段劳动节约型的农业机械的使用受到限制，农业发展主要依赖提高土地产出率为重点的劳动实用型的生物化学技术创新。这一阶段又可具体分为以下三个小的阶段：

一是传统农业为主、现代农业为辅的初始阶段。该阶段，传统农业占绝对优势，现代农业处于萌芽和弱势，但新兴农业科技革命带来的外部技术物质和能量的投入是新生事物，代表着现代农业的发展方向，具有强大生命力，孕育着向更大范围的推进。尽管大量农民和土地，甚至不少基层干部的精力还在传统农业上，但只要积极采取措施，就能由浅入深、由点到面、由小到大、由局部到全局，一点一点地推进现代农业的要素转变，逐步实现新旧事物的此消彼长，在共处中走向新的彼岸。

二是传统农业与现代农业相持阶段。这个阶段是在动员农民、教育农民，使农民对现代农业认识有所提高的基础上，现代农业星火燎原，形成了传统农业与现代农业旗鼓相当的格局。由于农业与自然紧密相连，农业生产力低下，基本靠天吃饭，这就注定了促进现代农业转变还有一个漫长过程，不是短时间能解决的，更不会像工厂生产一样不受季节限制。可喜的是，现代农业的要素在这个阶段有了非同寻常的发展。一是现代农业的比重在增大。新的生产要素投入在数量上有了很大扩张，现代农业比重在加大。二是现代农业的机制在形成。一家一户的小农经济转向规模化，加工和市场的链条在延伸，合作经济组织在壮大。三是现代农业的发展趋势更加明显。示范效应越来越突出，农民自愿选择现代农业的意向在增加。在战略相持阶段现代农业发展要完成量的积累，逐步走向质的飞跃，还须采取比以往更强的措施来支持现代农业，用正确的发展思路指导现代农业。既要立足于改造传统产业，不简单地否定传统，又要发展现代特色种养业，把现代农业的优越性一分一厘地发挥出来。传统产业改造一分，现代农业就增加一分，一增一减，现代农业就越发厚重，农业发展的天平就逐渐向现代农业倾斜。

三是现代农业为主、传统农业为辅的现代化阶段。该阶段是两种农业的较量，在量的积累到了相当的程度，事物质变的条件具备了。这个阶段就是在量上现代农业占绝对优势后的飞跃，现代农业的理念、机制基本形成。无论是现代农业的规模，还是农业的组织化程度、产业化经营水平，都能完全适应市场竞争要求。特别是农民的经营理念，大多已转变为现代农业的理念，发展现代农业已成为农民的自觉行为。同时农业在整个经济中所占的比重在下降，农业人口和劳动力在减少，素质在提高，人地比例下降使农业规模趋于扩大，资本供给越来越充裕而劳动成本越来越高。因此，用机械替代体力劳动成为现实。现代农业完全取代传统农业，最终实现农业现代化。

3. 现代农业阶段

在这个阶段中，农业以现代生物和信息技术为依托，形成了一体化的、可持续的绿色产业体系。农业部门在整个经济中所占的比重大大下降，人地比例下降使平均农场规模趋于扩大，资本供给越来越充裕而劳动成本越来越高昂。因此，用机器替代劳动不仅具有经济合理性而且具有现实可行性。劳动节约型的大型机械和其他资本密集性技术被发明出来，并被运用到农业生产中，现代农业是未来农业发展的普遍趋势。

第二节
构建我国现代农业发展体系

一、改革开放以来我国农业政策目标的演变

我国农业政策的直接目标是增强农产品有效供给、增加农民收入、保持农村社会稳定，最终目标是实现农业与非农业以

及国民经济的协调发展。根据不同时期农业政策核心目标的差异以及调整，我们把改革开放以来的农业政策目标演变过程划分为以下五个阶段：

1979—1984 年，以加快发展农业、强化农业基础地位、增强农产品有效供给为核心，客观上增加了农民收入。

1985—1991 年，农业政策仍然以发展农业生产、增强农产品有效供给为目标，农民收入和农民负担问题尚未进入政府视野。

1992—1998 年，农业政策确立了增强农产品有效供给、增加农民收入和确保农村社会稳定三大目标。从执行情况看，只有增强农产品有效供给的目标得以实现，而增加农民收入以及减轻农民负担的政策目标没有有效落实；相反，却出现了农民增收缓慢以及农民负担日益加重等问题。

1999—2002 年，农业政策发生重大调整，由前阶段的三个目标调整为“增加农民收入、保持农村社会稳定”两个目标，并且突出了“增加农民收入”目标。

2003—2005 年，农业政策以增加农民收入和保障粮食安全为目标。

2006—当前，农业政策目标为增加农民收入、提高农产品国际竞争力、推动农业生产可持续发展。

二、构建我国现代农业政策体系的原则

农业是国民经济中的弱质产业，在构建我国现代农业政策体系时，必须坚持以下基本原则：

（一）保障粮食有效供给

农产品供给安全关系到人民群众的基本生存、社会稳定，特别是粮食有效供给，不能简单化地提出利用内外两个市场、两种资源。日本、韩国是农业资源最贫乏的国家之一，可从未实行过依靠国际市场来满足粮食供给的战略，而是以最严厉的

保护措施来支持本国大米生产，保证粮食有效供给永远是一个大国农业发展政策的首要基本原则。

（二）稳步推进政策转型

在中国这样一个长期对农业实行索取政策的国家，要实现由索取到支持的变革，必然涉及不同社会集团利益的大调整；同时，不同产业之间也有一个协调发展问题，必须贯彻科学发展观，统筹城乡发展。对农业的支持需要国家财政大力投入，受我国经济实力限制，短期内进行全面变革也不现实，只能稳步推进。

（三）优化产业结构和维护农民利益

我国农村政策要根据劳动力资源丰富而资本、土地短缺这一特点，运用信贷、税收等各种经济杠杆，最大限度地用劳动替代资本和土地，形成比较优势；建立农业服务组织，在机耕、排灌、良种、病虫害防治等基本项目上改善服务，开拓农业产前、产中、产后服务。任何一个国家的农业发展都离不开政府的支持和保护，但过去的价格补贴是一种消费性投入，现在要调整国家支农资金投向，进行生产性投入，把资金投到农业基础设施建设、农业高科技及其他与生产直接相关的要素中。正如世界银行在1997年9月发表的研究报告指出的，中国只有在基础设施和农业研究以及土壤和水利方面增加投资，才能满足所需粮食的90%以上。

（四）适度保护农业

我国的具体国情及宏观经济发展水平决定了我国农业保护只能适度保护、不完全保护和渐进性保护，不可能像发达国家那样对农业高度保护。一方面在于，我国是少数非农业人口对多数农业人口的保护；另一方面在于，适度保护农业而非过度保护农业，有利于农业人口流向非农产业，有利于国民经济协调发展。

（五）市场机制与保护政策有机结合

国内支持政策必须建立在市场机制基础上。农业支持政策体系决不能影响市场在资源配置中发挥基础性作用，政府对农业的保护政策应主要通过市场发挥作用。把市场机制的基础性作用与农业国内支持政策的引导作用有机结合，可以弥补单一市场机制的不足，强化农业基础设施建设，提高农业比较优势，调动农民生产积极性，实现农业稳定健康发展。

（六）符合世界贸易组织规则

我国农业政策体系的构建和具体实施必须在符合 WTO 规则的前提下进行，把“绿箱政策”作为保护的主要手段，用好用足“黄箱政策”。同时，要紧密跟踪多哈回合有关补贴谈判的最新进展。

第三节
国外现代农业发展的经验及借鉴

一、国外现代农业发展模式

由于资源禀赋、经济实力等因素的差异，各国发展现代农业的道路、特点也不尽相同。人少地多的国家，首先从生产工具上进行改革，发展机械化，以节约劳动力；人多地少的国家，则从多投入劳动力，充分利用土地以提高单产。就目前来看，在世界范围内，现代农业发展的道路归纳起来主要有三种模式：

（一）“劳动节约型”模式

以美国、加拿大、澳大利亚等国为代表，这些国家耕地充足，农户经营规模大、工业发达、劳动力缺乏，土地和机械相对价格长期下降，劳动力相对价格不断上升，农场主不得不用土地和机械动力替代人力。其现代农业发展的特点为：先实现农业机械化，然后再转向改良农作物品种及应用化肥，实现生物化学化和信息化。美国从1910年开始，以内燃机为动力的农业机械在农业中应用；到1940年美国农场拥有拖拉机达156.7万台，谷物收割机19万台，载重汽车104.7万辆，玉米摘拾机11万台。除个别地区以及经济作物和蔬菜生产还主要靠手工劳动外，美国大农场特别是谷物农场在耕地、耙地、播种和收割脱粒等生产环节都已实现机械化。20世纪40—70年代，是美国农业全面实现机械化、电气化、化学化的时期，期间许多精细的农活普遍实现了机械化。

（二）“土地节约型”模式

以日本、荷兰、韩国等国为代表，这些国家耕地少而散，农户经营规模很小。日本农业现代化以小规模农户经营为基础，农户平均占有耕地面积为1.15公顷，而美国为183公顷，法国为25公顷。由于资源禀赋的差异，土地和劳动力的比价也与美国不同，其发展现代农业的特点为：先推进生物化学化与技术现代化，后重点转到操作机械化、生产精确化，政府对农业投入较多的保护资金。

（三）“中间类型”模式

以英国、法国、德国等国为代表，这些国家国情介于上述两者之间，人均耕地不多，农户经营规模中等。因此，其发展现代农业的特点是把良种化、生物化、化学化、水利化、机械化和信息化放在同等重要地位。英国很重视提高农业土地生产率和单位面积产量，经过多年来农业生产技术的进步、集约化经营的发展，农作物（如小麦、大麦、燕麦和马铃薯等）单产在欧美发达国家居领先水平。进入20世纪90年代，英国已拥有农用拖拉机50多万台，联合收割机4万台，平均每个农业劳动力拥有1台拖拉机、0.5台联合收割机。当前，英国蔬菜农场和养猪养鸡场都实现了机械化，从耕作到收获、进仓，每个程序都有相应的机械，中耕机、播种机、割草机、捆草机、脱粒机等农业机械得到广泛应用。

二、国外发展现代农业的有益借鉴

尽管各个国家资源禀赋、社会经济条件等方面存在差异，农业现代化的道路和特点也不尽相同，但在农业现代化进程中，也存在一些共同的经验教训可供我们借鉴。

（一）政府对农业的支持至关重要

日韩等国在迅速实现工业化、城镇化过程中，也出现了过分剥夺农业而导致农业萎缩的情况，但在工业化达到一定水平后，分别于20世纪60年代中期和70年代初期实行反哺农业的政策，使农业迅速强大起来。两国政府对农业的反哺分为初级和高级两个阶段，初级阶段以硬件为主，重点是提高农业生产基础设施和固定资产装备水平，加速农村公共物品建设，政策导向是为扩大再生产，改善生产、生活条件打下坚实的基础；高级阶段则采取硬、软件相结合，以软件为主的方针，政策导向放在结构调整、扩大经营规模、提高农业村级组织水平和农民素质等方面。可以说，如果没有全方位的政府支持，日韩农业不可能在这么短的时间内达到世界先进水平。当然，日韩由于在价格上过分保护农业，使两国主要农产品价格大大超过国际市场价格，失去了与国外农产品竞争的能力。

（二）以市场为导向充分发挥资源优势

以市场为导向，以资源优势为基础，这是各国农业现代化最基本的经验之一。荷兰经验极具典型意义。19 世纪后期新大陆廉价谷物大量涌进，引起欧洲大范围的农业危机时，荷兰利用这一机会大量进口廉价谷物饲料，并将其农业转化为畜牧业，实现了农业生产结构方向性转变。1962 年欧共体推行共同农业政策，荷兰又借此机会重点发展畜牧业和园艺作物。到 20 世纪 70 年代末荷兰养牛业得到了迅速发展，进入 20 世纪 80 年代，荷兰畜牧产品相对过剩。为此，政府采取了控制牛肉和奶牛生产的措施，并开拓新的市场，着重发展有新市场需求的高附加值产业。尤其是，作为牛奶生产大国，荷兰每年还要进口大量鲜牛奶，并经加工增值后出口。荷兰农业总产值只占国民生产总值的 4%，而农业出口和外汇收入却占出口总额和外汇总额的 1/4 以上。荷兰粮食自给率只有 30%，主要依靠国际市场。这种面向国际市场、大进大出的农业体制，使荷兰农业成为典型的高效农业。

（三）农业合作经济组织是农业现代化的基础

农业现代化进程表明，建立一个有效的农业合作体系，对于加快传统农业向现代农业的转变起着决定性作用。日本在充分吸收西方国家农业发展经验的基础上独创了一套适合本国国情的农协制度，包括农业生产资料供应、农业技术推广、农产品销售、农村金融、农村保险等各个方面，甚至发展成为代表农民政治利益的准政治团体，并且自上而下形成了独立而完整的体系。农协在日本农业现代化过程中起到了不可替代的作用，一是代表分散的小农户与政府和大工业进行谈判，使农民利益得到保障；二是有效地解决小农户与大市场之间的矛盾，充分满足小农户在生产要素供给和农产品销售等方面的需求。

荷兰农业的产前、产中、产后的各种社会化服务也主要由合作组织来完成，甚至农民生产和生活所需的贷款都来自合作组织。

（四）建立完整的农业技术推广体系

日本农业技术推广由政府和农协共同完成，从中央到地方形成了一套完整的体系。为了加强农业技术推广工作，日本于1991年对《协同农业普及指南》进行了全面修改，把加强推广组织建设和提高推广人员素质放在首位。政府的“地域农业改良普及中心”拥有数百个经过国家考试的专门技术员以及1万多名经过地方考试的改良普及员，与农协系统的近2万名营农指导员密切配合，构成了战后日本农业技术推广的基本体系，也是战后日本农业现代化迅速实现的基本保障。墨西哥和南非是政府、科研机构（高校）和私人农场相结合的推广模式，荷兰则主要依靠农业、渔业及自然管理部的技术推广局下设的分布于全国的农业技术推广站来完成这一工作。

（五）走专业化、一体化和社会化的农业发展道路

发达国家不仅重视农业技术现代化，也十分重视农业组织管理现代化，都大力推行农业专业化、一体化、社会化，其专业化形式主要有三种：地区专业化、部门专业化、作业专业化。发达国家的农业一体化、社会化是在专业化基础上形成的，主要形式有农工商综合体和农业合作组织。1967年法国参加农业合作社的农户已占总农户的83%，在农产品销售、农资供应、农业贷款方面，合作社分别占30%、40%、70%。

第四节 加快我国现代农业建设的政策建议

目前，我国现代农业建设正处于起步阶段，根据我国现代农业建设的目标，提出以下政策建议：

一、建立支持现代农业的法律体系

国际经验表明，完善的法律支持是农业支持政策体系能够有效实施并且保持稳定的一个重要条件。因此，我国应把农业支持政策体系纳入法律框架内，通过法制化确保农业支持政策稳定实施。一方面，对已有涉及农业支持政策的法律法规，如《中华人民共和国农业法》、《中华人民共和国动物防疫法》、《中华人民共和国农业技术推广法》等进一步细化，或者出台相关的法律解释，明确各项支持政策的支持力度、支持标准、支持条件、支持方式、投入资金来源等具体内容，为具体政策措施提供可操作的依据；另一方面，出台各种专项法律法规，如基本农田保护法、农业投入法、农业良种法、农药监督法、农资生产与流通法、批发市场法、农产品质量安全法、农业保险法、农业灾害救助条例、植物保护法、突发重大动物疫情应急条例、农业专业合作组织促进法、农业劳动力转移培训法等，从多个领域为支持农业提供更多的法律保障。

二、完善农业国内支持政策的管理机制

借鉴国外“从田间到餐桌”实行一体化管理的成熟经验，对现行的农业管理体制进行调整和改革，强化农业管理部门对农业产业链条和乡村综合发展的一体化管理职能，建立一个综

合统一、措施配套、职能完善的农业管理部门，真正形成符合社会主义市场经济运行规律的、结构合理、配置科学、程序严密、制约有效的农业管理体制。其管理范围，从横向看，除了包括种植业、养殖业和渔业外，还应包括与农业密切相关的其他行业，如农田水利、林业、农业资源管理、教育、科研、技术推广、农民组织、农村发展等，突出乡村综合发展和可持续发展的理念；从纵向看，除了管理农产品“产中”环节外，还要管理为农产品生产提供生产资料的“产前”环节和农产品加工、储存、运输、销售、质量及卫生检查监督、消费指导服务等“产后”环节，突出农业产业链条的一体化发展理念。

农业国内支持政策的调控主体应该适当集中，特别是在专项资金的管理上，要逐步扩大农业部门对农业投资的调控主导权。对不同渠道的财政支农资金要加强协调和管理，防止重复投资或投资过于分散。按照统一规划、明确分工、统筹安排的要求，整合各项支农投资，充分发挥资金使用效益。同时，全面推行部门预算法，将每年财政对农业的预算直接落实到农业各部门，切实增强国内支持力度，有效遏制地方财政对农业的“虚投”现象。

三、打造现代农业示范区

在农业基础条件好、集体经济实力雄厚、积极性强的县（市、区）内，选择若干乡镇作为试点，也可与各级政府建立的农业示范园结合起来。试点和示范要由领导亲自挂帅，通过建立现代农业示范区，探索发展现代农业的过程，发挥现代农业示范区的示范和带动作用，派出必要的工作人员与试点镇、村干部一起开展工作，不断总结经验，以点带面。在现代农业示范区建设中，应该突出现代农业产业建设、农业经营模式、农业科技服务体系、小型农田水利设施、良种供应设施、产地环境、农业投入品的选用和准入、生产过程控制、产品市场准入、现代农业科技企业孵化等方面进行综合示范，实现优势农产品标准化生产和全程质量监控。同时，加强示范区的科技人才、信息培训交流基地的建设，使示范区成为培养现代农业管理者、现代化农业生产者的教育培训基地，加速农民知识化进程。

四、制定扶持农民和农业企业的优惠政策

允许不同所有制性质的组织和单位，以不同形式引进国外资金、技术、良种、良法，开发现代农业项目，放开外资农业企业内销比例。外商在兴办科技先导型农业综合开发区和农业科技园，应享受和经济开发区同等优惠政策。中外合资或外商独资经营的“三高”农业项目，其引进的高新技术属填补国内空白并在中西部地区发挥辐射作用的，可享受“星火”项目的优惠政策，经批准认定的农业高新技术企业可享受有关优惠政策，允许外商独资或中外合资农业项目或涉农项目登记立项，在我国各个地区生产经营。鼓励有条件的重点龙头企业通过兼并、收购、合资等方式进行资本扩张和资产重组，鼓励他们参与现代农业园区建设。对以农产品为原料的大型精深加工企业，其产品有市场、有效益的，可以根据企业带动农户生产销售经营情况，对信用信誉状况较好的龙头企业，核定合理授信额度，给予信贷支持。支持龙头企业在资本市场上融资，对符合条件的企业，优先申报债券发行。符合条件的龙头企业，实行规范的公司制度，可申请发行股票和上市。

五、倡导持续标准化农业

大力发展可持续农业和农业标准化已成为世界农业发展的必然趋势。首先要尽快参照国际标准，制定、修订农业行业标准、国家标准。把农业生产的产前、产中、产后诸环节纳入标准化管理轨道，使更多的特色农产品标准成为国家标准甚至国际标准。其次要建立农产品质量安全检验检测体系。健全职能分工的无公害、绿色、有机食品产地认定和产品认定体制和机

制，完善农产品质量检测网络；加大抗性品种研究和安全农业投入品的开发、推广，加快检验检测新技术的研制与使用。积极稳妥地推进市场准入制，建立健全农产品市场准入、质量追溯、认证、标识和公示制度。

六、培训并鼓励农民创业

在农民教育培训中引入创业培训理念，将现有的各种农民教育培训逐步转变为以农民创业能力提升为主的创业培训，新型农民培训的重点也应以创业型农民培训为主要内容。确定“培训一个农民创业大户，就等于帮助和带动一方农民致富”的理念，采取各种培训手段，吸收创业农民来培训机构学习各种农业技能，从技能培训、市场信息、专家咨询等多方面进行全方位的扶持和培训，为创业农民来培训机构学习提供各种服务。各地农民教育培训中心应从当地的农业发展需要出发，制定出切实可行的培植创业农民的培训计划。结合农民培训工程的实施，通过聘请专家对他们进行技术培训、技术指导等形式，让他们在培训机构获取新的技能和知识，提高技术水平和经营管理能力，形成“培训创业农民、带动大批农民”的运作模式，在农村地区通过创业农民发挥更大的辐射带动作用。

第二章

我国农业宏观调控的突出问题及对策[①]

农产品价格剧烈波动、农产品“卖难”、生产成本持续上升和农业突发事件等市场风险和自然风险，极大制约了农业发展和农民增收。面临这些问题，必须切实加强对农业的支持和保护，建立和完善农业支持保护体系，进一步加大农业投入和各项补贴力度。因此，不断完善农业宏观调控政策是农业和农村经济工作中的重要任务，这对保持我国国民经济持续、快

① 本章内容节选自农业部软科学课题：“完善农产品价格形成机制问题研究”（课题编号200907），课题主持人：陈玉萍；“我国农产品价格波动规律研究”（课题编号200830），课题主持人：胡小平；“扩大农产品需求的对策研究”（课题编号Z200414），课题主持人：王启云；“农业生产成本研究”（课题编号200833），课题主持人：秦中春；“构建新时期农业补贴政策体系研究”（课题编号200707），课题主持人：柯炳生；“农业国内支持水平测算及支持体系建设研究”（课题编号200410－3），课题主持人：易法海；“我国农业国内支持水平测算及支持体系建设研究”（课题编号200410），课题主持人：薛亮；“农业应急管理能力建设研究”（课题编号200631），课题主持人：周应恒；“加强农业应急体系建设问题研究”（课题编号200917），课题主持人：卢丙来。

速、健康发展具有十分重大的意义。

第一节 完善农产品价格形成机制

目前，我国农产品市场体系已经建立，农产品价格基本由市场供求关系决定，国家主要通过储备、进出口等措施进行间接调控。但在农产品价格上仍存在许多矛盾和问题，这不仅影响农民发展农业生产的积极性，而且影响我国农业产业安全。因此，亟待进一步完善我国农产品价格形成机制。

一、农产品价格形成机理

农产品价格形成理论大致有三个方面：以效用或边际效用来说明价格的决定；用劳动价值论的包含在商品中的劳动量来说明价格的决定；以供给与需求的关系来说明价格的决定。

（一）效用决定论

在现代市场经济中存在交换价格，也存在契约价格，不论对于哪一种市场交易价格，效用决定论的解释都是，劳动的作用不直接对应交易，只是劳动成果的作用对应交易，交易双方都需要劳动成果的作用，即效用对应交易，效用的多少决定价格的高低。效用不是主观的心理感受，而是对劳动成果作用一般化的抽象，是劳动成果客观实现的自然使用价值与社会使用价值统一的一般化表现。因而，效用与价格之间具有统一的认识基础。从市场关系讲，价格是效用实现的度量标准。这种标准与被衡量的物相比是有区别的，尺度不能代替被衡量的物。但是，在抽象的描述中，价格是可以作为尺度表现一定的被衡量物的效用。无论是理论上，还是在实际中，人们都可以用价格表示效用量，即价格高是效用大的表示，价格低是效用小的表示。价格的实现与效用实现的一致性在市场上表现为价格对实现效用的量化。

（二）价值决定论

经典的价值决定论对价格含义的阐述是："价格是商品价值的货币表现"。价值是凝结在商品中的抽象人类劳动。商品价值不可能从商品体本身得到表现。只有当一种商品同其他商品交换时，才能表现出来。在货币出现以后，各种商品都首先同货币交换，使自己的价值在货币身上表现出来。商品价值的货币表现，就是价格。马克思认为，"商品的价值量表现着一种必然的、商品形成过程内在的同社会劳动时间的关系。随着价值量转化为价格，这种必然的关系就表现为商品同在它之外存在的货币商品的交换比例。这种交换比例既可以表现商品的价值量，也可以表现比它大或小的量，在一定条件下，商品就是按这种较大或较小的量来让渡的。可见，价格和价值量之间量的不一致的可能性，或者价格偏离价值量的可能性，已经包含在价格形式本身中"。马克思说："作为价值，一切商品都只是一定量的凝固的劳动时间。"这就是说，在价值决定价格的理论中，明确无误地表述了，价格的高低取决于劳动时间，即市场交换的价格是按劳动时间计算的。

（三）供求决定论

供求价格理论认为市场价格取决于市场供给曲线与需求曲线的结合，两条曲线相交于一点，这一点所对应的价格即为市场均衡价格。当供给不变而需求增加的情况下，原有的均衡状态被打破，需求曲线向右平移，这样在一个高于原有均衡价格处达到新的市场均衡；反之，在供给不变而需求减少的情况下，就会在一个低于原有均衡价格处达到新的市场均衡。当需求不变而供给增加的情况下，供给曲线向右平移，原有的均衡被新的均衡所取代，新的均衡价格会低于原有的价格；而当需求不变而供给减少时，新的均衡价格会高于原有的均衡价格。

二、主要农产品价格形成的经验与实践

随着全球化和市场化进程的深入，各国在确立以市场形成价格为主的机制中，建立宏观调控体系是保障农产品价格形成机制正常灵活运转、避免农产品买难卖难的关键。农产品价格形成机制中的宏观调控包括政策指导、价格引导、水平调控、手段调节、行政干预、制度保证，本节从这些方面着手，总结国外稻谷、棉花和生猪等农产品价格形成的宏观调控经验和国内实践。

（一）国内外稻谷价格形成机制

1. 国外稻谷价格形成机制

日本稻谷价格形成机制经历了三个不同发展阶段。第一个阶段，即 20 世纪 50 年代中期起，日本稻谷除农户自家消费外，全部为政府控制，称为“政府米”。“政府米”首先由政府指定的一类收购商进行收购，然后收购商将收购的稻谷或者大米交售给粮食厅，粮食厅将稻谷或者大米卖给政府指定的批发商，批发商再经由政府指定的零售商出售给一般消费者。在整个流通过程中，每个环节的价格都由政府规定。第二个阶段，即 1968 年实施粮食管理法以后，政府开始实行“自由流通米”制度，即政府只收购部分稻谷或者大米，其余实施自由流通。但在这一制度下，只要政府按照一定的价格继续收购，那么自由流通稻谷或者大米价格原则上不低于政府收购价，即政府收购价成了保底价格。第三个阶段，即 1995 年实施新粮食管理法后，新法更强调市场机制的作用，取消了政府对稻谷或者大米生产和流通的直接管理，只承担制定流通整体计划及诱导计划的实施。允许基层农协直接将自由流通米卖给

批发商和零售商，这一变化促进了“政府粮管”向“农协粮管”的转变。目前，日本的稻谷分成自主稻谷和政府稻谷，其中自主稻谷是稻谷市场流通的主体，价格主要由市场供求关系决定。1990 年开设大米交易所（大米价格形成中心）以后，由买卖双方在交易所公开竞争，形成批发价格。

美国粮食价格形成机制属于市场定价制，即通过大宗农产品期货交易市场的供求关系来决定粮食基准价格。首先美国农业部对外发布每年美国稻谷主产区的生产情况预测和实际统计数据；其次期货交易商根据发布的稻谷生产信息进行期货买卖，形成稻谷的期货市场价格；最后由贸易商通过农产品期货价格来确定现货贸易合同中的价格，农场主则根据期货价格表现出的供求趋势确定第二年的生产安排。为了稳定稻谷价格，美国还通过巨额的财政支出为水稻生产者提供生产补贴。

为提高粮食出口竞争力，争取以较好价格出口，加拿大建立了粮食垄断经营的体制。每年加拿大小麦局根据国内外市场和生产成本变动情况，与农业部和财政部共同确定粮食预计收购价格。收购时小麦局首先按预计价格的 70% 向农场主支付粮款，销售后扣除自身相关费用，盈余全部返还生产者；如果市场行情发生变化，销售价格过低，小麦局出现亏损，则由政府提供补贴。加拿大政府还通过净收益稳定账户（NISA）对粮食生产者给予补贴。NISA 的补贴方式有两种：一是政府配套补贴存款，即政府鼓励粮食生产者在收益好的时候存一部分钱在 NISA 账户上，数额为净销售额的 3%，政府再提供配套的资金作为补贴存入其账户；二是非配套补贴存款，是指生产者在收益好时，可存占净销售额 20% 的钱在 NISA 账户上，由政府贴息，但不给予配套补贴存款。通过 NISA，生产者在收入低的年份，可从账户上提取一部分钱。

印度尼西亚从 20 世纪 70 年代初开始对大米实施基本价格政策，规定最低价格和最高价格。当大米市价低于底价时，政府按底价收购；若市价高于最高价格时，政府就抛售库存以避免米价继续上扬。最低价和最高价并不是固定不变的，而是根据生产和市场的情况而定，既要照顾到稻农收入，也要顾及消费者利益。同时，为了减少国际市场大米价格动荡对国内市场的冲击，印度尼西亚粮食署一般每年大约购进国内年产量的8%用于维护大米价格的稳定。估计可能要出现供过于求的情况时，粮食署会采取提高大米质量标准的方法，来避免库存积压；反之，在粮仓库存少的时候则会降低质量标准，甚至还提供交通补贴以及要求碾米厂把大米销售给粮食署，从而增加库存量。

综上所述，在市场主导的价格体系下，世界主要国家对调节稻谷及其相关粮食作物采用的政策手段主要包括实施最低收购价或者保护价收购、对生产者或者经营者进行直接和间接补贴、政府适当储备以及质量控制。

2. 国内稻谷价格形成机制

我国粮食价格主要调控措施包括最低收购价政策、粮食储备政策及进出口政策。正常情况时，粮食价格主要由市场供求决定，粮食企业按市场价格经营粮食；粮价过度波动时，政府主要依靠储备粮的吞吐、国际粮食贸易等经济手段，调节粮食市场供求，保持粮食价格相对稳定。粮价剧烈波动时，国家可根据《价格法》，实行限价、集中定价和冻结价格等紧急措施，平抑市场粮食价格。此外，粮食补贴政策也是国家调控粮食生产及价格的一个重要手段。

（二）国内外棉花价格形成机制

1. 国外棉花价格形成机制

为了保证生产者利益，美国政府对棉花实行高额补贴，补贴政策主要分为三类：一是生产性补贴，即以农民为补贴对象，直接补贴棉花种植者；二是销售性补贴，即棉农可任意选择将棉花出售或以棉花为抵押换取政府贷款；三是贸易补贴，即给予棉农和出口商的贸易补贴。美国棉花补贴政策的根本目标是为了减小生产和经营成本，降低市场价格，提高国际竞争力。虽然巨额棉花补贴显著地提高了棉花农场的收益，促进了棉花生产，但也带来了诸如助长生产过度、投机行为以及过度补贴等问题。

印度对棉农的支持主要采取最低支持价格政策及收购价格政策措施。最低支持价格是由印度农业成本与价格委员会综合考察生产水平、市场价格行为、作物间比价、仓储量、投入品价格、生产成本、农业间贸易条款等主要相关因素后，寻求比较合理的价格对等关系，向政府提出建议。政府根据农业成本与价格委员会的建议，决定并公布各邦的最低支持价格，从而起着价格保证作用。当市场价格降至最低支持价格之下时，印度棉花公司按照公布的最低支持价格进行保护性收购。自1971年以来印度政府对主要农产品实行的最低支持价格和公布的收购价格，在很多年份基本上是同义的。但收购价格还要根据作物的长势做出是否提高的决定，一般在销售季节前夕宣布。各公司在收购时，经收购中心监测，凡符合平均质量标准规定的，就按规定的支持价格收购。对低于平均质量标准的，收购中心可以进行调整。总的来说，收购价格一般不低于最低支持价格，但由于收购价格低于公开市场价格，所以，棉花往往自由流向各级公开市场销售，而不卖给政府公司。于是政府采取一些强制性措施，如禁止私商在地区之间和各邦之间贩卖棉花，迫使生产者按收购价格把棉花卖给国家。

墨西哥政府对棉花产业发展采取了以下政策：①扶农计划。该计划于1994—2008年间实施，即种植棉花三年以上的棉农可向政府注册登记，享受优惠政策。政府按棉农的棉田面积进行补贴，每年预先公布每公顷的补贴数额，以保证棉农得到最低收入。②植保卫生计划。根据棉花生产周期长、风险大、病虫害多的特点而制定的，同样按照棉农植棉面积进行补贴。目的是保证棉农收入得到增长，如1994年政府给棉农的植保卫生补贴为每公顷129美元。③棉花套期保值扶持计划。

墨西哥农业部在纽约期货交易所对全国棉花进行套期保值操作，该计划是在播种棉花时卖出期货，在收获时买进期货，它们之间的差价就是利润。该计划的主要目的是锁定棉农的成本，避免棉花价格风险，同时利用期货市场的价格发现功能。④地区市场开发交易补贴计划。从2002年开始，在特定的几个州实施，以交易量为依据给包括棉花在内的7种作物生产者提供数量不等的补贴。此外，墨西哥对棉农的支持措施还包括技术补贴、生产机械补贴及农作物保险。

2. 国内棉花价格形成机制

随着棉花统购统销、合同定价以及国家宏观调控下的市场配置资源等流通机制变革，我国棉花价格形成机制经历了从国家统一定价到国家宏观调控下市场形成价格的发展过程。2001年7月，国务院发布了《关于进一步深化棉花流通体制改革的意见》，提出组建国家储备棉管理公司（简称中储棉），实现储备与经营彻底分开。中储棉目前下辖16个直属库和160余个代储库，分布于全国各主要棉花产销区，初步形成了布局合理、设施先进、管理规范的棉花仓储体系。国家通过储备棉吞吐、进出口等宏观经济手段对棉花市场价格进行调节，防止棉花价格大起大落。同时放开棉花价格后，为引导农民合理调整种植结构，优化棉花生产布局，政府在综合分析国内外棉花供求及价格情况、棉花生产成本、粮棉比价、纺织行业状况的基础上，分析预测下一年度的棉花收购价格，发布不具行政约束力的棉花收购指导性价格。特殊情况下，国家可在某时期内对棉花收购价格或销售价格实行一定程度的限制。

为了更加有力恰当地调节棉花市场，2008年12月22日，国家出台《关于发布2008年度棉花第三批收储计划及有关要求的公告》，明确了收储交易时间接上一批收储计划连续进行，首次制定籽棉最低保护价，严格规范交储操作程序。

加入WTO后，国内纺织业迎来了飞速发展，国内的棉花资源已不能满足日益增长的国内需求，面对国内棉花供应严重短缺的情况，需要合理利用国外棉花市场进行有效补充。棉花大量进口势必会对我国棉花产业造成一定的不利影响，因此严格的市场准入制度已成为国家宏观调控棉花市场的重要手段，我国对棉花进口的具体管理手段主要是实行配额管理。自2005年5月起，我国对超配额进口棉花实施滑准税制度。2007年，我国调整了滑准税的核算公式，滑准税调高至6%—40%，将棉花进口价格基本稳定在每吨13 000元的水平上，以进一步强化对国内棉农收益的保护。

（三）国内外生猪价格形成机制

1. 国外生猪价格形成机制

丹麦养猪和屠宰联合会在猪肉供应链中起着绝对主导地位，负责种猪育种、生猪饲养、市场营销、检疫防疫、猪舍建设、动物福利等各方面的协调和组织实施工作。由于丹麦养猪和屠宰联合会的特殊作用，所有的养猪农场、屠宰场及所属企业都是该联合会成员。丹麦生猪收购原来实行特殊的价格和支付体系：生猪价格每周由三大屠宰合作社（占整个丹麦屠宰量的94%以上）根据市场行情协调一次。但随着市场的发展，实行了多年的协调价格体系已经被打破，各屠宰场根据自己的效益和市场行情确定生猪收购价，年底再根据收益分红。

日本为防止肉类批发价格暴涨暴跌，1961年制定稳定价格带制度。政府通过买卖操作和供求调整功能，稳定市场价格。当肉类供给过剩使价格暴跌到稳定基准价格以下时，畜产事业团通过调整保管、指定肉类采购保管、停止卖出进口肉类等措施稳定价格；当肉类供给紧张导致价格超过上位价格时，畜产事业团通过卖出保管肉类、紧急进口猪肉、牛肉等措施把价格控制在稳定价格带以内。此外，还建立稳定基金制度，当猪肉市场价格低于政府规定的价格时，价格差额由政府、农协和生产者三者共同出资建立的基金支付，一般国家出资60%—65%，都道府县17.52%—22.5%，注册发货团体

17.5%。在猪肉进口方面，日本通过关税特别是非关税措施（立法禁止或限制进口、建立进口许可制度、数量和价格限制、反倾销等措施以及特别管理壁垒、技术壁垒和社会壁垒等手段）控制进口数量。

2. 国内生猪价格形成机制

为了平抑猪肉市场价格，促进生猪生产稳定增长，维护流通秩序，我国在生猪价格出现较大波动时，采取增加中央储备肉数量和补贴等手段稳定猪肉市场。2007 年 7 月，国务院印发了《关于促进生猪生产发展稳定市场供应的意见》，明确规定我国将建立健全中央与地方相结合的猪肉储备制度。中央储备主要满足应对突发事件和救灾需要；地方储备主要用于局部应急和保证节日市场供应。2007 年 8 月 30 日，商务部、财政部联合发布《中央储备肉管理办法》，进一步加强了中央储备肉管理，明确规定储备肉实行常年储备、定期轮换制度。

为了保护能繁母猪生产能力，2007 年我国建立能繁母猪补贴制度，对饲养能繁母猪的养殖户（场）给予补贴。同年，保监会正式启动了生猪保险；将来在能繁母猪保险工作的基础上，逐步开展生猪保险，建立保险与补贴相结合的制度。2008 年为了稳定该政策，国家鼓励有关保险公司努力扩大保险覆盖面，力争能繁母猪“应保尽保”。

生猪良种补贴。在生猪主产区推广良种猪人工授精技术，促进生猪品种改良，国家对购买良种猪精液给予补助。

三、我国农产品价格波动情况及其特征

（一）我国农产品价格波动的基本趋势

1. 农产品价格总体呈上升趋势

1978 年以来我国农产品价格基本呈线性增长趋势。1978—2007 年，农产品生产价格定基指数以年均 6.18 的速度增长，并在 2007 年达到最高点 603.9（见图 2-1）。

2. 总体上升趋势中存在波动

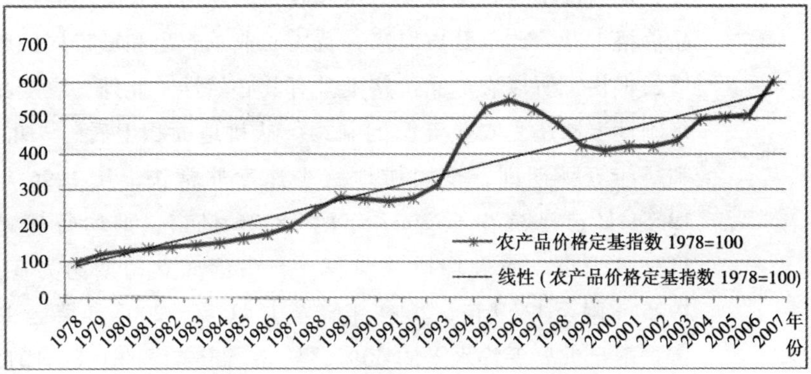

图 2－1　我国农产品价格波动趋势图

从图 2－1 中可以看出，1993—1999 年间是价格波动幅度最大的时期，此外，农产品价格在 1979 年、1989 年、2004 年、2007 年分别达到了各个阶段的小高峰。粗略地分析，农产品价格波动可分为三个大的阶段：第一阶段（1979—1991 年）农产品价格平稳升降，波动平缓。经历了 1988 年 23% 的涨幅之后，1989 年达到一个局部峰值。第二阶段（1992—2000 年）农产品价格大起大落，波动剧烈。经历了 1994—1995 年的大幅上扬之后，农产品价格 1996 年达到历史高位 550.3，较 1992 年上涨 142%，然而短短四年农产品价格在 2000 年滑落至 409，跌幅达 26%。第三阶段（2000 年至今）农产品价格在低迷中曲折上升。2004 年之前农产品价格持续低迷，2004 年之后价格升了一个台阶，但波动不大，2007 年农产品价格又创历史新高达到 603.9。总之，改革开放以来，我国农产品价格虽然有起有落，但基本趋势是上升的，并在上升的趋势中存在着阶段性的剧烈波动。

3. 农产品价格刚性上涨

生产成本的推动，价格向价值的理性回归，货币发行量的增加以及非农产业的超常发展等因素的影响都会使农产品价格相应上涨。查克拉巴迪（S. K. Chakradbatri）的研究认为，假设其他条件不变，工业总产出和收入的任何增长必然导致农产品价格上升。改革开放以来，我国工业总产出和城市居民收入增长很快，所以农产品价格上升有其必然性。此外，农产品价格刚性上涨还受农业资源的制约。从耕地面积上看，“九五”和“十五”期间，全国耕地减少速度非常快，从 1996 年的 19.51 亿亩已减少至 2007 年的 18.26 亿亩，平均每年减少 1136.4 万亩。而人均耕地面积，新中国成立初期约为 3 亩，1995 年降至 1.59 亩，2004 年降至 1.41 亩，2007 年降至 1.39 亩，不足世界平均水平的 40%，约相当于美国的 1/8、印度的 1/2。从农业就业人口数量和劳动力素质看，农村青壮年劳动力大量外流，农村空心化问题严重。资本的逐利性质决定了资本不仅不愿意流向农业，甚至连农民自己也不愿意把资本投资在农业上，大量流向其他产业。农业资源配置不足是农产品价格刚性上涨的原因之一。

（二）我国农产品价格名义波动情况及特点

运用价格环比指标（上年 = 100），对农产品价格名义波动幅度进行考察（图 2 - 2）。总体来看，1978—2007 年，我国农产品生产价格较为平稳，30 年间平均波动幅度为 6.8。具体而言，农产品价格的波动呈现以下特征：

（1）我国农产品价格上涨的年份多，下跌的年份少。30 年间 23 年价格上涨，占比 76.7%；价格下跌的年份有 7 年，占比 23.3%。

（2）30 年间经历了五次较大的波动，波动周期平均六年。

（3）农产品价格在 - 5%—10% 的区间内波动是常态，约占 2/3 的比重。其中，涨幅在 0%—5% 的年份最多，出现了 10 次，占 1/3 的比重；涨幅在 5%—10% 的年份出现了 4 次；跌幅在 - 5%—0% 的年份出现了 5 次，占 1/6 的比重。

（4）农产品价格大幅上升和大幅下降出现的概率较小。农产品价格涨幅高于 20% 的有三年，分别是 1979 年、1988

年、1994年，1994年涨幅最大，高达39.9%。跌幅超过10%的只在1999年发生了一次，跌幅为12.2%（见表2-1）。

表2-1　　农产品价格波动频数分布表

涨跌幅度（%）	20以上	15—20	10—15	5—10	0—5	-5—0	-10—-5	-10以下
出现概率	10%	10%	10%	13.3%	33.3%	16.7%	3.3%	3.3%
出现年份	1979、1988、1994	1989、1995、2007	1987、1993、2004	1980、1981、1985、1986	1978、1982、1983、1984、1992、1996、2001、2003、2005、2006	1990、1991、1997、2000、2002	1998	1999

（5）20世纪80年代中期之前价格较为平稳；90年代中期涨幅巨大，后期跌幅严重；进入21世纪后，价格基本处于稳步上升阶段，2007年涨幅较大。

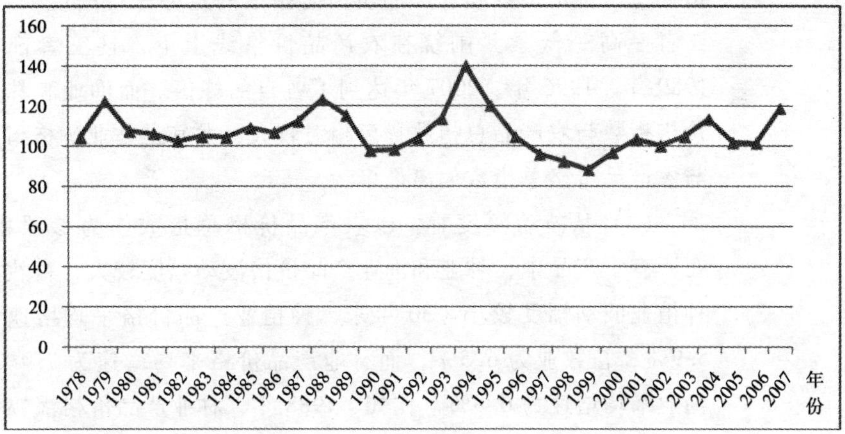

图2-2　我国农产品价格波动幅度

数据来源：国家统计局网站。

（三）分类农产品价格波动情况及特点

通过分析农业内部种植业、林业、牧业、渔业之间的价格波动（见图2－3）、粮食价格波动以及粮食价格与种植业和总体农产品价格指数的横向比较，考察分类农产品价格的波动情况。

1. 农、林、牧、渔业价格波动情况比较

（1）从总体走势上看，农产品各分类价格指数走势基本相同。种植业、林业、渔业、畜牧业价格指数与农产品价格定基指数波动趋势相同，在绝大多数年份呈现出同涨同跌的态势，只是林业个别年份有所差异。例如，1996年其他行业达到各自的历史高位并在之后几年呈下跌态势，但林业在1999年才达到峰值。此外，四者与农产品价格总指数一样也都大致可以分为三个阶段：1978年至1990年，1990年至2000年，2000年至今。

（2）从与农产品价格总指数的拟合程度看，畜牧业和种植业生产价格指数和农产品价格总指数的走势保持高度一致，二者一高一低紧紧围绕在农产品价格线上下，且三者都在1989年、1996年、2007年达到了各自的峰值。而渔业和林业价格指数与农产品总指数背离相对较大，尤其是林业价格指数与农产品价格总指数偏离最多。

（3）从波动幅度看，以农产品价格总指数作为参照物，在所有农产品中，林业和渔业产品价格波动幅度较大，畜牧业种植业波动幅度较小。30年来，种植业产品价格平均增速为5.9%，畜牧业为6.5%，而林业产品价格平均增速为7.4%，渔业平均增速为6.8%。比如，1988年，林业产品价格涨幅为36.7%，渔业产品价格涨幅高达34.3%，而种植业价格涨幅只有13.5%。

（4）从价格绝对值看，除了种植业价格指数低于农产品价格总指数外，林牧渔业价格均高于农产品价格总指数。分类价格指数按高低排序依次是林业、渔业、畜牧业、农产品价格总指数、种植业，这表明相对于1978年的价格水平而言，第一产业内种植业的生产价格涨幅低于农产品价格总体水平，也低于产业内其他行业生产价格涨幅。

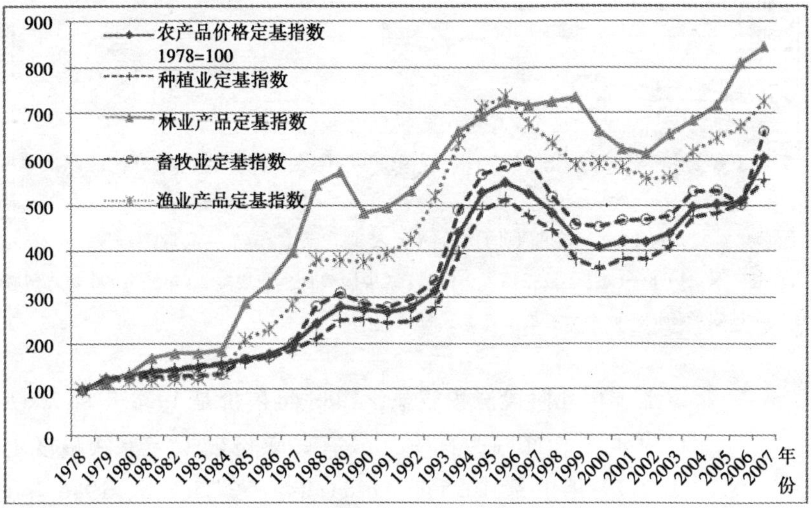

图2－3 分类农产品价格走势示意图

数据来源：根据国家统计局网站公布的全国农产品生产价格指数计算获得定基指数。

2. 粮食价格波动情况

粮食作为最主要的农产品，其价格波动对于考察农产品价格整体波动有很强的代表性。改革开放以来，我国粮食价格有升有降。总体上看，粮食价格的波动可以分为以下几个阶段：1978—1989年、1990—1991年、1992—1995年、1996—2000年、2000—2002年、2003年至今（见图2－4）。

（1）粮价平稳上升时期（1978—1989年）。此阶段，粮食价格总体水平较低但涨幅明显。纵观改革开放以来的粮食价格，1978—1989年间的粮食价格水平相对较低，1978年粮价是11.28元（指每50千克价格，下同），1979年为14.14元，即使在1989年也不过30.17元，而九十年代中期价格在70元

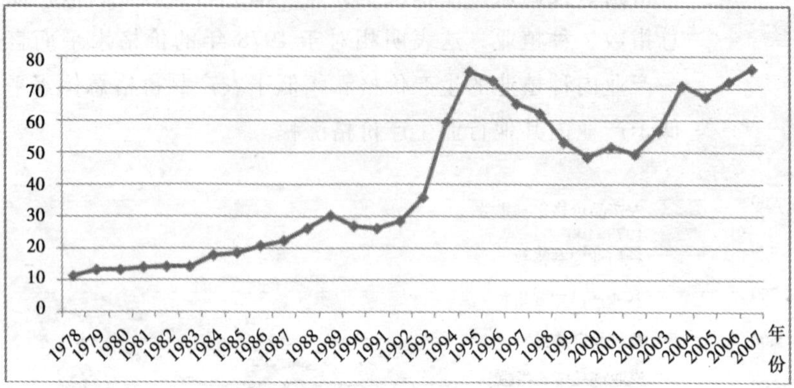

图 2-4　粮食平均售价（元/50 千克主产品）示意图

数据来源：1978—1989 年数据摘自于保平：《中国粮食生产成本 20 年》，1990 年之后数据摘自《全国农产品成本收益资料汇编》相关各年。

以上。但此阶段涨幅明显，1989 年粮价是 1978 年的 2.67 倍，11 年间平均涨幅为 9.36%，有些年份较上年上涨幅度更大，如 1979 年上涨 16.5%、1984 年上涨 25.8%、1986 年上涨 12.2%、1988 年上涨 17.4%、1989 年上涨 15.2%。除 1983 年之外，此阶段粮食价格平稳快速上升。

（2）粮价小幅回落时期（1990—1991 年）。1991 年较 1989 年下降 4.05 元，1990 和 1991 年分别较上年下降 11.0%、2.7%。

（3）粮价大幅上升时期（1992—1995 年）。1995 年粮价达到历史高位 75.11 元，较 1991 年上涨 188%，四年平均涨幅为 30.2%。其中，1994 年涨幅最大，达到 66.0%。

（4）粮价大幅下跌时期（1996—2000 年）。2000 年粮价为 48.36 元，较 1996 年减少 23.93 元，降幅为 33.1%。其中 1997 年、1999 年较上年跌幅最明显，分别为 10.0% 和 14.5%。

（5）粮价低迷徘徊时期（2000—2002 年）。此阶段，粮食价格处于 90 年代中期至今的最低水平。2000 年粮价仅为

48.36元，2001年虽较上年上涨了6.5%，达到51.5元，2002年又下降4.4%，跌至49.24元。

（6）粮食价格进入恢复性上涨时期（2003年以来）。2004年、2006年粮价分别为70.73元、71.98元，接近历史最高水平。从涨幅看，2003、2004年涨幅最明显，分别为14.8%、25.1%。

3. 粮食价格与种植业价格、总体农产品价格波动情况比较

（1）粮食生产价格指数的总体走势与农产品价格总指数和种植业价格指数相同。三者均经历了价格稳步上升阶段，急剧上升急剧下降阶段和恢复上涨阶段，并在1989年、1996年、2001年、2004年、2007年达到了各自的峰值，在1991年、2000年跌入低谷（见图2-5）。

（2）粮食价格指数一直高于农产品价格总指数和种植业价格指数，并且偏离程度越来越大。粮价作为种植业指数和农产品价格总指数的重要组成部分，其价格波动的影响很大，但是粮价偏离二者的程度越来越严重，表明粮价的带动作用趋弱。图2-6（1）和图2-6（2）清晰地显示了该比例有逐渐扩大的趋势，虽然某些年份有所下降，但差值不断扩大的趋势显而易见。这表明粮食价格对总体农产品价格和种植业价格的带动作用有减弱趋势，并且在20世纪90年代中后期表现尤为明显。

总之，分类农产品价格波动方向趋同，波动幅度有异，粮食价格偏离种植业产品价格和总体农产品价格的程度有扩大趋势，对二者带动作用趋弱。种植业和畜牧业价格与农产品价格总指数拟合程度更佳，并且它们的波动幅度小于林业和渔业的价格波动幅度。说明我国农业产业结构中，种植业比重大，种植业农产品的价格走势对于总体农产品价格水平影响较大。2007年之前的大部分年份，农产品价格的上涨主要是由粮价上涨带动的，而2007年农产品价格上涨是由猪肉价格的上涨

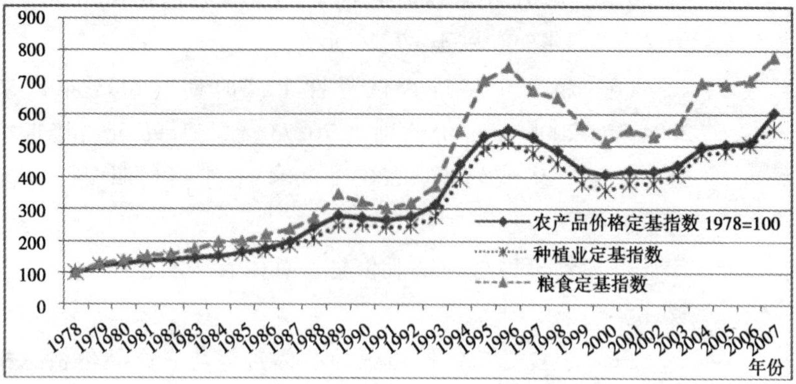

图 2－5　分类农产品价格走势

数据来源：根据国家统计局网站公布的全国农产品生产价格指数计算获得定基指数。

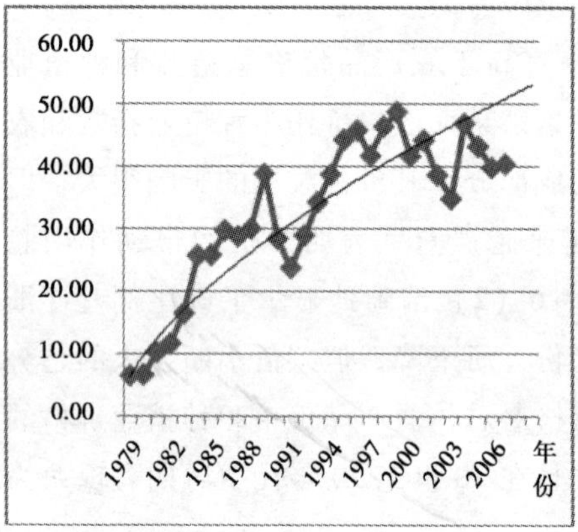

图 2－6　（1）粮食高出同年种植业价格的比例（%）

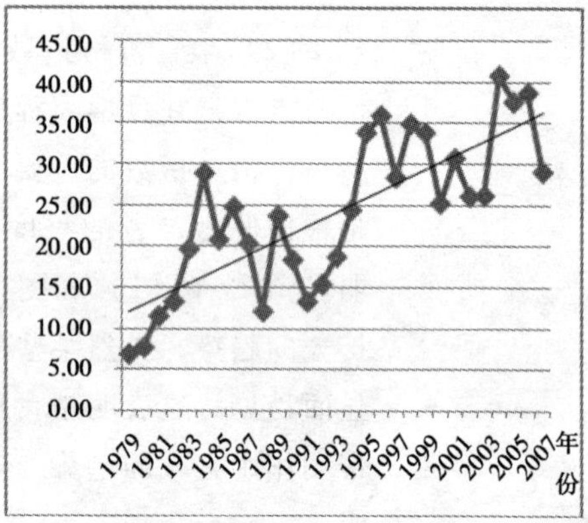

图 2－6　（2）粮食高于同年农产品价格的比例（%）

带动的。

（四）农产品价格周期划分、实际波动情况及特点

采用经济周期分析中的经典方法 H—P 滤波法对农产品价格定基指数进行处理，把价格序列分解为趋势成分和波动成分，并把剔除趋势因素后的价格波动部分作为划分价格周期的依据，并在此基础上考察农产品价格周期长度、周期振幅及频率分布等特征。

1. 农产品价格波动周期的划分

用 H—P 滤波法处理过的农产品生产价格定基指数，按照“波谷—波谷”的周期划分方法，1978 年以来的农产品生产价格可以分为以下六个波动周期：1978—1986 年为第一个周期，1987—1992 年为第二个周期，1993—2000 年为第三个周期，2000—2002 年为第四个周期，2003—2006 年为第五个周期，2007 年开始的是第六个周期（见表 2－2）。

表 2－2　农产品价格波动周期划分及其长度特征

周期	周期一	周期二	周期三	周期四	周期五	周期六	平均值
起止时间	1978—1986	1987—1992	1993—2000	2000① －2002	2003—2006	2007—	—
周期长度（年）	9	6	7	3	4	—	5.8
波峰位置	2（1979）	3（1989）	4（1996）	2（2001）	2（2004）	—	—
扩张期（年）	1	2	3	1	1	—	1.6
收缩期（年）	7	3	3	1	2	—	3.2
扩张期/收缩期比率	0.14	0.67	1	1	0.5	—	0.5

2. 农产品价格周期长度特征

（1）周期平均长度为 5.8 年，属于中短型周期，并且周期长度有缩短趋势。1978—2000 年间的三个周期属于中周期，波长分别为 9 年、6 年、7 年；2000—2006 年是两个短周期，波长为 3 年、4 年。

（2）扩张期小于收缩期，属于收缩型周期性波动。扩张期平均为 1.6 年，收缩期平均为 3.2 年，扩张期平均是收缩期的一半。第三和第四个周期扩张和收缩长度持平，第一、第二

① 若完全按照波谷—波谷的划分方法，周期四应从 2001 年开始，但因该周期时间较短，且 2000—2002 年明显构成一个小周期，故从 2000 年始。

和第五个周期属于收缩型周期性波动。

(3) 周期长度的频率分布特征不明显。五个周期的长度各不相同，周期持续时间有较大的伸缩性。扩张长度为一年的周期发生了三次，相对频数为60%，收缩长度为三年的周期有两次，相对频数为40%，周期长度的频率分布特征表现不明显。

3. 农产品价格周期实际波动幅度特征

(1) 农产品价格振荡幅度大，波动比较剧烈。主要表现为按峰值与谷值的落差计算的周期振幅较大以及峰谷值比率绝对值偏离1的幅度较大。农产品价格周期振幅最大为171.15%，最小为8.1%，平均为62.3%，峰谷值的平均比率0.45，最高为2.13，最低为0.06（见表2-3）。此外，五个周期中只有一个周期的峰谷值比率绝对值大于1，即大多周期价格扩张期涨幅小于收缩期跌幅，这从另一个侧面印证了农产品价格属于收缩型周期波动。

(2) 周期振幅呈现“扩大—缩小—再扩大”的路径特征。改革开放以来至九十年代中期，农产品价格的前三个周期振荡幅度呈不断扩大态势，分别为37.49、80.82、171.15。2000年之后的两个价格周期的振荡幅度远小于前三个周期，但第五个周期相对于第四个周期振荡幅度又有扩大趋势。

表2-3　农产品价格波动周期振幅

(1) 波峰（年份）	(2) 波谷（年份）	(3) 峰值（%）	(4) 谷值（%）	峰谷值比率 (3)/(4)	周期振幅 (3)-(4)
1979	1986	15.07	-22.42	-0.67	37.49
1989	1992	16.50	-64.32	-0.26	80.82
1996	2000	116.52	-54.63	-2.13	171.15
2001	2002	-47.05	-55.15	0.85	8.1
2004	2006	0.78	-13.19	-0.06	13.97
平均	—	20.36	-41.94	-0.45	62.3

注：(3)、(4) 数据通过H-P滤波法对农产品定基价格指数（1978年=100）处理而得。

需要指出的是，从农产品价格环比指数的分析中得出的关于农产品价格名义波动幅度的结论是为波幅相对平稳，价格上涨的年份数量多于价格下跌的年份数等，而剔除趋势因素后的价格实际波动序列，表现出相反特征，说明名义农产品价格波动与实际波动不符。

4. 农产品价格波动的阶段性特征

2000 年是农产品价格波动的转折点。农产品价格在 2000 年之前，波动频率较小，波动幅度较大；2000 年之后，波动频繁，波动幅度相对较小。2000 年之前的三个周期历时都较长，分别为 9 年、6 年、7 年，波动幅度也较大，以第三个周期为最，达到 171.1，波峰出现的时间也相对较晚，第三个周期第四年才出现。而 2000 年以后，农产品价格波动较为频繁，表现为周期历时较短，波动幅度相对较小，价格波动相对平稳。

对农产品各个价格周期情况的分析可以得出以下结论：

一是农产品名义价格与实际价格波动走势逐渐吻合。农产品定基价格指数与剔除趋势因素后的实际波动序列从走势完全相反到方向相同幅度却不同，再到方向和幅度基本一致，二者拟合越来越好。1979—1986 年，农产品价格从定基指数看虽然呈上升态势，但是实际波动序列自 1979 年呈显著下降态势，说明本阶段农产品价格明升实降。1987—1992 年，二者均在 1989 年达到本周期的峰值，1992 年达到谷底，波动方向一致，但价格实际波动序列显示，本周期内价格下跌的幅度远远大于价格上涨的幅度。1993 年之后，定基价格指数与波动部分走势相同，波动幅度也相差不大。

二是实际农产品价格上涨幅度逐渐赶上并超过下跌幅度，周期类型由收缩型向扩张型转变。农产品价格上升的幅度①逐渐由小于价格下降的幅度转变为大于下降的幅度。第一个周期

① 上升阶段的涨幅 = 周期峰值 - 周期初始值，下降阶段跌幅 = 周期末尾值 - 周期峰值。

中，农产品价格在1979年的大幅上升之后，却连续7年呈下降态势，降至谷底时的波动绝对值远远大于初始值。第二个周期，农产品价格下降的幅度为80.8%，也远远大于上升的幅度37.4%。第三个周期，涨幅为170.4%，跌幅为171.1%，二者基本持平。第四个周期，涨跌幅度也基本持平。第五个周期出现了逆转，价格上涨的幅度为46.4%，价格下跌的幅度为14.0%，上涨幅度是下跌幅度的3.3倍，周期类型向扩张型过渡。

三是我国农产品价格市场化程度不断增强。农产品价格的市场化程度通过农产品市场化指数和市场调节价的比重来反映。农产品市场化指数亦即农产品商品率，由农产品的社会收购总额占农业总产值的比重来表示，这个比重能够较好地反映农产品进入市场的程度。由表2-4可以看出我国农产品的市场化指数稳步提高，已经由改革开放初的39.9，增至2004年的68.48，增幅高达71.6%。农产品商品率越高，说明市场在农产品价格形成中的作用越来越强。

表2-4　　　我国部分年份农产品市场化指数

年份	农产品市场化指数	年份	农产品市场化指数	年份	农产品市场化指数
1978	39.90	1988	51.10	1998	53.22
1980	43.80	1990	48.43	2000	58.91
1982	43.60	1992	51.53	2002	62.32
1984	44.80	1994	52.57	2004	68.48
1986	49.60	1996	53.63	2006	—

数据来源：蔡荣、祁春节："农产品流通体制演进与契约行为"，《改革》，2007年第6期。

此外，在农产品收购价中，实行国家指导价的农产品种类增加，国家定价的种类逐步减少；在农产品销售价格中，国家定价的农产品种类减少，这反映了我国农业市场化程度增强，农产品价格形成中的市场作用越来越明显。1986年农产品收购价中，实行国家定价和国家指导价的农产品分别有17种和

11 种，1991 年二者变为 9 种和 19 种 ，国家定价的比重大幅下降。农产品销售价格中，国家定价的农产品种类由 1986 年的 14 种变为 1991 年的 7 种，指导价种类由 4 种扩大到 10 种。2006 年，在农副产品收购总额中，政府定价比重为 1.2%，与上年持平；政府指导价比重为 1.7%，比上年升 0.6 个百分点；市场调节价比重为 97.1%，下降 0.6 个百分点 。2006 年国家继续执行粮食最低收购价政策，按最低收购价收购的粮食数量比上年有所增加，导致政府指导价在农副产品收购总额的比重略有上升。

四是农产品价格波动周期与改革进程密切相关。在第一个农产品价格周期的 1978—1986 年，大幅提高粮食统购价格，确立农业基本经营制度以及改革农副产品统派购制度。1979 年的提价直接导致了第一个价格周期波峰的出现，提价连同其他改革措施使得农产品供给状况发生巨大变化，由严重短缺到基本解决温饱，农产品价格呈下降趋势。1992—2000 年，国家出台了“购销同价”、“保量放价”政策，试图废除粮食统销制度，但因粮食产量下降和价格上涨，国家又出台“米袋子”省长负责制，恢复定购，建立专项储备和风险基金制度，实行保护价收购，加强对粮食市场的调控。1994 年和 1996 年两次提高粮食价格 82%，1997 年后期实行“粮食保护价制度”。自 2004 年，国家全面放开粮食收购和销售市场，实行购销多渠道经营，并对国有粮食购销企业进行市场化改革，这标志着农产品流通体制改革告一段落，农村要素市场的发育将成为今后改革的重点。此外，在农产品价格波动的第五个周期，农村税费改革由试点进入全面推进时期，2004—2006 年我国全面取消农业特产税和农业税，农村税费改革进入新的发展阶段。这些改革措施与农产品价格波动联系密切。

（五）农产品价格与 CPI、PPI 的关系

1. 农产品价格与 CPI、PPI 总体波动趋势一致

CPI、PPI与农产品价格波动类似，1979年至1986年左右处于向下波动的态势，1987—1992年经历了大幅上升更大幅度回落的过程，1993—1996年各创历史新高，1997—2002年受亚洲金融危机影响，我国经济步入经济紧缩时期，三者大幅回落。CPI、PPI也在1989年、1996年（PPI是1995年）达到峰值，在1986年、1992年跌入波谷。此外，从相关系数看，三者之间的波动也有较强的趋同性。农产品价格波动部分与CPI、PPI的相关系数分别是0.88和0.90，它们之间有较强的相关性。

2. 农产品价格在2000年之后呈现出与CPI、PPI背离的态势

1996年之后各种物价指数急剧下跌，农产品价格在2000年达到谷底，CPI与PPI在2003年达到谷底，主要是由于农产品价格在2001年微幅上调，但总体而言农产品价格下降幅度均高于二者。2004年，农产品价格和CPI达到新的峰值，但PPI继续上扬，PPI至2007年仍呈增长态势。三者的走势出现背离，在2001和2005年表现尤为明显。

3. 大部分年份农产品价格的波动幅度大于CPI、PPI

无论在上涨阶段还是下跌阶段，农产品价格的波动幅度均大于CPI和PPI，这一特点在1985年之后表现更为明显。由表2-5可以看出，在1979—1986年的下降阶段，农产品价格波动先是高于CPI和PPI，1983年时持平，之后低于CPI和PPI且幅度越来越大，1986年波谷时差值达到-8.8、-8.1。在1987—1992年的周期中，上升阶段，农产品价格的波动越来越高于CPI和PPI，在1989年波峰时分别比两者高出12.5、19.5。下降阶段农产品价格波动越来越低于二者，在1992年时与CPI差值为-25.8，1993年与PPI差值为-51.3。在1993—2000年间，上升阶段差值依次递增，下降阶段差值依次递减。波峰时，与CPI差值为68.5（1995年），与PPI差值为69.4（1996年），2000年波谷时与二者的差值分别为

-53.6和-51.4。在2001—2006年间，上升时期，波幅之差越来越大（因均为负值故绝对值越来越小）。2004年波峰时差值分别为10.4和10.8。2006年差值又达到新低-5和-18.1。

表2-5　　农产品价格指数与CPI和PPI的差距

阶段	1979—1986	1987—1992		1993—2000		2001—2006		2007
时点	波谷时	波峰时	波谷时	波峰时	波谷时	波峰时	波谷时	
农产品价格与CPI波动之差	-8.8	12.5	-25.8	68.5	-53.6	10.4	-5	58.9
农产品价格与PPI波动之差	-8.1	19.5	-51.3	69.4	-51.4	10.8	-18.1	56.6

注：表格数据由eviews5.0操作获得。

总之，农产品价格与CPI、PPI的走势基本一致，但其波动幅度在绝大多数年份大于CPI和PPI的波动幅度。2000年之前，农产品价格与CPI、PPI的波动部分走势趋同，但在2000年之后的某些年份与CPI、PPI的波动走势相背离，如2001年与2005年。从波动幅度看，在周期的上涨阶段，农产品波动部分涨幅及峰值高于CPI和PPI，在下降阶段，跌幅和谷底又低于CPI和PPI。主要是由于农产品较其他消费品和工业品面临着更大的自然和市场风险。农产品生产周期长、易腐烂变质、需求弹性小、集中供应和长期消费等使生产者不能根据市场需求及时改变生产决策，农产品市场供求难以迅速达到出清状态，致使其价格较工业品和其它消费品波动幅度更大。

四、我国农产品价格波动的原因

（一）成本变动是农产品价格波动的重要因素

1. 农产品生产价格与农业生产资料价格波动幅度分析

农业生产资料价格从环比指数看，经历了五个阶段：第一阶段1978—1986年，为期8年，其中1984年达到波峰，较上年涨8.9%，两年后即1986年涨幅回落至1.1%，达到周期的波谷。第二阶段1986—1991年，为期5年，1989年达到波峰，涨幅为18.9%，两年后即1991年涨幅回落至2.9%，达到本周期的波谷。第三阶段1991—1998年，为期7年，1995年涨19.9%，是1978年以来涨幅最大的年份，1998年较上年下跌5.5%，达到本周期的波谷。第四阶段1998—2006年，为期6年，2004年为波峰，较上年涨10.6%，2006年较上年涨1.5%，达到本周期的波谷。第五阶段2007年至今。

农业生产资料价格的波动呈现出以下特点：

（1）价格上升阶段，达到波峰需要较长的时间4—6年；而价格下降的阶段，由于政府宏观调控的作用，农业生产资料价格一般经历两年时间就会达到波谷。

（2）1985年之后，在价格上升时期，农产品生产价格涨幅高于农业生产资料价格涨幅，农产品生产价格有带动作用，农业生产资料价格峰值紧随其后出现在当年或次年。在价格下降时期，农产品价格下降幅度大于生产资料价格下降的幅度。

在1978—1984年间一直处于稳步上升的阶段，家庭联产承包责任制的实行和国家鼓励农业生产的政策，如限制农业生产资料价格等，极大地刺激了农业生产，农产品供给充裕。

1985年之后，在农产品价格波动的同时，农业生产资料价格亦步亦趋。具体表现为农产品生产价格达到峰值时，农业生产资料价格也在当年或次年达到峰值，如农产品价格分别在1988年、1994年、2004年达到各自周期的峰值，农业生产资料价格分别在1989年、1995年、2004年达到峰值。此外，1985年之后，在价格上升阶段，农产品价格涨幅大于生产资料价格涨幅，如在1986—1988年和1991—1994年。在价格下降阶段，农产品价格跌幅大于生产资料价格，如在1989—1991年和1995—2000年间。总之，农产品价格有较强的带动作用，引导着农业生产资料价格的波动方向、波动趋势和波动幅度。

2. 农产品价格与农业生产资料价格基本趋势分析

从定基指数看，农业生产资料价格与农产品价格拟合很好，二者波动趋势基本一致。农产品价格涨幅较大的年份，农业生产资料价格也涨幅较大，二者均在 1989 年、1996 年及 2007 年达到历史高位，农资价格是影响农产品价格波动的重要因素。从农资价格分类指数看，农用机油和化肥在 1992 年之后涨幅特别明显，农药和农机具波动相对平缓。农机油和化肥是拉动农业生产资料价格的主要因素。

3. 农产品和农业生产资料价格实际波动比较

运用 H－P 滤波法剔除趋势因素后可以看出：①农产品价格与农业生产资料价格总体波动趋势基本一致。②农产品价格的波动幅度大于农业生产资料的波动幅度。③2000 年后，二者的波动出现差异，说明 2000 年后，农业生产资料价格不是导致农产品价格波动的主要原因。农产品价格与生产资料价格波动趋势一致，表明农业生产资料价格波动是农产品价格波动的原因。二者波动幅度不一致，说明农业生产资料作为农产品成本的一部分，只是形成农产品价格的因素之一。

（二）供求关系变化是农产品价格波动的主要原因

随着我国工业化、城镇化进程的加快，对农产品的总需求增长较快。一是全国已经有 2 亿多农民实现“农转非”，其农产品消费也从“自给型”变为“商业型”，大大增加了农产品市场的需求压力。二是随着工业化、城镇化和居民收入水平提高，人们的食品消费结构中肉禽蛋奶消费需求增加。这些高耗粮食品需求扩大，增加了饲料粮的消费，拉动了粮食价格的上涨。三是生物质能源的发展，尤其是用玉米制造乙醇，工业用粮需求剧增，推动了农产品价格的上涨。

食品消费结构中，肉禽蛋奶及水产品数量呈显著增长趋势。2007 年城镇居民家庭平均每人购买的禽类、蛋类、奶类、水产品数量是分别是1990年购买量的2.82倍、1.42倍、3.83倍、2.01倍。这些农产品消费需求的增加，一方面拉动了其本身价格的上涨，另一方面也扩大了饲料用粮的消费，拉动了粮食价格的上涨。

（三）政策因素对价格波动的影响（以粮食为例）

改革开放以来，政府在1979年第一次提高粮食价格，粮食统购价提高20%，农民在完成国家征购任务后交售给国家的粮食，超购加价幅度由30%提高到50%。1979年我国三种粮食平均每50千克主产品售价由11.28元增加到13.14元，增幅为16.5%。第二次提价是在1988—1989年，粮食收购价分别提高13.2%和26.7%。同年，市场上三种粮食平均出售价格分别较上年增长17.4%、15.2%。第三次提价是在1994年，国家提高粮食收购价格，提幅达50%以上，同年市场三种粮食平均售价由35.8元涨至59.44元，增幅达66.0%。第四次提价是在1996年，在1994年提价基础上，再提高粮食收购价42%。三种粮食平均售价由1994年59.44元增至1996年的72.29元，涨幅达21.6%。政府大幅提高粮食收购价格的年份，也是市场上粮食价格大幅增长的年份。政府每次大幅提价，均导致市场粮食价格大幅上升，政策因素对粮食价格波动的影响可见一斑。

2003—2007年，政府出台了一系列支农惠农政策。2004年，我国首次出台水稻最低收购价政策，拉开了我国实施粮食最低收购价政策的序幕。2005—2007年，国家在主产区及时启动了稻谷、小麦最低收购价执行预案，最低收购价是在粮食连续三年丰收、粮食供求总量趋于平衡的情况下实施的，对于防止粮食价格下跌、稳定农民收入、促进粮食生产、保障粮食安全具有重要意义，对粮食价格下行起到了重要的支撑作用。

（四）农业的弱质性加剧了农产品价格波动

与其他产业相比，农业面临着巨大的自然风险和市场风险，具有天然弱质性，加剧了农产品价格的波动。一是旱、涝、风、雪、冻等非人力能控制的自然灾害对农业生产的影响很大，加剧了农产品价格波动。二是农产品生产周期较长且具有易腐性，不能根据市场需要及时调节生产，市场调节滞后。三是农产品需求收入、价格弹性都较小，供过于求价格大幅下跌，供不应求价格暴涨，甚至出现抢购，这些放大了农产品价格的波动。四是我国农业生产趋于完全竞争状态，农民不具有价格制定权，只能被动接受市场价格。市场价格低时，农民生产积极性严重受挫，未来减少生产，结果又导致供不应求，价格飞涨。总之，农业的弱质性使得农产品相对于其他产品价格波动更为剧烈。

（五）小规模家庭经营及产业化组织化程度低加剧农产品价格波动

小规模家庭经营、产业化程度低、组织化程度不高及其他制度因素进一步加剧了农产品价格波动。以家庭小规模生产为主体的经济组织形式，一方面，使市场信息特别分散，农民搜寻信息的成本相对较高；另一方面，较小的经营规模也降低了农民对于市场信息的需求度，高昂的信息成本面对的却是较低的经济收益。这种信息不完全与信息不对称，可能导致道德风险与逆向选择，从而降低市场效率，使农民处于市场竞争的不利地位。再加上我国农业产业化程度和农民的组织化程度低，农民在谈判中的话语权很少，这也使得农民成为价格的被动接受者。丰产不增收，又减少来年农业生产，进一步加剧了价格的波动。

（六）国际市场价格波动引发我国农产品价格波动

国际市场价格波动对我国农产品价格的影响表现为两方面：一是国际能源价格波动的影响，二是国际农产品价格波动的影响。近几年国际市场原油、铁矿石等初级产品价格大幅攀升。原油价格从2007年初每桶50美元涨到2008年7月的140多美元；铁矿石价格在前几年成倍上涨的基础上，2008年又上涨65%。在能源价格上涨的背景下，首先，美欧等国用玉米和大豆生产燃料乙醇和生物柴油等替代能源，直接导致国际粮价上涨；其次，能源价格的上升导致国际国内农产品运输成本上升；再次，能源价格的上升导致农业生产资料价格上升，进而影响农产品价格；最后，我国经济持续高速增长，对石油、铁矿石等初级产品需求大幅增长，对外依存度很高。2007年我国进口原油1.63亿吨，铁矿石进口3.8亿吨，大豆净进口3082万吨，对外依存度分别为47%、50%和68%。再加上世界范围内粮食减产，粮食库存量大幅减少等因素的影响，2007年、2008上半年我国农产品价格大幅上涨。

五、主要农产品生产成本对价格形成的影响

我国农产品生产成本不断变化，这可以从农产品实际生产资料价格指数变化中得到反映。以1982年的生产资料价格为基准（100），与农产品生产价格指数相似，生产资料实际价格总体有所下降，表现出了周期性的波动趋势。1984年以前，生产资料价格逐步上升；1984—1988年，又逐步下降，此后两年有所上升。1990—1994年，生产资料价格持续下降，到1994年下降到低谷；1995年生产资料价格有所反弹；1995—2003年价格比较稳定；2004年以后，生产资料价格快速下降。生产资料价格指数的变化反映了农业生产成本势必呈现出周期性的变化趋势。

因气候条件、劳动力需求量、机械化水平、农业科技应

用、农田水利设施状况、农业产业化水平和农业规模化程度等方面的差别，农产品生产成本及其构成结构因作物、地区、时段而有所差异。首先，种植业和饲养业产品生产成本构成结构区别很大，如饲养业产品物质与服务费用占总成本比重一般在85%以上，与种植业产品有很大不同。在种植业产品中，粮食作物与经济作物的成本构成亦有很大差别，如三种主要粮食作物人工费用约占总生产成本的40%，而棉花的人工费用在50%—60%。其次，农产品生产成本构成存在着地区差异，如新疆棉花的物质与服务费用占总成本的50%左右，比其他地区高出10个百分点；青云川渝地区小麦物质与服务费用占比低于45%，而其他地区一般在65%以上。再次，农产品生产成本构成存在时间跨度上的差异，如在三种粮食作物生产过程中，租赁作业费所占比重逐年上升，稻谷的物质与服务费用和人工费用均呈逐年上升趋势；粳稻每亩生产成本比籼稻要高70元左右。

作者利用1986—2007年《全国农产品成本收益资料汇编》中主要农产品生产成本数据，计算每生产50千克稻谷、棉花和生猪所需的生产成本，考察农产品成本构成变化，分析生产成本对价格形成的影响。

（一）主要农产品生产成本及构成

1. 主要农产品总生产成本变化趋势

1986—2007年稻谷、棉花和生猪生产成本都呈现出周期性的波动，表现出5—6个波动周期。稻谷和棉花生产成本波动周期几乎一致，这是因为两者都为种植业产品，生产资料的投入比较相似，成本变动主要是由于生产资料价格波动引起的。生猪生产成本波动和稻谷、棉花有一定的差异，1988年生猪的生产成本非常高，每50千克花费85.12元，1988—1993年生猪的生产成本不断下降；1994—1995年生产成本快速上升；1995年后成本开始振荡下降，一直到2000年降到历史最低点，每50千克主产品的投入仅57.51元；2001—2004年，成本进入了上升周期；2005—2006年又有所下降；2007年生产成本又开始了新一轮的增加。

2. 主要农产品生产成本的构成及其变化

从构成情况来看，稻谷物质费用占生产成本的比例高于人工费用，而棉花人工费用在生产成本中所占的比例高于物质费用，这反映了粮食作物生产和经济作物生产物质费用和人工费用投入上的差别。考察物质费用的构成可以看出，直接物质费用在物质费用中占绝大部分比例，两种产品的直接物质费用中肥料费用所占比例均为最高。从时间跨度来看，1986—2007年，三种农产品生产成本的构成呈现出一些变化趋势。稻谷生产成本中人工费用所占的比例从1986年到2007年间呈现显著的波动，在2000年达到最高，但是随后又呈递减趋势，2007年回归到与1986年相当的水平。稻谷的直接物质费用所占比重呈逐年上升趋势，其中农药费用和租赁费用所占比重上升最多，而种子费用和肥料费用所占比例逐年下降。在1986—2007年，棉花生产成本构成中物质费用所占的比重逐年降低，人工费用所占的比重逐年上升。同时，棉花的直接物质费用在物质费用中所占比重也呈上升趋势。棉花的直接费用中，种子费用、租赁费用和农药费用所占比重均呈上升趋势，只有肥料费用和其他直接物质费用的比重呈下降趋势。

生猪生产的物质费用占大部分比重，人工费用较少。物质费用的构成中，直接物质费用比重都在97%以上，年度间变化幅度较小。直接物质费用中，仔猪费用所占比重逐年上升，而饲料费用所占比重呈现逐年下降。从时间跨度上各项费用比重变化来看，从1988年到2000年，物质费用比重呈现下降趋势，2000年以后物质费用的比重逐渐上升，而人工费用占总生产成本的比重与物质费用变化趋势相反。

（二）农产品生产成本对价格的影响

1. 总体认识

农业生产成本是农产品价格的基础，对农产品生产成本分析有助于充分认识农业生产成本特点和农业生产发展现状，选择合理有效的农业保护政策措施。农业生产成本通过市场供求机制，影响农产品价格变化。当农产品生产成本明显提高后，如果农产品市场价格不变，生产者就会自动压缩生产量，直接引起市场供给减少；农产品市场供给减少又直接导致价格上涨，最终农产品供求在价格上升中达到新的均衡。

物质费用是构成农业生产成本，尤其是粮食生产成本的主要部分。而物质费用中，农业生产资料成本占绝对多数，因此，通常将农业生产资料成本等价于农业生产成本。形成的普遍观点是农产品价格与农业生产资料价格之间存在着正相关关系，且其相关性在所有农产品价格影响因素中最强。但这种观点并不是在任何条件下都是普遍适用的，对于不同的农产品，其生产成本对价格的影响有可能会有差别。玉米生产资料价格指数与玉米市场价格变动负相关，主要原因是玉米与其他农产品比较起来，属于低投入作物。在农业生产成本升高的情况下，农户会倾向于选择生产成本低投入的玉米，玉米生产得越多就会导致玉米市场价格降低，二者呈相反方向变动。通过对中美小麦成本和收益的分析发现，影响小麦市场价格的主要因素并不是农业生产成本，而是流通费用，原因在于小麦属于低附加值产品。对我国生猪价格的周期性波动分析表明，生产资料价格变动是影响生猪价格波动的根本原因。但生产资料价格变动所带来的价格变动幅度十分有限，对于规模生猪养殖户而言，其因生猪价格上涨带来的收入增加额甚至不足以弥补因生产资料价格上涨带来的成本增加额。

我国农业生产成本对农产品价格的影响可以归结为：对绝大多数农产品来说，农业生产成本与农产品价格的变动方向相同，且生产成本的增长能显著带动农产品价格上升；但由于不同农产品生产成本中各要素的组成比例不同，生产成本对各种农产品价格也会表现出不同的影响方式和程度，这就需要更为细致的研究。

2. 生产成本与农产品价格的相关性

总体来看，农产品出售价格和生产成本都呈现出周期性波动趋势，而出售价格的波动幅度大于生产成本的变化幅度，特别是稻谷和棉花。稻谷生产成本和出售价格的变化表现出一致性，即当生产成本上涨时，出售价格也表现出上升趋势。棉花出售价格与生产成本的变化趋势不同于稻谷和小麦，1988—1993年，当生产成本上涨时，出售价格呈现了下降，而生产成本下降的时候，出售价格反而上升。生猪年度间出售价格和生产成本比较接近，出售价格和生产成本的变化表现出非常一致的协同性，即当生产成本下降时出售价格也下降，而当生产成本升高时出售价格也表现出上升的趋势，例外年份是2005—2006年，生猪生产成本上升，出售价格下滑。

对三种农产品出售价格和生产成本进行相关分析（表2-6），分别达到了0.948（稻谷）、0.928（棉花）和0.954（生猪），生产成本和价格的高相关性在一定程度上反映了生产成本对农产品价格有很大影响。稻谷各分项成本中，人工费用和物质费用与出售价格有相同的相关系数；而生猪和棉花的物质费用与出售价格的相关性高于人工费用与出售价格的相关性，反映了物质费用对价格的影响大于人工费用。在物质费用中，直接费用与价格的相关性高于间接费用，特别是在生猪和棉花上，直接费用与价格的相关性分别达到了0.968和0.927，而间接费用仅为0.375和0.359。稻谷种子费用与价格也有较高关联，相关系数超过了0.9；棉花其他各项直接物质费用与出售价格的相关性都在0.79到0.93之间。生猪的仔猪费用和饲料费用和出售价格都有较大的相关性，相关系数分别达到0.957和0.938。

表 2-6　主要农产品生产成本与产品出售价格的相关性分析

	稻谷	棉花	生猪
生产成本	0.948	0.928	0.954
物质费用	0.921	0.931	0.966
直接物质费用	0.906	0.927	0.968
种子费用/仔猪费用	0.903	0.794	0.957
化肥费用/饲料费用	0.918	0.922	0.938
农药费用	0.790	0.816	—
租赁费用	0.842	0.856	—
其他直接费用	0.889	0.786	0.863
间接物质费用	0.539	0.359	0.375
人工费用	0.921	0.916	0.803

六、调控农产品价格的政策建议

（一）调节生产资料价格，合理控制农产品生产成本

农产品生产资料价格对农产品生产成本有重要影响，为稳定农产品价格，不能盲目打压农资价格，要根据不同农产品的成本构成情况作具体分析。对于粮食价格的调控，更应集中在对粮食供求关系的调节上。对于棉花价格的调控，应把握好主要农产品进出口时机和节奏，多关注国家宏观调控和国际棉花市场动态，力争对棉花进出口作出准确判断。对于生猪价格的调控，应密切关注饲料尤其是玉米价格，才能有效调控生猪市场。

（二）完善农产品价格形成机制，发挥价格信号调剂功能

最低收购价格政策并不意味着要用政府定价去取代市场定价；相反，政府干预市场的目的是为了弥补市场定价机制的缺陷，矫正市场机制的定价行为，使之更好地发挥应有的作用。应当提高农产品市场定价机制的运行效率，消除价格扭曲现象。建立合理的价格监测体系，加强对市场的分析和预测能力，以消除最低收购价格执行时机的滞后性。充分发挥市场作用，建立以市

场为基础的价格形成机制，尤其是发挥批发市场和农产品期货市场的价格发现功能，推动全国统一大市场的形成。

（三）加强农产品储备对价格的影响能力，调节和控制价格波动

稻谷储备对价格产生了显著影响，而棉花的储备则对价格的影响不显著。一是弄清中央和地方储备的规模，科学合理地了解农户层面储备规模；二是国家粮食库存量需要通过合适的途径公开化，这样有利于科学合理地研究和预测储备的数量。从长期来看，粮食库存数量是需要公开的，只有将粮食清仓查库工作做好，才能保证粮食库存方面信息的准确性，从而有助于科学的决策。此外，需要建立储备风险基金，补偿农产品储备的相关损失。

（四）立足国内市场，关注国际市场影响

对主要农产品设定目标价格（价格上限）和干预价格（价格下限），利用进口税和出口补贴的调控手段，既有利于保护国内农产品市场发展，又有利于促进农产品出口，同时还能利用进出口调节机制维持国内市场上农产品价格相对稳定。储备政策和进出口政策相互配合，防止进出口剧烈波动影响我国在国际市场的信誉。

（五）完善农产品市场化配套机制，分散农产品市场风险

一是加强政策性农业保险，建立覆盖全国主要农产品产区的政策性保险机构，实行强制性保险，保费由当地财政与生产经营者分担。二是有效利用农产品期货市场，规范农产品期货市场准入，减少期货市场投机行为，扩大期货市场的理性预期和套期保值行为，逐步增强农产品期货市场的价格发现功能。三是帮助农业生产者建立农业生产的合作和联合，建立代表农民利益的农村市场中介组织。

第二节 稳定我国农业生产成本

随着国际石油等能源价格上涨和我国工业化、城镇化发展，农业生产成本的持续上升已成为社会各界关注的重要问题。未来我国农业生产将面临高能源成本、高劳动力成本、高气候影响成本、高现金投入成本、土地成本与生产成本双上升的挑战。目前成本上涨的可控性难，对于农村经济社会管理有深刻影响。农业生产持续稳定增产难，农民生产生活面临通货膨胀的压力大。在高能源成本和高劳动力成本等新形势下，要促进农业稳定发展和农民持续增收，需要及时采取相应的对策措施。

一、农业生产成本构成及趋势判断

（一）我国农业生产成本的结构现状

生产成本是农产品成本的主要部分，在数量上等于农产品成本扣除土地成本后的余额。根据全国成本调查数据计算，2006年我国种植业产品生产成本平均占总成本的85%，比较低的为大豆72%、高粱73%、长绒棉74%和粳稻78%，其他均在80%以上。养殖业产品生产成本平均占总成本的99.89%，比较低的为大规模肉鸡99%和淡水鱼精养95%，其他均为约100%。大中城市主要蔬菜品种生产成本平均占总成本92.8%，比较低的为露地圆白菜和露地大白菜84%、露地萝卜87%、露地菜椒88%和露地马铃薯89%，其他均在90%以上。

农产品生产成本的具体构成中，从种植业看，在统计上由

“物质与服务费用”、“人工成本”两项组成。其中：“物质与服务费用”又分为两项，第一项是直接费用，主要包括种子费、化肥费、农家肥费、农药费、农膜费、租赁作业费（细分含机械作业费、排灌费和畜力费）、燃料动力费、技术服务费、工具材料费、修理维护费、其他直接费用等11项；第二项是间接费用，主要包括固定资产折旧、税金、保险费、管理费、财务费、销售费等6项。“人工成本”也分为两项，第一项是家庭用工折价，为家庭用工天数和劳动日工价的乘积；第二项是雇工费用，为雇工天数和雇工工价的乘积。

2006年我国粮食作物“物质与服务费用”平均占生产成本的58%，“人工成本”平均占生产成本的42%；经济作物“物质与服务费用”平均占生产成本的51%；“人工成本”平均占生产成本的49%（见表2-7）。我国粮食作物“物质与服务费用”占生产成本的比重高于经济作物，而“人工成本”的比重低于经济作物，反映了粮食作物对物化成本变化的反应更敏感，其中最敏感的是小麦和粳稻；而经济作物对人工成本变化的反应更为敏感，其中最为敏感的是棉花和油菜籽。

表2-7　2006年我国种植业产品生产成本的构成　单位：%

粮食作物	物资与服务费用	人工成本	经济作物	物资与服务费用	人工成本
小麦	66	34	甜菜	61	39
粳稻	63	37	大中城市蔬菜	56	44
晚籼稻	59	41	花生	55	45
早籼稻	57	43	甘蔗	51	49
大豆	57	43	苹果	49	51
玉米	56	44	油菜籽	43	57
中籼稻	50	50	棉花	42	58
平均	58	42	平均	51	49

数据来源：国家发改委价格司，《全国农产品成本收益资料汇编2007》，中国统计出版社2007年版。

从表 2-8 的养殖业成本看，在统计上也由"物质与服务费用"、"人工成本"两项组成，"物质与服务费用"主要包括仔畜进价、精饲料费、青粗饲料费、饲料加工费、水费、燃料动力费(细分含电费、煤费和其他燃料动力费)、医疗防疫费、死亡损失费、技术服务费、工具材料费、修理维护费、其他直接费用等 11 项；其他分类构成项目与种植业成本计算相同。2006 年我国养殖业"物质与服务费用"占生产成本的平均比重比较高，一般均在 80%以上，最高的是养鸡为 94%；最低的是肉羊为 60%；"人工成本"占比一般低于 20%，肉羊最高为 40%，蛋鸡最低为 6%。显然，养殖业的劳动生产率较高，生产成本对物化成本变化的反应更敏感，人工成本占的比重相对较低。

表 2-8　　2006 年我国养殖业产品生产成本的构成　　单位:%

种类	物资与服务费用比重	人工成本比重
生猪	84	16
散养生猪	78	22
规模生猪	92	8
肉牛	80	20
奶牛	88	12
散养奶牛	87	13
规模奶牛	89	11
肉羊	60	40
肉鸡	94	6
蛋鸡	94	6
散养蛋鸡	92	8
规模蛋鸡	96	4
淡水鱼精养	85	15
淡水鱼规模户精养	90	10
淡水鱼一般户精养	80	20

数据来源：国家发改委价格司，《全国农产品成本收益资料汇编 2007》，中国统计出版社 2007 年版。

（二）农资成本变化及对农业生产成本的贡献

农资成本是农业生产过程中被消耗的各种农业生产资料费用，在数量上是“物质与服务费用”的大部分，种植业具体由种子费、化肥费、农家肥费、农药费、农膜费、燃料动力费、工具材料费、固定资产折旧等组成；养殖业具体由仔畜进价、精饲料费、青粗饲料费、饲料加工费、水费、燃料动力费、工具材料费和固定资产折旧构成。从种植业来看，其中影响最大的是化肥费；从养殖业来看，其中影响最大的是购买仔畜费和饲料费。

目前农资成本占农业生产成本比重较大，农用生产资料价格不断上涨，推动了农业生产成本升高。农业生产资料使用数量的变化，反映了农业现代化水平高低。在我国农村推广的不少农业适用新品种、新技术，虽然有助于提高农产品的科技含量，但由于这些新品种、新技术要求较高，代价也较高，拉动了农业生产成本上升。

我国种植业农资成本总体上呈不断上升趋势，尤其是2003年以后增幅明显加快。到2006年，农资成本占整个粮食作物生产成本的比重一般在40%左右，中籼稻略低为32%。粮食生产农资成本中，化肥支出占了一半以上的成本，化肥支出占比最高的两种作物分别是小麦和玉米，化肥支出占整个生产成本的1/4。经济作物中除油料作物较低之外，其他作物农资成本及化肥费大大高于粮食作物的农资成本及化肥费，农资成本占整个经济作物生产成本的比重在35%左右，化肥支出占整个生产成本的1/5。

我国生猪农资成本呈波动上涨趋势，波动主要是因仔畜进价大幅波动、生猪饲料费不断上涨。散养生猪农资成本占整个生产成本75%以上，其中仔畜进价平均占生猪生产成本的22%，饲料费平均占生猪生产成本的53%；规模化养猪农资成本占比更高达84%以上，其中生猪仔畜进价平均占生猪生产成本的26%，饲料费平均占生猪生产成本的58%。

（三）服务成本变化及对农业生产成本的贡献

服务成本是农业生产过程购买各种服务以及与生产相关的其他支出，在数量上等于“物质与服务费用”扣除农资成本后的余额，种植业具体由租赁作业费、技术服务费、修理服务费、其他直接费用、税金、保险费、管理费、财务费和销售费等组成；养殖业具体由医疗防疫费、死亡损失费、技术服务费、修理维护费、其他直接费用、税金、保险费、管理费、财务费和销售费等组成。

我国分散的、小规模的农业经营格局，加之广大农民科学文化素质普遍偏低，导致采用农业适用技术效率不高。2005—2006年农业服务成本由降而升，反映出农业现代化水平提高的进程也推动了农产品成本结构变化。但影响农业服务成本的因素具有复杂性，长期以来我国农业生产经营承担了农业税负，这些税负计入了生产成本的间接费用，这部分在2003年以后逐步取消，对减少农业服务成本产生了重要作用。到2006年，我国粮食作物服务成本占生产成本的20%左右，玉米略低为16%，粳稻最高为26%。经济作物服务成本占生产成本比重差异较大，低的花生、棉花和甘蔗为9%，油菜籽为11%，苹果为15%，甜菜为24%，高的大中城市蔬菜达到了32%。我国生猪服务成本比较稳定，占生产成本比重很低，散养生猪服务成本占整个生产成本的2%—4%，规模化养猪服务成本占整个生产成本的4%—7%。

（四）人工成本变化及对农业生产成本的贡献

人工成本是农业生产过程中直接使用的劳动力成本，在数量上等于生产成本扣除“物资与服务费用”后的余额，由家庭用工折价和雇工费用两部分组成。我国农业从手工劳动向机械化现代化过渡，在一定程度上降低了农业的人工成本。从发展趋势看，在今后若干年内，农业生产单位面积的用工量将进一步减少，每个农业劳动推动的农用生产资料数量将增加，农业劳动生产率将会继续提高。

我国种植业人工成本总体上呈波动上涨趋势。2006 年人工成本占整个粮食作物生产成本的比例一般在 45% 左右，小麦最低为 34%。其中家庭用工折价比重为 40% 左右，雇工费比重为 3%—4%。雇工费比重最高的为粳稻 9%，最低的为小麦 1%。经济作物人工成本占整个经济作物生产成本的比例在 50% 左右，高的依次是棉花 58%、油菜籽 57% 和苹果 51%，低的依次为甜菜 39%、大中城市蔬菜 44% 和花生 45%。散养生猪人工成本占整个生产成本 20% 左右；规模化养猪人工成本占生猪生产成本平均比重为 8% 左右。

二、近期农业生产成本的变动及其影响

（一）农业生产成本持续上升

生产成本增加的主要原因是原材料、燃料、动力等上游产品价格上升推动，导致肥料、农药、饲料、土地和人工等农产品生产要素价格上涨；同时，农业要素投入结构也发生了变化。以化肥为主的农资价格普遍高涨，导致物质与服务费用上升幅度较大，人工工价上涨也将带动人工成本普遍上升，由此导致农产品生产成本连年上升，推动大多数农产品成本增加。目前一些产品生产成本上升幅度已经高于产值上升幅度，导致生产利润减少，甚至为负数。

2006 年以后，我国农业生产成本变化最为显著的是化肥价格由基本稳定转为暴涨。此外，美元不断贬值，石油价格飞涨，推动运费、农用柴油价格上涨，农业生产的机械作业费明显提高，种子、农膜等价格也上升。2007 年全国三种粮食稻谷、小麦、玉米平均亩成本为 473.6 元/亩，比 2006 年增加 28.7 元，增幅 6.5%。预计 2008 年三种粮食平均亩成本将达 525 元/亩，比 2007 年增加约 50 元，增幅在 10.9% 左右。与

前几年三种粮食生产成本的上涨幅度相比，2008 年增幅提高约 4.4 个百分点，表明成本上涨速度明显加快。

近期我国化肥价格大幅变化是国内外综合因素作用的结果。2007 年农业生产用肥旺季化肥价格基本稳定，粮食生产成本增加不多，相对平衡。但从 2007 年四季度开始，国际市场化肥价格大幅度上涨，国内化肥出口显著增加。特别是第四季度执行淡季出口关税后，我国化肥出口进一步增加，改变了化肥供求关系，推动了国内市场化肥价格大幅度上涨。进入 2008 年，国际市场化肥价格继续攀升。2 月中旬，阿拉伯湾尿素离岸价每吨达 380 美元，同比上涨 20.6%；美国海湾地区磷酸二铵离岸价每吨 800 美元，同比上涨 164%；温哥华氯化钾离岸价每吨 400 美元，同比上涨 128.6%。同时，硫磺价格在 2007 年 11 月暴涨的基础上继续飚升。2008 年 1 月中旬，进口硫磺价格达每吨 535 美元，比上年同期上涨 6.3 倍，仅此一项影响磷酸二铵生产成本每吨上升 1500 元左右。2008 年以来煤炭价格也明显上涨。

2007 年 12 月后，我国采取了一系列措施，支持化肥生产、控制化肥出口、加强价格监管，促进化肥价格渐趋平稳。随着各项调控措施的进一步落实，春耕期间化肥价格保持基本稳定。但由于成本增加较多，化肥价格将比上年同期有较大幅度上升。截至 3 月份，国内市场尿素、磷酸二铵、三元素复合肥零售价格分别比上年同期上涨 10.1%、53.5% 和 45%。一些地方上涨幅度特别显著。2008 年 6 月 10 日，湖北省尿素（国产）、碳酸氢铵、过磷酸钙、氯化钾（国产）、三元复合肥平均每吨零售价格分别同比上涨 30.67%、42.73%、136.7%、89.14% 和 56.73%，预计早、中、晚籼稻亩均化肥费增幅分别高达 41.42%、40.56% 和 40.44%。

（二）成本上升推动农业结构调整步入新阶段

由于农业生产成本上升，农民工外出务工收入比较高，一些地处偏远、基础设施条件较差的耕地退出劳动密集型作物的生产，如水田改旱地，种水稻改种玉米，种油菜籽改种小麦，种粮油改种果树、苗木等，种植业结构逐渐发生重要变化。另一方面，种植业的经营方式也会发生变化，用工量少、适宜机械化作业的作物生产发展加快，农业机械化水平提高。一些地区优质稻生产成本比普通稻低5%左右，而成本利润率高10个百分点以上；一些地区优质麦生产成本也略低于普通小麦生产成本，如河南新乡市2007年优质小麦亩均成本为324.7元，比上年提高46.3元；普通小麦亩均成本为326.2元，比上年提高53.4元；优质小麦因按照技术要求而不是传统经验进行管理，其生产用工费用、肥料费用和排灌作业费要低于普通小麦。

（三）农产品和食品价格将不断上涨

目前我国农产品生产成本明显偏高，而且呈刚性上升，将推动农产品价格持续上涨。由于化肥成本约占整个粮食生产成本的20%左右，预计2008年仅化肥价格上涨将影响粮食生产总成本上涨10%左右，使每千克粮食成本上涨约0.10—0.12元，粮食价格上涨10%左右将是正常合理的。粮价是百价之基，粮食价格的上涨带来食品价格上涨也是必然的。我国农业生产已经逐步进入高成本时代，今后随着农业生产成本进一步刚性增长，高成本必然推动农产品和食品价格持续上升，给国家控制通货膨胀带来压力和挑战。

根据课题组在吉林省的调查，2007年新粮上市以来各方面农业生产和生活资料价格均在上涨，而惟独粮食价格不涨，一些农民相应出现了惜售现象，促进了玉米价格的回升。截止2008年4月22日，吉林玉米价格已经回升到每千克1.4元以上，水稻价格维持或略高于保护价每千克1.54—1.62元。国有粮食购销企业和加工企业反映，4月份以后粮食价格与前几个月相比已有明显上涨，要再从市场上收购到以前较低价格的粮食很难，粮食价格的上升趋势是不可避免的。

（四）农民持续稳定增收困难

农业生产成本上升意味着农民发展农业生产需要高投入，但高投入却难以获得高产出和高效益。由于多方面的原因，目前我国农产品的市场流通结构不合理和价格动态管理机制的不完善，造成农业生产成本传导机制不健全，农产品成本收益比不够理想，农产品成本上涨直接影响了农民增收。从历史经验来看，在农产品成本上升过程中，国家提高了农产品收购价格，但每在农产品收购价格提高的次年，农用生产资料价格也全面上涨，提高农产品收购价格给农民带来的利好被增幅更猛的农业生产成本所抵消。成本上升不仅制约着农民收入的增加，也不利于参与国际市场竞争。

根据课题组在黑龙江省的调查，2007 年全省粮食成本上升，而粮食价格涨幅有限，对种粮单位面积收益水平产生重要影响，影响到农民增收。由于物质费用等增加，全省四大粮食作物平均每亩生产成本为 238.53 元，比上年增长 13.89%；而其平均亩利润为 229.27 元，比上年下降 0.47%（见表 2－9）。由于当地多数农民以种植水稻和玉米为主，意味着 2007 年全省多数农民的净收益水平是下降的。

表 2－9　2007 年黑龙江省主要粮食作物成本收益

	亩成本（元）	同比（%）	亩利润（元）	同比（%）
水稻	384.08	8.29	362.66	－23.42
玉米	240.54	2.16	201.13	－8.02
大豆	171.39	17.96	229.09	82.82
小麦	158.10	54.56	124.21	19.62
平均	238.53	13.89	229.27	－0.47

数据来源：《国家统计局黑龙江调查总队统计调查资料》，2008 年第 9 期。

2008年后，黑龙江省加大对粮食生产发展的支持力度，农民享受的财政补贴大幅增加，但农资价格持续上升，财政补贴难以完全补偿农资上涨。以佳木斯市为例，截至2008年3月底，该市二胺价格由2800元/吨上涨到4800元/吨；复合肥由2200元/吨上涨到3400元/吨；尿素由1900元/吨上涨到1950元/吨；钾肥由2000元/吨上涨到4000元/吨；硫磺由800元/吨上涨到5000元/吨；农药价格上涨平均也在10%左右。据此计算，今年该市农民化肥比去年多支出4.76亿元，农药多支出0.1亿元，柴油多支出0.2亿元，合计多支出5.06亿元。去年该市农民享受粮食综合补贴是2.41亿元，今年该市农民享受粮食综合补贴资金已增加到5.52亿元，农民多受益3.11亿元，但由于农资上涨却多支出5.06亿元，农民实际还是多支出1.95亿多元。

（五）农村经济社会风险管理难度增大

目前成本上涨的可控性难，对于农村经济社会管理有深刻影响。一方面，农业持续稳定增产难。农民为确保粮食高产，增施化肥和农药，土壤养分及投入结构失衡，有可能造成产量增长、食品安全和生态环境矛盾积累。另一方面，农民生产生活面临通货膨胀的压力大。2006年以来农产品生产成本持续快速上涨，而部分农产品的价格却发生波动，影响了农业生产成本利润率的稳定和提升。农民外出务工已成为我国农村劳动力就业的主流，但农民工的工资收入水平总体偏低，难以在城市平等分享工业化、城市化发展成果。目前农民收入增长速度加快，但与城镇居民相比仍有较大差距。农村消费市场与城市市场基本接轨，农村商品物价水平与城市基本一致甚至更高，受收入增长较慢制约，农民生活质量提高总体上有限，形成新的社会不和谐因素和矛盾。

三、未来我国农业生产成本变化面临的挑战

（一）高能源成本

当今世界许多农产品的能源密集化程度提高，直接增加农业生产成本。农业机械运行直接使用能源，而肥料和其他化学产品生产间接使用能源。与二十年前相比，国际能源价格不断攀升，从而增加农业生产成本，推动粮食价格上扬。未来石油价格将保持较高价位是一种客观趋势，我国粮食成本中与石油天然气相关的部分将会继续保持高位运行，将推动农业生产成本继续保持高位及增长趋势。

在国际油价不断攀升的影响下，2008 年上半年我国化肥价格涨势过高、过猛、过频，就使农业生产物质与服务费用涨幅过大。6 月份，我国成品油价格和销售电价调高，使农业生产成本进一步提高。根据安徽省发改委信息中心预测处分析估算，由于农业生产、浇灌、运输需要消耗大量柴油，该省农用柴油约占到柴油消耗量的 50% 左右，此次仅柴油涨价将使全省农业增加成本 12. 3 亿元，其中每亩农田的排灌成本就增加 6—10 元。

（二）高劳动力成本

我国传统农村社会农民之间具有合作互助的传统，加上农村劳动力过剩，除非在大的国有农场，一般农户的农业劳动基本上不考虑工资成本，农户相互之间请工也以比较单纯的帮忙或换工为主，农村劳动工资成本是隐性的。在工业化、城市化加快发展过程中，随着农村劳动力大规模流动和转移就业，农村劳动力市场逐渐发育，劳动者工资或报酬逐渐成为现实的成本并需要用现金及时结算。同时，随着我国人均 GDP 超过 1000 美元以后，劳动力成本进入快速增长阶段。由于大量农村青壮劳动力外出务工经商，加大了农村青壮劳动力供求矛盾，产生了高劳动力成本的现象和趋势。在

农忙季节，不少农村地区出现不仅工价高，而且还很难请到农民打工，农忙季节农业雇工工价年年见涨。我国很多农产品如水稻、棉花、油料等的人工成本较高，这些农产品生产受到高劳动力成本不断带来的冲击是必然的。

根据课题组调查，河北省易县2007年当地农村请一个小工（简单劳动力）的工价平均为45元/天，比上年增加8元/天；最高的村庄工价达到90元/天，最低的村庄工价也有25元/天。四川省资中县2007年当地农村请一个小工的工价平均为38元/天，比上年增加9元/天；最高的村庄工价达到50元/天，最低的村庄工价为25元/天。湖北省2007年水稻生产中的栽秧、割谷、挑草头的平均工价分别为60元、70元、80元，还要外加招待费用；2008年该省雇工工价也会随生产资料上升而不断上涨，生活招待支出也明显高于2007年，因此带动亩均人工成本呈上升趋势。预计全省今年早、中、晚籼稻亩均人工成本分别为178.86元、173.61元、175.27元，分别比上年增长14.68%、18.09%和13.84%；油菜籽亩均人工成本为135.28元，比上年增加15.43%，这些上涨幅度都在10%以上。

（三）高气候影响成本

全球气候正经历以变暖为主要特征的变化，将造成农产品生产成本大幅增加。气候变暖将使农业生产条件发生改变，农业成本和投资大幅度增加，如土壤有机质的微生物分解将加快，地力下降，要施用更多的肥料以满足作物需要，增加施肥量意味着投入增加。随着气候变暖，作物生长季延长，昆虫在春、夏、秋三季繁衍代数将增加，而冬温较高也有利于幼虫安全越冬。温度升高还为各种杂草的生长提供了优越的条件，气候变暖可能会加剧病虫害的流行和杂草蔓延。另外气候变暖后各种病虫出现的范围也可能扩大，向高纬地区延伸，目前局限在热带的病原和寄生组织将会蔓延到亚热带甚至温带地区。所有这些都意味着，气候变暖后可能不得不增加施用农药和除草剂，而这将大幅增加农业生产成本。

（四）高现金投入成本

随着工业化、城市化发展，我国农业现代化发展的各项投入数量和金额均呈不断增长趋势，现金成本越来越高。2006年全国三种粮食作物平均现金成本为243.19元/亩，比上年增加14.4元/亩；两种油料作物平均现金成本为243.19元/亩，比上年增加8.9元/亩；棉花现金成本为373.67元/亩，比上年增加35.1元/亩；甘蔗现金成本为599.56元/亩，比上年增加96.3元/亩；甜菜现金成本为371.8元/亩，比上年增加81.1元/亩；苹果现金成本为916.8元/亩，比上年增加251.7元/亩。

从未来我国农业发展趋势看，各种农机、农药、除草剂、塑料薄膜等广泛应用，农业投入的范围将越来越广，并且更加依赖市场经济。目前农业生产用肥从原来的农家自然肥更多地转为主要施用化肥，需要大量的现金支出；农业灌溉费用普遍增加，用水户多要以现金交纳，且供水价格越来越高；农用工从临时互助发展到农忙时节请帮工和长期雇工。由于这些投入的货币性逐步增强，从事农业生产需要大量的现金投入，导致农业生产的形态由此发生重要变化，将使传统的小农自给自足型农业向市场化商品型农业加速转变。

（五）土地成本与生产成本双上升

土地成本是土地作为一种生产要素投入到生产中的成本。从2004年我国农产品成本收益统计中开始增加土地成本核算指标，但其中核算的土地成本还明显低于实际水平。我国是一个土地稀缺的国家，人口不断增加，耕地面积日趋减少，农村土地投资的边际成本不断上升。土地成本中还含有机会成本。农民自营地虽然无需支付租金，但如果租出去，会获得一笔租金收入。随着农业补贴增加、农地流转机制和市场发育，我国农产品生产中土地成本将会不断上升，这是一个不可逆转的趋势。土地成本将与生产成本形成双上升格局，进一步推动农产品成本不断上升，给农产品价格和市场稳定带来持续压力和挑战。

四、稳定农业生产成本的对策建议

我国是世界农业生产大国和农产品消费大国。我国农业成本水平的现状是总体偏高，而且表现出持续增长的趋势。在国际高能源成本、高劳动力成本、高气候影响成本和高现金投入成本等新形势下，要促进农业稳定发展和农民持续增收，需要及时采取相应对策措施。

（一）提高认识，完善农业国内支持政策

农业发展逐渐进入高成本、高投入时代，将加速我国传统农业的分化进程。要提高对农业发展新形势、新特点和新要求的认识，加紧完善农业国内支持政策措施。粮食生产比较效益偏低，种粮农民收入风险增大，是受到成本变化冲击最为重要的领域，要加大对粮食生产发展的政策扶持力度，生猪等养殖业也是如此。我国现行农业生产以单家独户的小农经济生产模式为主，经济实力有限，国家要不断增加对农业生产发展的投入和支持，不断改善农村生产生活条件。要逐步增加财政投资，重点是投向小型农田水利、良种繁育、病虫害防治等社会公益性基础设施建设和公共服务。加快发展农村现代流通服务网络，健全农业社会化服务体系。

（二）注重引导，推动农业产业结构升级

从国内外农业实践看，小规模农户经营内容单纯，生产要素配置不尽合理，是造成生产成本偏高的一个客观因素，发展适度规模经营是一个必然趋势。要不失时机地加强政策

引导，促进农村劳动力稳定转移，支持农村土地向农业生产能手集中，支持农业要素更多地向优势产业、产品发展集中。把节本增效作为一项重要指导原则，不断总结并推广各地各种有效的节本增效措施，将成本效益因素作为农业产业布局的重要考虑，完善国家农业发展主体功能区规划及实施方案，不断提高产业发展的规模和结构效益。在平原地区可以乡镇为单位推进农产品集约化生产，如发展水稻、棉花、蔬菜等专业乡，进而发展到专业县市。在山区和丘陵地区，推进发展特色农业和订单农业等。我国粮食生产成本较高，因此饲料价格也较高，要采取多元化措施，降低饲料成本，控制畜产品生产成本。

（三）深化改革，完善农产品市场运行机制

我国农产品成本传导机制不健全，既影响市场上各种经营主体的利益分配关系，又影响农业生产领域的资源配置。要深化经济体制改革，完善农产品市场体系和管理制度，建立更加直接、快速的农产品成本价格传导和市场价格形成机制，引导农产品市场健康稳定发展。把农产品成本信息作为制定农产品价格及市场调控政策的直接依据，做到成本较高、品质较好的农产品优质优价。对于成本推动的农产品及食品价格上涨，要加强正确的社会舆论宣传。加强政府日常调查和信息引导，调控农资工业企业。责成国家有关部门严格对农业生产资料生产企业、经营环节加强监督和生产成本核算，制定出阶段性的可变指导价或限价。

（四）创新金融，实施更有效的农业信贷政策

发挥农村银行特别是政策性银行的资金优势和扶持作用，在尊重市场经济规律的前提下体现国家意愿，逐步形成财政投资和信贷资金互相补充，共同支持商品农业发展的新格局，缓解商品基地粮食等农产品生产、加工、流通等诸环

节中资金不足的矛盾。农业信贷资金的重要投向是农业规模经营、农产品加工、流通、营销等发展项目以及一些农地整理。通过制定优惠信贷条件，降低信贷门槛，放宽贷款条件，逐步将粮食流通、加工和仓储等设施建设纳入信贷重点。对符合条件的经营主体和企业积极提供贷款支持，积极帮扶企业改造生产线，扶持企业做大做强，推动粮食产业化发展。

（五）改进技术，大幅提高农业投入品利用效率

在生产成本一定的情况下，通过推广先进技术、改善农业生产条件，可有效地减少单位产品生产投入成本。采取综合措施，大力推广农业标准化生产技术，科学使用各类农业投入品，大力提高它们的利用效率。一是大力实施“种子工程”，普及应用种子精选分级、包衣、药剂拌种等加工处理技术，全面推广应用小麦、玉米、大豆、水稻等精量半精量播种技术。二是全面扩大测土配方应用施肥，科学选用肥料品种、确定施肥数量、优化施肥结构、把握施肥时机、改进施肥方法，引导农民使用有机肥料和生物肥料，提高农业投入品利用率。三是积极推广应用高效低毒、低残留、强选择性的农药。四是健全以病虫害测报、种植作业方法指导、农资新品种供应等为主的农业科技社会化服务体系。五是引导农民节约用水，采取土地平整、灌区改造等综合配套措施，推广高新或简易实用节水农业技术，杜绝农作物用水过程中的大水漫灌现象，降低农业用水成本。

（六）加强管理，健全农民收益保障机制

重视农民生产生活面临的通货膨胀压力，加强农村经济社会管理，健全农村最低生活保障制度，健全与农产品生产成本变化相适应的国家农业补贴定期动态调整机制。导致我国农业生产成本提高的原因是多方面的，要控制成

本支出、减少成本冲击的政策措施也应多项并举。农业投入的数量应当进行适当控制，投入结构应优化。实施多维成本控制，控制农业成本的不合理上涨。确定成本控制目标，提出改进措施，执行控制措施。寻求既有利于保持土壤肥力，又能节水、省工的经营方法，保护农业持续发展能力。促进农民专业合作社的发展，提高农业生产的组织化程度。加强对农资供应链的管理，搞好农资流通，规范秩序，保证质量，平抑价格，摊薄农业成本。关注能源价格上涨对农资行业所产生的影响，通过减少内耗、清除不合理收费帮助企业消化涨价影响，防止农资价格虚高、损农、坑农。完善农资综合补贴机制，直接补助给种粮农民，不断减少中间环节与工作漏洞。促进农业产业化的发展，引导农民从调整结构、发展粮食加工和综合经营中努力创收，努力降低成本在产值中的比重。

（七）重视信息工作，完善成本调查统计与公共服务

加强对农产品成本收益信息的调查、采集、统计和研究分析，建立通畅有效的信息发布机制，及时、定期向社会特别是农民公布全面的成本调查统计信息，充分发挥成本收益信息对农业结构调整和消费市场价格变化的引导作用。进一步做好全国农产品成本调查工作，进一步提高队伍素质、完善调查制度、扩大调查范围、改进工作方式、提高调查质量，增强为政府制定农产品价格政策、农业补贴政策和农村经济政策服务的决策支持能力，增强为农民调整结构和增加收入服务的生产引导能力，增强及时反映重要情况和社情民意的信息监测能力。改进土地成本核算，分品种合理确定土地成本。改进人工成本核算，全面反映农村劳动力供求及劳务价格的新变化。大力推进成本监审工作。

第三节 扩大农产品需求

从2003年6月前后开始，我国农产品价格经过连续几年下滑之后，开始回升上扬。2004年7—8月份居民消费价格指数高达5.3%，是1997年以来的最高值。居民消费价格指数上升主要是由食品价格上涨带动的。以粮食为代表的农产品价格变动反映了农产品供求关系变化，似乎农产品销售已不成问题。事实并非完全如此，2004年9月份后，价格涨势又有回落。目前，农产品的绝大部分处于供求平衡或供大于求，其中供大于求的占有相当的比例，农产品“卖难”问题依然存在。

一、我国农产品“卖难”的概况

（一）20世纪90年代中期以前农产品的“卖难”

第一次农产品“卖难”（1978—1979年）。1978年12月，党的十一届三中全会推动了各种形式的农业生产责任制的恢复和发展，农业生产力得以释放。国家的农业政策也作了调整，大幅度提高了农副产品收购价格，仅1979年包括粮食、棉花、油料、大麻等18种主要农产品收购价就提高了22.4%。1978年和1979年两年粮食总共增产约5000万吨，超过需求300万吨，同时大量进口了粮食，结果造成了粮食过剩2500万吨。但这次粮食剩余主要发生在个别产粮区，主要是由于流通政策的限制导致了流通渠道不畅造成的。

第二次农产品“卖难”（1983—1984年）。由于家庭联产承包责任制改革的微观再造效果，使农民被人民公社体制压抑的积极性调动起来。据研究，1980—1984 年农业增长效果中有 40% 左右是由于上述政策因素造成的。放开粮食市场后，较高的市场粮价对生产构成边际刺激。1979 年国家调整收购价格后，尽管 1983—1984 年市场价格下降，固定不变的收购价仍与市场价持平甚至高出市场价格，成为支持粮食生产增长的边际价格。上述双重作用使粮食生产超常规高速增长，超过当时较低水平的有效需求，形成了新中国成立后第二次粮食相对过剩的局面。1983 粮食产量达 38728 万吨，增长 9.25%，而当年需求 34921 万吨，剩余 4954 万吨，在 1984 年又出现了波及范围扩大、程度加重的情况；1984 年粮食产量达 40731 万吨，增长 5.17%，当年粮食需求量为 35841 万吨，剩余 5611 万吨。

第三次农产品“卖难”（1990—1991 年）。对 1985 年粮改的批评之声尚在余音绕梁之际，由于市场粮价回升对粮食生产的强有力刺激作用，粮食供求关系再次运行到周期过剩阶段，于 1991 年达到高峰。1989—1991 年，国内购销余量为 5024 万吨，加上净进口 2162 万吨，理论累积剩余超过 7000 万吨，结果出现了比 20 世纪 80 年代中期更为严重的市场过剩形势。此次粮食过剩最直观的表现是“卖粮难”，与 1984 年相比，这次农产品“卖难”的主要特点是：①波及范围越来越大，1984 年主要是南方几个省的大米和吉林省的玉米，而这次扩大到了河南省等小麦主产区甚至主销区的一些生产基地（如福建省建阳县）；②积压量越来越大。如大米主产省湖南 1984 年“卖粮难”时实际积压量不过 150 万吨，这次则高出 4 倍。这次过剩不仅仅是粮食过剩，而且还是农业主产品全面过剩。1992 年中国社会科学院农村发展研究所测算，20 多种农产品收入弹性大于 1 的只有两种，说明大部分农产品已经供大于求。国务院研究室对 20 世纪 90 年代初粮食形势进行了综合分析，认为卖粮难表明了“低收入水平上的相对过剩”。

（二）20世纪90年代中期以来农产品的“卖难”

20世纪90年代中期以前的三次农产品“卖难”都是因价格回升、农产品产量增长超过当时较低水平的有效需求而引起的，是一种低收入水平上的相对过剩。但20世纪90年代中期以来的这次农产品“卖难”，却是因农产品在总量过剩基础上结构性矛盾加剧引起的。从供给角度看，一方面，我国农业政策延续了过去计划经济短缺时代形成的以追求产量增长为目标的取向，带来农产品产量过快增长。另一方面，进入20世纪90年代中期以来，由于国内有效需求不足，非农产业特别是乡镇企业增长速度极慢，农村劳动力回流，从事农业生产的劳动力增加，增加了农产品供给。从市场需求角度看，一方面，随着绝大多数城乡居民稳定地超过温饱线，恩格尔系数明显下降，农产品需求弹性也随之下降，特别是近几年，由于城乡居民收入增速减缓，预期支出增加，农产品消费需求增长十分缓慢，甚至发生了下降。另一方面，在国内有效需求不足的条件下，多数农产品加工企业面临加工困难，农产品加工业增长速度受到影响，减少了农产品需求。这两方面的原因促使我国农产品供求关系失去平衡，出现供大于求的局面。

在农产品总量过剩的同时，结构性矛盾十分突出，表现是农业生产结构与市场需求结构不相适应，现行农业生产结构不能很好地满足城乡居民收入提高后对农产品的多样化、优质化、专用化消费需求。例如，在粮食生产结构方面，我国目前粮食供给结构中，优质粮不足，大路货有余，产销结构不平衡的问题仍十分明显。在水果生产结构方面，品种结构不合理，产期集中，品质低，与市场需求结构不相适应。在畜牧业品质结构方面，用饲料激素催大的畜禽产品多，而用绿色饲料喂大的畜禽产品少。在渔业品种结构方面，长期品种单一，淡水鱼的主要品种仍以传统的鲤鱼、鲢鱼、草鱼、鲫鱼为主体，受市场欢迎的名、特、稀、优品种则生产不足，没有形成规模，市场缺口较大。

正是因为这次农产品“卖难”是农产品在总量过剩的基础上结构性矛盾加剧而产生的，所以相对于20世纪90年代中期以前的三次农产品“过剩”，这次农产品“卖难”具有以下新的特点：①规模最大。表现为粮食压库现象最为严重。1981—1985年，粮食库存为575.6万吨，1986—1990年粮食库存为474.1万吨，1991—1995年粮食库存为155.3万吨，1996—2000年粮食库存猛增为1199.9万吨。②农产品价格持续下降且下降幅度大。1996年农产品收购价格总指数为420.5，粮食收购价格总指数为531.0，1999年两者分别是324.3和403.5，分别下降了22.9%和24%；畜产品价格和糖、棉、油等主要经济作物产品价格也在不断走低。2000年上半年除部分畜牧业产品价格止跌以外，粮食等主要农产品价格还在继续下降，2000年上半年粮食综合平均价比上年同期又下跌了近18%。另据1996—2003年国家统计局资料显示，中国粮食价格总体呈下降趋势，累计下降19.68%，其中细粮价格累积下降19.43%，粗粮价格累计下降14.60%。③延续时间最长。从1996年以来至2002年，农产品价格一直下降，价格曲线处在波动的低谷，农产品“卖难”已成为共识。虽然2003年由于受连续多年面积和产量大幅度减少、国内农产品库存大幅度下降、国内农产品市场供给趋紧、需求增强的影响，2003年10月份大多数农产品出现了大幅度上涨行情，年末有所回落，但进入2004年3月份后，涨势加速，到2004年3月中下旬创历史最高点，此后价格才开始回落。从2003年至2004年农产品价格的变动趋势来看，2004年11月36城市除蛋类外，粮食、肉禽类、鲜菜类消费价格指数均较2003年11月下降。这些都反映“卖难”问题仍未根本解决。前面三次农产品“卖难”多为两年，1978年前我国也曾出现了连续6年粮食增产，但都是在粮食生产受到破坏后的恢复性增长。④“卖难”涉及面最广，几乎全国各地和每一种农产品尤其是主要农产品都出现了销售困难的情况。

（三）20世纪90年代中期以来我国农产品“卖难”的负面影响

1. 阻碍了农民收入的增长

由于农产品“卖难”，要增加农民收入极为困难。因为农产品卖难，价格下降，增产不增收，所以农民的农业收入增长极慢。据统计，1995年至2003年，农村居民家庭人均农业收入从799.44元增加到885.70元，年均仅增长0.64%，远远低于农村居民家庭人均工资性收入（年均增长6.14%）的增长速度 。目前，农业收入仍是农民纯收入的主要来源。农业收入增长极慢必然拖累农民纯收入的增长。因此，农产品“卖难”阻碍了农民收入的增长。

2. 农业再生产受到了严重损害

因为农产品“卖难”，农民积极性受到挫伤，所以农业种植面积普遍减少，粮食种植面积由1996年的112548千公顷减至2003年的99410千公顷，麻类和糖类作物的种植面积也在减少，很多地方出现了大量的荒田、荒地，有的甚至在不要任何产量的前提下，花钱请人种田。

3. 制约和影响了整个国民经济的发展

据统计，我国农民每实现1000亿元最终消费，将对整个国民经济产生2356亿元的消费需求，从而扩大工业部门的中间投入6253亿元，农业部门投入620亿元，第三产业投入478亿元。然而，农产品“卖难”，使农民收入难以增加，从而严重抑制了农村消费需求。近几年，农民的恩格尔系数一直徘徊在0.46—0.53，生存性消费仍占主导位置，农村消费市场难以启动，抑制了整个国民经济的发展。

4. 影响了全面建设小康社会的进程

因为农产品“卖难”，不仅难以增加农民收入，也难以发展农村经济，建设现代农业。近年来，尽管国家高度重视农产品生产，并采取一系列支持农业、扶植农产品生产、甚至给农民减负的政策，但是如果不想方设法解决农产品“卖难”问题，农民收入就难以大幅度增长，农村经济也难以快速发展，现代农业建设的步伐也难以加快。可以说，农产品“卖难”是加快全面建设小康社会进程的一块绊脚石。

5. 影响了社会稳定

近几年，我国有些地方之所以闹事，从某种意义上说，就是与农产品“卖难”有关。例如，一些农产品收购公司趁农产品“卖难”之机，故意压级压价，坑害农民，甚至有些农产品公司趁农产品“卖难”之机，竟开“白条子”收购农产品。又如，有些地方在农产品“卖难”、农民难以增收的情况下，还重复征税，乱搞摊派，甚至强行收取各种建设费、附加费、基金费等，使农民生活水平下降，日子越来越不好过。这是当前农村社会不稳定的一个重要原因。

此外，由于农产品“卖难”，一些农产品或因久储变质，鲜活产品则霉变腐烂；由于农产品“卖难”，一些农产品加工企业被迫停产，设施闲置。凡此都在一定程度上造成了社会生产力的破坏。

二、制约我国农产品需求扩大的因素分析

从供需的角度看，农产品“卖难”，实质上就是农产品需求不足，那么农产品需求不足的原因是什么，究竟是哪些因素阻碍了我国农产品需求的扩大？主流观点认为作为基本消费品，决定农产品需求的三大基本因素是：人口或消费者规模、人均实际可支配收入水平和农产品价格。现在看来这只是浅层次的分析，从更深的层次看，当前制约我国农产品需求扩大的主要因素是：

（一）收入分配不当，制约了我国农产品需求扩大

1. 最终消费率偏低

收入水平提高缓慢，结构性调整带来摩擦性失业，农村剩余劳动力向非农产业转移的就业压力减弱了城乡居民就业的稳定性，这些情况使居民不能形成可靠的收入预期。这是自1996年以来人均食物消费水平较低且大部分农产品人均占有量低于世界平均水平的情况下，我国一直存在着农产品“卖难”问题的重要原因。

2. 对过高收入缺乏调节

对于中低收入者来说，面对充满不确定性的未来，他们必然具有强烈的“以丰补歉”和“自我保障”意识。同时，我国前几年出台的一些深化改革措施，如医疗、养老、教育、房改等等，很大程度上都要求老百姓“买单”，预期支出形成前所未有的压力。就高收入者来说，他们的过高收入大多用于储蓄或投资，最后以遗赠的方式将其转移给子女。由此可见，无论是中低收入者，还是高收入者，他们都不会将更多的收入用于食品消费和扩大食品需求。

3. 中等收入者比重较小

目前我国的中等收入者大约占14%[①]，所占比重较小，在高收入者消费已满足、产品生产进入成熟期的情况下，造成缺乏“主体消费者”而出现消费断层。如我国高收入者对绿色食品消费需求已基本饱和；低收入者对绿色食品具有消费欲望，但缺乏消费能力；中等收入群体对绿色食品虽然有一定消费欲望和消费能力，但人数毕竟较少，他们处于不敢消费的状态。

4. 农村居民及低收入阶层收入增长缓慢

从1997年以来，农村居民人均食品消费开支不但没有增加反而减少；食品中部分农产品人均实物消费量也呈现小幅度下降。农村居民的食品消费之所以减少，主要是因为农村居民

---

① 赵振华、李旭章:《当前党政干部关注的国内和国际经济问题》，中共中央党校出版社2003年版。

收入增长缓慢，他们收入中还需要作种种扣除。农村居民收入增长缓慢的同时，我国城镇居民低收入阶层的收入增长也较缓慢；加之人们食物消费改善又具有很大的弹性，所以同期我国最低收入户人均食品费非但没有增加，反而减少。

5. 收入差距不断拉大

进入20世纪90年代中期以来，我国居民收入差距呈现不断扩大趋势，城乡合计的基尼系数不断攀升。我国基尼系数已从1980年的0.33扩大到1988年的0.38，1999年的0.437，目前已扩大到0.458，有的地区已超过了0.46。不同类型居民收入差距也不断扩大，2003年城镇最高收入户人均可支配收入是最低收入户人均可支配收入的8.4倍，农村居民最高收入户人均纯收入是最低收入户人均纯收入的7.33倍。

（二）城镇化水平偏低，制约了我国农产品需求扩大

1. 农产品商品性消费低

我国从事农产品生产和低消费的农村人口比重太大，城镇人口相对较少，导致农产品商品性消费群体相对较小，没有对农产品产生强大的消费需求，致使我国农民增收一直受到市场需求不足的抑制。若城镇化水平偏低，农民就难以转化为市民，农产品商品性消费群体就很难扩大，从而使消费群体结构不合理。

2. 膳食结构难以改变

如果大量农民能进入城镇，在城镇居民消费示范作用下，这些“农转非”居民不仅会提高食物消费水平，也会改变和优化其膳食结构。他们消费的主食就会由原来的粗粮、原粮变成细粮、精粮，特别是在他们消费的副食中会增加肉、鱼、禽、蛋、奶及水产品的消费。膳食结构的变化，不仅会改变他们原来对农产品的需求结构，而且将间接产生对农产品的巨大需求。

3. 农产品国际竞争力弱

我国农业的小规模经营者无法脱离土地进入城镇，从而使大规模经营农业无法形成。这种小规模经营，不仅限制了农业劳动生产率的提高，也导致了农业技术需求不足。可见，我国农产品缺乏国际竞争力基本上是由城镇化水平偏低而引起的。城镇化水平偏低使我国农产品缺乏国际竞争力，制约了我国农产品出口增长。

（三）农业结构不合理，制约了我国农产品需求扩大

1. 农业区域结构雷同

一些地区片面强调在主要农产品保证自给的前提下实现“多种经营和全面发展”，而“多种经营”又常常被曲解为“样样经营”。农业区域结构趋同，意味着农业区域尚未形成专业化分工和区域化布局，这必然使得农产品的自给率过高而商品率偏低，无法在农产品交换方面拓展空间。

2. 农产品品种品质问题

近年来，我国农产品供求主要矛盾正在从供给总量短缺、需求无法选择下的数量问题，逐步转化为供求之间因品种和品质不适应而形成的结构问题。这种结构不能适应新阶段城乡居民收入提高后对农产品多样化、优质化、专用化的消费需求，无法形成有效供给，因而严重地制约了我国农产品需求扩大。

3. 农产品加工程度低

农产品总需求是由中间需求、最终需求和净出口构成的，其中中间需求在农产品总需求中占有突出地位，目前发达国家一般占70%—80%以上，而我国加工比例只有30%左右，有的甚至只有几个百分点。农产品加工业作为农业的后向产业，直接关系到农产品中间需求的扩张，农产品加工程度低，农产品加工业对农产品的吸收能力就相当有限，因而制约了我国农产品中间需求扩大。

（四）农产品流通不畅，制约了我国农产品需求扩大

1. 农产品生产的区域性与消费的广泛性矛盾并存

农业生产是以自然再生产为基础的经济再生产过程，自然条件差异决定了农产品生产具有明显的地域性，某一品种只能在某个区域或某几个区域生产，但社会对农产品的需求在地域上是广泛存在的，这就造成了农产品生产的区域性与消费的广泛性之间的矛盾。流通滞后造成产区大量农产品积压，而紧缺区消费者需求却不能很好的满足。

2. 农产品生产的季节性与消费的经常性矛盾并存

农业生产尤其是植物性农产品“成长和生产必须服从一定的有机界规律，要经过一段自然的时间间隔”，农业生产者不能在一个年度内均匀分布生产，只能随着自然条件的变化在某一特定时期内集中生产某个或某几个品种，因而农产品的生产具有较强的季节性。成熟季节在产区大量上市，而其他季节又供不应求，造成了生产的季节性与需求的经常性之间的矛盾。

（五）绿色贸易壁垒，制约了我国农产品出口扩大

我国农产品出口频繁遭遇绿色贸易壁垒，是内因、外因双重作用的结果。从内因来看，我国农产品品质存在突出问题，不仅受农药残留、重金属、激素、添加剂等的污染，而且还受工业排放“三废”的有机化学物质的污染。另外，我国农业仍处于分散经营阶段，检测检验条件差，农产品质量控制技术与手段落后，监控指标体系不完善，与不断提高的国际技术和环保标准差距不断拉大，以及我国生产经营者的质量管理、卫生检疫和环境保护意识淡薄，造成一部分出口产品的质量、档次、技术含量和安全性等不高。从外因来看，绿色贸易壁垒制定权掌握在各国政府或区域性经贸集团手中，不需要通过国际组织的批准，与实施程序复杂的反倾销相比具有可操作性强和见效快的特点。此外，我国农副产品属劳动密集型产品，具有一定的国际比较优势，已经引起发达国家的密切关注和不安，它们总会寻求新的更隐蔽的技术性措施对我国农产品出口设置障碍。

三、扩大我国农产品需求的建议

（一）加大调节收入分配力度，扩大农产品需求

1. 提高最终消费率

在思想观念上改变重生产、轻生活的价值取向，把改善人民生活作为基本立足点。

2. 调节过高收入

通过制定适当的税种和税率，强化个人所得税，提高个人所得税的起征点，把纳税重点集中到真正的高收入者，还要尽快开征遗产税和赠与税。扩大中等收入者比重，增强低收入者增加收入能力。一方面，需要提供良好的外部条件，包括帮助低收入者自我创业的政策，为他们提供更多的就业岗位，搞好贫困地区道路、通信、电力等基础设施建设；另一方面，需要增强低收入者的自我创业和自我致富能力，关键在于提高其教育、科技和文化水平。

3. 缩小收入差距

大力调节非市场化的分配方式，加强对工资外收入、垄断性收入的调控，如清理整顿行政垄断性行业不合理的工资外收入，对国有垄断行业要征收因垄断地位带来过高利润的垄断税等。

（二）大力调整农业结构，扩大农产品需求

1. 优化农业生产的地区布局，发展特色农业

东部沿海经济发达地区和大中城市郊区，可适当调减粮食作物种植面积，继续发展外向型、城郊型的现代农业，重点发展资金和技术密集型、附加值高的经济作物和特色农产品。西

部地区应加快发展有利于生态环境的旱作节水农业、绿色农业，形成具有地方特色和民族特色的加工体系，变资源优势为商品优势。中部地区和粮食主产区，可充分利用东部地区调减粮食主产区留下的空间，继续发挥粮食生产优势，保持粮食生产稳定，由单纯注重产量向提高质量转变，把生产优势变为经济优势。

2. 及时调整农业结构，提高产品质量

引导农民大力发展无公害食品、绿色食品和有机食品，加快农业生产由普通产品向安全、优质、营养食品转变，创造农产品消费需求。

3. 大力发展农产品加工业

通过调整有关增值税政策来推进农产品加工业，降低农产品加工业的增值税税率，缩小乃至消除销项与进项之间的税率差。可将农产品初加工、深加工增值税的销项税率统一调整为13%，进项税抵扣税率发达地区调整为11%，中西部地区和粮食主产区调整为12%。同时，地方政府也扩展企业筹集资金渠道，尽快设立农产品加工企业发展基金、担保基金、风险基金等。此外，还要以市场为导向，大力推进农产品加工业的科技进步和创新能力，采取各种优惠政策，鼓励国际资本采取直接投资、合资等多种方式，开发适合国内原料、生产规模和国内市场消费需求的技术和加工产品，推动国内农产品加工业进一步发展。

（三）加快城镇化步伐，扩大农产品需求

1. 改革城镇建设投资体系

除了继续鼓励各级政府增加财政支出，还要建立和完善多元化的投融资体制。地方政府要制定各种优惠政策，吸引各类企事业单位、民营经济和外商投资于城镇建设，特别是投资于城镇公用事业。对于城镇公交线路的营运权、公共停车场、车牌号码、街道桥梁与重要建筑物的冠名权等，可以引入市场竞

争机制，通过转让、出租、拍卖等方式，鼓励单位、企业或个人等参与城镇建设，将大量社会民间闲散资金吸引到城镇建设方面。

2. 降低和消除农民进城门槛

必须尽快消除限制农村剩余劳动力流动的各种障碍，促进农民到城镇就业由流动就业向稳定就业转化，使进城农民转化为城市常住人口。加大户籍管理制度改革，解除农民进城的户口限制，消除城乡户口的身份、待遇、等级差别等特殊功能，实行城乡居民再就业、工资、福利、医疗、住房、子女入托入学等待遇上的平等关系，为农村居民顺利进入城镇居住、工作和生活创造条件。

（四）搞活农产品流通，扩大农产品需求

一是科学规划和合理布局，加强农产品市场网络建设。重点建设专业批发市场，巩固和完善产区市场，形成以专业市场为骨干，以集贸市场为基础的农产品市场网络体系。二是要继续深化流通体制改革，大力培育农产品流通主体。逐步建立起多层次、多元化、多形式、竞争有序的流通体制，大力发展农民组织，积极培育农村各种产销协会、经销商（经纪人）、代理商等中介组织。三是要大力发展农产品现代物流模式。对于大宗农产品的交易逐步采用即期成交、远期交割的期货交易方式，增加生产者、消费者对粮油等大宗农产品交易信息的透明度，帮助农民了解农产品供求状况和价格走势；对于肉类、水产品等鲜活农产品交易则要逐步实现拍卖交易、代理交易等方式。另外，通过发展订单农业等方式，大力发展农产品专供直销和连锁配送等现代物流方式，减少流通环节。

（五）大力发展绿色食品出口，扩大我国农产品需求

采取措施促进绿色食品发展。加强绿色食品标志使用和管理，严肃标志使用审批，依法查处违法行为，严格绿色食品出口管理。要大力推行食品 HACCP 认证，进一步完善我国绿色食品标准和技术法规体系；积极参与国际食品标准互认，签订多边或双边互认协议。积极发展与相关国家绿色食品管理部门和民间组织的交流与合作，投入财力、人力向其他国家宣传和推广我国绿色食品的生产标准，为其他国家培训绿色食品标准人才。建立绿色食品出口发展基金，专门为绿色食品出口建立专项贷款和信贷保证金，加大对绿色食品的扶持力度。为了向发达国家的目标市场传送我国绿色食品事业发展的信息，我国绿色食品发展中心应在适当时机组织国内绿色食品企业举办针对目标市场的绿色食品展销会，把我国绿色食品标志在目标市场所在国进行注册。

制订正确的目标市场营销策略。我国绿色食品生产企业和外贸公司要了解和掌握目标市场绿色食品标准及生产经营管理等方面的规定及其变化，有预见性地制定合适的营销策略。同时，研究目标市场特性，制定相应的市场营销组合。根据目标市场国的绿色食品标准和经营管理规定，结合国内资源条件和生产技术条件，发展我国供出口的绿色食品；要采取市场导向定价和根据产品的寿命周期制定出恰当的绿色食品出口价格策略；在进口国选择合适的经销代理商，大力加强绿色食品在目标市场国的广告和促销工作，使国外消费者熟悉我国绿色食品的标志和产品；我国绿色食品包装应选择对环境无害或可回收再生的包装材料，并不断地革新包装，以新颖的面貌对国际市场消费者进行促销。

大力推行绿色食品产业化。各地可根据资源和自然条件，选择生态环境好、产品开发较多的区域，重点建设一批高起点、高标准、高效益的绿色食品生产基地，实行生产基地的区域化种植、规模化生产和专业化经营。按照绿色食品种植要求和生产操作规程，指导基地内农户生产，对生产基地的原料产品实行从“土地到餐桌”的全程化质量控制，确保绿色食品质量。

第四节 构建新时期农业补贴政策体系

20 世纪 90 年代末期以来，随着入世谈判的不断深入和我国“以工补农”政策力度加大，农业补贴政策得到了广泛的重视和关注。研究者从不同角度对农业补贴政策展开了研究和探讨，但受研究内容和方法的影响，其实际内容并不完全相同，甚至有很大差异。

一、我国农业补贴政策现状

我国农业补贴政策最早始于20 世纪 50 年代的对国营拖拉机站的“机耕定额亏损补贴”政策，后来逐渐扩展到柴油、农业用电等农用生产资料的价格补贴等方面。改革开放后，实行了家庭联产承包责任制，财政对农业的补贴改为提高农产品收购价格和控制农业生产资料价格，属于间接补贴政策，如 1978 年开始的粮食补贴主要是对粮食企业购销倒挂的补贴。通过提高粮食收购价格，农民从补贴中间接得到利益。每年用于粮、棉流通环节的补贴高达 600 亿元。20 世纪 90 年代后期，我国农业和农村经济发展进入新阶段，农产品供求关系发生重大变化，国家对农业支持保护的内容和方式进行了调整，直接补贴逐步成为财政支农的重要手段，逐步从流通环节转向对生产者的直接补贴。党的十六大以来，在“以工补农，以城带乡”和“多予少取放活”两个基本方针的指导下，国家出台大量针对农业、农村和农民的补贴政策，初步形成了一个围绕粮食生产、农民增收和生态环境保护等目标，综合补贴和专项补贴相结合的直接补贴政策体系。主要包括以下内容：

（一）农民收入性综合补贴

此项补贴主要包括对农民税收减免、种粮农民直接补贴、农资综合直补等普惠性补贴。2001—2003 年我国实施了以“三取消、两调整、一改革”为主要内容的农村税费改革。2004 年起我国政府开始逐步减免农业税，2006 年全面取消了农业税。从粮食风险基金中拿出部分资金，对种粮农民予以直接补贴。农业生产资料增支综合直补是 2006 年石油综合配套调价之后，中央统筹考虑全年柴油、化肥等农业生产资料的预计价格变动对农民种粮收益影响，从石油特别收益中拿出财政资金 125 亿元，通过粮食直补渠道，一次性地直接补贴种粮农民。这些补贴政策的一个显著特点是普惠制，所有种粮农民都能按照计税土地面积获得相应补贴资金和税收减免。在实际操作中，部分地区如江苏省按照部分粮食品种（水稻和小麦）实际种植面积向种粮农民发放种粮直接补贴和农资增支综合直补；北京、上海、浙江、湖北等省（市）的粮食直接补贴资金按照部分粮食实际种植面积发放。

（二）农业小型基础设施建设补助

2005 年设立了小型农田水利设施建设补助专项资金，通过以奖代补方式，支持农民进行农田水利设施建设，目前小型农田水利设施建设资金为 10 亿元。

（三）农业投入品补贴

此项补贴主要包括良种补贴（小麦、水稻、玉米、大豆、棉花、油菜、奶牛、生猪、小规模的天然橡胶和柑橘种苗）、农机具购置补贴两项政策。良种补贴是为了加快我国良种推广，促进良种区域化种植而出台的专项补贴政策。在补贴方式上，除了水稻是按照种植面积补贴外，其他品种的良种补贴多是直接向农民发放免费或低价种子。农业机械购置补贴主要是鼓励和支持农民使用先进适用的农业机械，加快推进农业机械化进程。

（四）农业救助补贴

此项补贴主要包括农业生产救灾补助、动物防疫补贴、农业保险补贴等。农业生产救灾补助是对农民受灾后进行一定额度补助，用于重建和开展生产自救等，每年支出数额视灾害发生严重程度而定。动物防疫补贴主要用于免费为农民进行重大动物疫病防治和畜禽宰杀的专项补助政策。农业保险补贴则是为了鼓励各地发展农业政策性保险而设立的专项资金，主要用于粮棉油大宗农作物和能繁母猪的保险费补贴。

（五）结构调整补贴

此项补贴主要包括各地财政对于发展经济作物和园艺作物的补贴。20 世纪 90 年代来，为了促进农业结构调整，各地纷纷出台对于发展包括蔬菜、花卉及部分养殖业在内的支持政策，如对农民建设蔬菜大棚、发展奶牛养殖业，都给予一定的投资补助，促进了农业结构调整和生产方式转变。此外，少数地区还出台了无公害食品、绿色食品和有机食品补助政策。

（六）农业科技和教育补贴

此项补贴主要包括劳动力转移培训补助、新型农民培训补助、测土配方补助、科技入户技术补贴、苹果套袋技术补贴等。为了提高农村劳动力素质，加快农村劳动力转移，中央财政于 2004 年和 2006 年先后设立了农村劳动力转移培训和新型农民培训补助专项资金，用于对农村劳动力接受农村职业技能培训和农村实用技术的学费补助。2004 年起，为了促进农民科学施肥，中央财政设立了测土配方施肥专项资金，用于各地进行土壤成分检测和配方施肥推广工作的经费补贴。为了加快部分重大新技术的推广，中央财政从 2004 年起设立科技入户技术补贴和苹果套袋技术补贴等专项资金，主要用于对技术示范户补助和向苹果种植户免费发放苹果套袋。

（七）农业生态建设补贴

此项补贴主要包括退耕还林、沼气工程、退牧还草、提升土壤有机质补贴及养殖小区建设补助等。退耕还林补贴是安排西部地区和其他生态环境脆弱地区 25 度以上水土流失严重的陡坡耕地、严重沙化耕地退耕还林还草，对退耕还林的农户给予现金补助和口粮补助。为了配合退耕还林工程，改善农村生产生活条件，2003 年起国家启动了农村沼气国债建设项目，对农民沼气池建设进行补助。为了缓解草原过度放牧，2003 年开始，国家在蒙甘宁西部荒漠草原、内蒙古东部退化草原、新疆北部退化草原和青藏高原东部江河源草原四大片区实施退牧还草工程，用于草场围栏建设和重度的退化草场恢复。提升土壤有机质补贴是为了鼓励农民进行秸秆还田，增加土壤有机质成分而出台的补贴政策，主要是对农民在秸秆还田中使用的腐化剂给予补助。养殖小区建设补助政策则是为了实现人畜分离，改善农村生活环境，减少人畜共患疾病发生而设立的专项补助政策。

（八）农业产业化经营补贴

此项补贴主要是指国家出台的对农业产业化经营各种税收减免政策和投资补助等政策。税收减免包括对重点龙头企业从事种植业、养殖业和农林产品初加工暂免征收企业所得税，增值税一般纳税人购进农业生产者销售的免税农业产品的进项税额扣除率由 10% 提高到 13%，对部分进口农产品加工设备免征进口关税和进口环节增值税；投资补助方面主要是采取有偿无偿相结合、投资参股或贷款贴息等方式，对农业产业化龙头企业进行支持。中央财政还设立了农民专业合作社专项资金，用于对农民专业合作社经费补贴。此外，为调动地方政府重农抓粮积极性，2005 年中央财政出台了产粮大县奖励政策。针对生猪生产和油料生产连续滑坡情况，2007 年中央财政又出台了生猪大县和油料大县奖励政策。

(九) 最低收购价政策

最低收购价政策是 2004 年粮食收购价格和市场全面放开后出台的对稻谷、小麦的收购政策，当市场收购价低于国家出台的最低收购价时，政府委托部分国有粮食购销企业入市收购，促进价格回升到合理区间。最低收购价是指承担向农民直接收购的收储库点的到库收购价。

总的来看，我国已经形成了围绕粮食发展、农民增收、生态保护三个主要目标，覆盖基础设施、种子、农业机械、生产结构、生产技术、农产品加工、灾害救助、农产品价格等各个环节和内容的农业补贴政策体系。

二、现行农业补贴政策存在的主要问题

尽管农业补贴政策取得了明显成效，但作为我国农业支持政策体系中的一个重要组成部分，农业补贴政策仍然存在体系不健全、结构不合理、操作方式不尽完善等问题。

(一) 补贴政策框架缺乏科学规划和系统安排

随着补贴政策的不断出台，我国逐步形成了多目标、多领域的补贴政策体系，但很多补贴政策具有临时性特点，整个农业补贴政策缺乏系统性考虑。首先，在政策导向上，变化比较频繁，缺乏连贯性。如 2003 年以前农业补贴政策具有比较明显的结构调整倾向，即引导农户进行结构调整。但 2004 年后农业补贴政策逐步走向促进粮食生产恢复，刺激农户进行粮食生产。2007 年以来，为了缓解生猪生产下滑、油料严重不足和奶牛养殖业出现的问题，出台了各种生猪、油料和奶牛的补贴政策。其次，在政策具体内容上，大部分补贴政策都是根据

原来间接补贴转变而来的，缺乏对补贴政策体系的全盘考虑和安排。如种粮农民直接补贴是从原来保护价收购转化过来的，从粮食风险基金中列支；农资增支综合直补则是在柴油、化肥等农资涨价的背景下出台的，从国家石油特别收益中列支。这两项直接补贴在政策功能上如何区分，都没有明确的定位。再如对于水稻、小麦、玉米、大豆、棉花、油料、生猪、奶牛之外的其他农产品是否会继续出台良种补贴，没有明确的规划和安排。

（二）农业补贴政策之间以及与其他农业支持政策缺乏协调和配合

一方面，各种农业补贴政策缺乏协调和配合，如国家出台水稻、小麦最低收购价政策后，种粮农民直接补贴与最低收购价政策在政策功能、政策目标上没有给予明确的定位和划分；为了促进棉花生产发展，政府出台棉花良种补贴，但对于棉花的配额发放、国内价格干预等方面，并没有一个整体的安排和考虑；如为了刺激生猪生产，国家出台了包括能繁母猪补贴、能繁母猪保险补贴、疫病救助、生猪大县奖励等补贴政策，但对于养殖户所面对的市场风险方面，并没有相应的支持政策（实际上，由于生猪市场周期性波动明显，农户养殖生猪所面临的最大风险是市场价格风险）。另一方面，农业补贴政策与公共服务、基础设施建设政策之间也缺乏配合和协调，如农业科技入户补贴和农业科研之间、小型农田水利设施建设与国家大中型农业基础设施建设项目之间，都没有形成有效的协作和配合。

（三）农业财政补贴资金总量不足、覆盖面小

近年来国家不断加大农业投入力度，如果扣掉税费减免、大江大河治理和大生态环境治理投资，真正用于农业的投入并不大。无论是与农业和农村发展的需要相比，还是与国际上多数国家相比，我国财政支农水平明显偏低。具体到农业补贴政策，如果扣除税费减免、对种粮农民的直接补贴和农资增支综合直补，生产性专项补贴规模并不大。小型农田水利设施补助、新型农民技术培训、科技入户补贴、农业保险补贴等补贴规模都不超过10亿元，实施范围也仅限于少数项目区。至于提升土壤有机质补贴、苹果套袋补贴等专项资金规模更小，实施的范围也十分有限，难以从整体上起到引导农民生产行为的效果。

（四）部分补贴政策操作方式不够完善

一是部分专项补贴政策操作方式与政策目标不符。如水稻良种补贴政策目标是提高农民采用优良品种的积极性，但具体操作上却是按照农民水稻种植面积直接发放现金补贴，与农民是否采用优良品种并不挂钩。二是部分补贴政策在实施过程，基层政府、农民参与程度不高，导致补贴方式、内容与农民需要有较大差异。如在很多地方采取了各省认定小麦、玉米良种的做法，但由于省内各县市自然条件差异较大，导致补贴品种与当地实际需要不符，难以实现良种补贴的作用。三是在补贴过程中，由于环节较多，出现了补贴利益被部门或者其他市场主体侵占的现象。如我们在调研过程中发现，相当比例的供种企业都是当地农业部门下属的种子公司，外地种子难以中标；再如农机具购置补贴政策中，部分中标厂家把部分积压的产品强行与中标产品搭配销售。四是部分农业补贴政策标准过低，难以达到政策目标。如重大动物灾害补助政策，对于因疫情扑杀牲畜的农户，每斤仅给1元补助，远不能弥补农户成本，导致农户不愿意接受扑杀，把带有疫情的生猪卖给屠宰场。

（五）农业补贴缺乏稳定增长机制

一是各专项补贴资金规模缺乏稳定增长机制。由于各个农业补贴专项资金没有相应的法律规定，导致资金规模存在很大不确定性，各个专项补贴资金数量明显缺乏连贯性和稳定增长机制。如2002年大豆良种补贴资金为1亿元，2003年增加到2亿元，2004年却缩减到1亿元，2005年后大豆良种补贴仍然维持在1亿元左右，基本上没有变化。二是各地区专项补贴存在很大的不确定性。除了少数普惠补贴政策，其他的专项补贴大多在项目区展开，而确定项目区和补贴规模则是变化的，客观上造成了项目区专项补贴政策的不稳定性，由此也影响了政策实施方式和效果。三是中央财政和地方财政支农责任不明确。从实际执行情况看，中央财政和地方财政支农支出范围存在较大的随意性，缺乏科学依据。

（六）缺乏完善的资金管理体制

一是各种农业补贴资金分散在多部门，难以实现相互协调和配合。有的一种专项资金分散在几个部门手中，以“撒胡椒面”的方式分散到不同项目区，难以实现规模效应；有时不同的专项资金被投向同一个领域，造成重复投入。二是各级各部门资金分配存在很大人为因素。在中央各部门之间，专项补贴资金的分配很多时候取决于各部门权力大小和位势高低。尽管补贴资金由中央到省到县市的分配过程中，有时采取了因素分配法，但很多时候各地分配资金的多少存在很大人为因素，客观上造成了各地补贴资金分配的不公平。三是很多专项资金分配和使用透明度差，只能由审计部门监督，社会公众无法参与监督，难以建立专门机构和社会公众相结合的共同监督机制。

三、国外农业补贴政策变革的趋势和启示

世界贸易组织（WTO）成立以来，各成员国按照《农业协议》对农业补贴政策进行了不同程度调整，实际上很多国家只是调整了补贴方式，并没有真正削减补贴总量，甚至不少

国家增加了农业补贴，但其在补贴政策上的一些做法值得我们借鉴。

（一）各国补贴总量增加，尤其是直接补贴总量不断增加

据经济合作与发展组织（OECD）报告称，2004 年该组织成员国的农业补贴较上一年增长 9%，达到 2790 亿美元，约占农业收入的 30%。这表明发达国家对于农业的补贴和支持的整体水平仍维持在很高的水平上，甚至有增加的趋势。同时，各国在减少对农业“黄箱”政策的同时，大幅度提高“绿箱”政策投入，逐步由间接补贴向直接补贴过渡，支持重点更加明显的由价格支持转向直接收入支持，如日本在减少对大米价格干预的同时，通过差价补贴、山区农民直接支付以及灾害补贴和农业保险，逐步加大对稻农的直接补贴力度，稳定稻农收入。

（二）从直接补贴的具体内容看，各国既有对农民进行收入补偿的综合补贴政策，也有以促进生产发展和保护生态环境为目标的专项补贴政策

如美国建立了以直接支付和反周期支付为主要内容的收入补贴制度，但仍保留了无追索贷款作为对农产品价格支持的政策工具。同时，还实施了农田水利建设贷款利息补贴、农场粮食储备设施建设补贴、农业保险补贴、水土保持补贴等直接补贴，引导农业生产者生产行为。2003 年起欧盟开始建立实施“单一农场支付”，作为对农民收入补贴的主要手段，但仍然保留了对烟草牛奶饲草等产品补贴、农业贷款利息补贴、农业保险补贴等专项补贴。日本对山区、半山区农民的直接支付与农业生产设施投入补贴也是并存的。韩国则主要是生产资料补贴、水利设施补贴、农业贷款利息补贴、畜牧业贷款利息补贴以及保护环境的亲环境支付等专项补贴，综合补贴比较少。

（三）从补贴发放的方式看，收入补贴发放多采取脱钩方式，但生产补贴均采取了与农民生产行为相挂钩的方式

如美国对农民的直接支付和反周期支付，都是依据某一个基期内历史平均面积为依据向农民发放补贴，而不与生产者当期的种植面积和产量挂钩。欧盟在 2003 年引入的单一农场支付，也改变了以往收入补贴与当期种植面积相挂钩的方式，转变为脱钩补贴，按照 2000—2002 年的平均面积发放。同样，日本山区、半山区的直接支付也是根据农户土地面积发放。这样做是为了适应 WTO 要求，减少收入补贴政策对农业生产的影响，采取这种方式并不影响政策目标的实现。尽管欧美日等国在综合补贴的发放上逐步向脱钩方式转变，但其发放专项补贴上仍然采取了原有的挂钩方式。如农田水利建设贷款利息补贴与农民农田水利建设贷款相挂钩，农场粮食储备设施建设补贴与农场主是否进行粮食储备设施建设相挂钩，农业保险补贴与农民是否参加农业保险相挂钩，环境保护补贴则与农民是否进行水土保护及其他保护环境的行为相挂钩。

（四）从发达国家直接补贴政策发展历程看，早期以促进农业生产的专项补贴为主，后期以保障农民收入的综合补贴为主，但后者并没有取代前者

20 世纪五六十年代欧盟各国就开始对农民的农业贷款、农田水利基础设施建设和购置农机具给予财政补贴，促进农业生产条件的改善，英国在 1947 年开始对土壤改良、田间排灌和施用化肥给予财政补贴，法国 20 世纪 60 年代对农业机械补贴等。但发达国家以收入为主要目标的综合补贴并没有取代原来促进农业生产的直接补贴政策，美国、欧盟和日本仍然保留了不少专项补贴政策，如美国的农田水利设施建设贷款利息补贴和农场粮食储备设施建设补贴，欧盟的农业贷款利息补贴等。当然，部分专项补贴失去了自身的价值被取消了或者转变为综合补贴，但这种取消和变化是在农业生产力达到一定水平后才能实施的。

（五）继续给予不同形式的价格支持

从美国、欧盟、日本和韩国等国直接补贴政策的实施情况看，一方面，尽管大多国家已经建立或者正在逐步建立针对农民收入的综合补贴制度；但另一方面，包括价格支持和其他生产性专项补贴并没有被取代。无论是发达国家，还是发展中国家，尽管形式不同，都仍把价格支持作为稳定国内粮食生产的一个核心政策。特别是对于重点产品，均保留原有的价格支持政策，如美国对玉米、小麦、大豆等产品继续实行营销贷款补贴，欧盟的干预价格政策，巴西的产品售出计划政策以及各国普遍采取的出口补贴政策。

四、完善我国农业补贴政策应遵循的原则

作为发展中国家，完善我国农业补贴政策，既要从国情出发，又要遵守 WTO 规则。就 WTO 规则和我国承诺而言，我国“黄箱”政策的补贴量与承诺的8.5%微量允许还有很大空间。因此，重点做好政策设计，用活“黄箱”类补贴政策，用好“绿箱”类补贴政策。建立和完善我国补贴制度，重点应遵循以下几条原则：

（一）充分利用市场机制原则

要按照公共财政的要求，充分发挥市场在配置资源中的基础性作用，尊重农户生产经营自主权，补贴重点放在被市场“冷落”或者市场失灵的环节和领域，如在准公共品环节和领域，政府给予适当补贴和支持。

（二）直接补贴政策要与市场政策、基础设施建设、公共服务政策合理分工并相互配合

农业补贴政策不能代替其他政策，不能把直接补贴无限制

地应用于所有领域，如在技术推广、病虫防治、信息服务、检验检测、市场监管等公共品属性较强的领域，农业补贴政策难以调动其他市场主体投入积极性，应充分发挥政府主导作用，进行直接投入。同时，农业补贴政策还要与其他农业支持政策相互协调，如在重大动物疫病疫情防控方面，既要建立政府的疫病防治服务体系，也要完善对重大疫病疫情的补助政策，对于农户因疫病防治而招致的损失给予弥补[①]。

（三）直接补贴政策和间接补贴相结合

直接补贴政策把补贴资金直接发放到农户手中，政策效果明显，这也是近年来我国大规模实施直接补贴政策的重要原因。但现阶段我国农业补贴政策的目标并不仅仅是农民收入，还包括提高农业综合生产能力、转变农业发展方式、保护资源生态环境等多个目标。因此在注重补贴政策效果，加大直接补贴政策实施力度时，也要充分利用价格支持、产后加工综合支持等各种间接补贴政策手段。

（四）短期政策和长期政策要相互补充

从发生作用的时效性划分，直接补贴政策可以划分为两种：一种是当年有效的直接补贴政策，如对种粮农民的直接收入补贴、农资增支综合补贴、农业灾害补助和农业保险补贴，只对当年农民收入带来直接效应；另一种是多年有效果的直接补贴政策，如小型农田水利设施补助、农民培训补贴、技术推广补贴、农机具购置补贴等补贴政策，尽管当年实施，但随着基础设施条件的改善和生产技术水平的提高，会对农业生产有长期增产效果。设计农业直接补贴政策体系，既要利用那些当

① 我们在调查中发现，目前在强制免疫时，可能会发生部分畜禽死亡，导致农户遭受损失。因此部分农户不愿意参加政府的强制免疫，部分基层技术部门不敢强行对农户的畜禽采取免疫措施。这就需要把强制免疫政策与农业保险政策或者重大动植物防治补助政策结合起来，对于因强制免疫而遭受损失的农户给予足额补偿。

年有效的直接补贴政策，降低农业生产成本，促进农民当年增收；更要充分注重那些长期有效的直接补贴政策，改善农业生产条件，提高农业技术水平，提高农业综合生产能力。

（五）补贴重点阶段性原则

国际经验表明，在不同的发展阶段，农业补贴政策的重点是不同的。在经济发展初级阶段，农业补贴政策的重点是促进农业生产发展，提高农业综合生产能力。随着经济发展水平的提高，农业补贴政策的目标逐步转向增加农民收入。与发达国家相比，一方面，我国农业基础还比较薄弱，保障农产品供给的任务还比较艰巨，加上资源和生态环境制约也愈发突出。另一方面，我国经济发展的整体水平仍然不高，财政力量有限，难以通过农业补贴政策增加农民收入。因此现阶段，应把促进农业生产发展、保护资源和生态环境的生产性专项补贴作为农业补贴政策的重点内容。同时，根据国家财力的许可，逐步提高收入性补贴标准。

（六）对不同区域差别对待、分类指导

各地区资源禀赋不同，经济发展水平也有很大差异；不同地区农户所面临的生产条件、市场环境也各不相同，其生产经营的方式、理念会有较大差别。同一项补贴政策，在不同地区的操作成本、实际效果会迥然不同。因此，设计农业补贴政策体系，要根据不同地区的具体情况差别对待。如目前大幅度提高农民收入性补贴标准不现实，但可以鼓励一些经济相对发达的沿海省份和地区根据自身财力，逐步提高收入补贴标准，真正实现补贴政策对农民收入的保障作用，实现城乡和谐发展。

五、构建我国农业补贴政策体系的基本框架

当前，我国农业补贴政策的目标涉及农民收入、农业综合生产能力、资源生态环境保护等方面，在内容上包括基础设

施、投入品、灾害风险防范、农民培训、农业产业化经营和农产品市场调控等方面，为构建农业补贴政策体系奠定了基础。现阶段，应以现有农业补贴政策框架为基础，围绕提高农业综合生产能力、保障重要农产品供给、促进农业发展方式转变、保护资源生态环境和增加农民收入为目标，综合运用直接补贴和间接补贴手段，以生产性专项补贴为重点，调整和充实政策内容，构建包括综合性收入补贴、新型农田水利设施建设补贴、投入品补贴、农业灾害救助、科技应用与推广补贴、资源和生态保护补贴、农民培训补贴以及市场调控和产后加工综合支持等九大农业补贴政策体系。

——合并种粮农民直接补贴和农资增支综合直补，建立种粮农民收入补贴制度。在国家财力许可的情况下，逐步提高种粮农民收入补贴标准。探索建立种粮农民收入水平与直接补贴标准联动机制，真正实现对种粮农民的收入保障作用。

——以小型农田水利设施建设补贴为主要内容，建立农业基础设施建设补贴制度。国家在加大对大中型农田水利设施投入时，通过资金、物资等方式，对农民进行小型农田水利设施建设给予支持，全面提高农业基础设施水平，为提高农业综合生产能力奠定基础。

——以良种补贴政策、农机具购置补贴政策为重点，建立农业投入品补贴制度。根据保障国家粮食安全和增强农业竞争力的要求，结合我国优势农产品区域布局规划和特色农产品区域布局规划，扩大目前以四大粮食作物为重点的良种补贴政策范围。同时，鼓励和支持各地出台当地特色产品良种补贴政策。综合考虑我国农业机械化、节水灌溉、保护型耕作及畜牧业发展等方面的需要，把节水灌溉机械、保护性耕作机械、饲料加工机械和部分重要的农产品加工机械等列入农机具购置补贴目录，进一步促进农业现代化装备水平提高。

——以动植物重大疫病疫情综合补贴和农业保险补助为主要内容，建立农业灾害救助制度。将重大动物疫病疫苗补助、扑杀补助扩展到种植业和水产养殖业，建立动植物重大疫病疫情防治综合补贴制度。扩大农业保险补助的品种和地区范围，建立再保险制度，推进农业政策性保险体系建设，有效防范动植物疫病疫情给农民带来的自然风险和市场风险。

——以科技入户补贴、标准化生产补贴、重大农业技术推广补贴制度为主要内容，建立农业技术推广应用补贴制度。在扩大科技入户补贴规模的同时，出台农业标准化推广补贴和重大农业技术推广补贴制度，加快农业技术的推广应用，提高农业科技水平。

——以退耕还林、天然林保护、退牧还草、人工草场种植、渔业资源增值等资源保护和生态补偿政策为主要内容，完善农业生态保护和资源合理利用的补贴制度。加大秸秆还田、养殖小区建设、沼气池建设和低毒高效农药推广等补贴政策力度，促进农业废弃物综合利用，发展循环农业，减少环境污染。

——以农村劳动力转移培训和新型农民科技培训为主要内容，完善农民教育培训补贴制度。加大对劳动力转移培训、新型农民培训以及农村实用人才培训等补贴力度，建立起覆盖绝大部分农村劳动力，以职业技能培训和农业技术培训为主要内容的农村再教育体系，切实提高农村劳动力素质。

——以最低收购价政策和国家储备为主要手段，建立重要农产品市场调控政策体系。在目前水稻和小麦最低收购价政策的基础上，逐步出台玉米、棉花、生猪等关系到国计民生的重要农产品最低收购价政策，并完善国家储备政策，加强对重要农产品的市场调控。

——以农业产业化经营支持政策为主要内容，建立产后加工、贸易综合支持制度。在完善税收减免、贴息贷款、财政投资参股等产业化经营支持政策的基础上，逐步推广信贷担保政策，重点解决中小型龙头企业信贷资金不足的问题，促进农产品加工业发展。

此外，以粮食大县奖励、生猪大县奖励和油料大县奖励为基础，完善基层政府农业发展奖励和补偿制度。综合考虑各地粮、棉、油、肉、蛋、奶等关系国计民生的重要农产品生产发展情况，建立重要农产品生产发展奖励制度，由中央财政给予一定的奖励或补偿，调动地方政府发展粮、棉、油、肉、蛋、奶的大宗农产品生产积极性①。

六、完善我国农业补贴政策的建议

扩大补贴规模、完善补贴方式、健全我国农业补贴政策体系、充分发挥农业补贴政策的导向和支持作用，对实现农业和农村经济又好又快发展具有重要意义。总体上我国已经进入以工补农、以城带乡的发展阶段，不断加大对农业的补贴支持力度是今后一个时期农业政策的基本取向。应当从我国国情出发，认真研究借鉴欧美等国农业补贴政策的成功经验，把保供给、促增收作为核心目标，进一步完善我国的农业补贴政策体系。

（一）增加补贴资金规模，充分发挥农业补贴政策效应

针对大部分专项补贴政策资金规模小，实施范围仅局限于少数项目区或者试点地区的问题，应稳步提高种粮农民收入补贴标准，大幅增加专项补贴的资金规模，特别是增加农业投入品、动植物疫病防范体系、农业技术推广应用、生态保护和资源合理利用、农民培训等方面的投入，扩大补贴的区域范围，确实发挥补贴政策对于农业生产的导向作用和整体效果。

1. 扩大小型农田水利设施建设补助专项资金规模

国家应尽快扩大小型农田水利设施建设补助资金的规模，将补助范围由项目区扩大到全国范围，并提高补助标准，充分

① 尽管对基层政府的奖励不属于农业补贴政策的内容，但考虑到地方政府在发展农业生产中的作用，我们这里将其单独列出来。

调动农户的积极性，加快小型农田水利设施建设，提高农业综合生产能力。

2. 扩大良种补贴范围

考虑到目前小麦、玉米、大豆、棉花等良种补贴仅局限于项目区，建议尽快扩大良种补贴范围，将其扩大到所有优势主产区。

3. 提高农业保险和灾害救助标准

针对目前重大动物疫病补助难以弥补农户生产成本的实际情况，尽快提高国家补助标准，使之能够基本弥补农户生产成本，并略为盈利。可参考农业保险60%的损失补助办法，按照市场价值的60%给予相应补助。

4. 出台结构调整补助政策

国家应针对农业结构调整的需要，出台结构调整补助专项资金，对于农户结构调整，生产方式转变给予一定比例补助。同时，对于西部地区农户发展节水抗旱作物，也可以考虑给予一定的结构调整补贴。

5. 尽快全面推开农业政策性保险

鉴于农业自然灾害和疫情灾害不断加重，严重影响农民发展农业生产，特别是养殖业的积极性，建议尽快加大农业保险保费补贴规模，在全国推行农业政策性保险。

6. 探索建立农业信贷担保制度。当前随着我国农业发展方式的转变，农民从事规模化种养业所面临的资金短缺问题愈来愈突出，政府应出台农业信贷担保政策，在充分利用市场机制的基础上，解决农民从事规模种养业和中小型龙头企业所面临的资金问题。

（二）创新补贴机制，规范操作方式

一是充分运用信贷贴息、信贷担保等方式，鼓励社会资金和信贷资金投入农业，提高财政补贴资金的使用效率。二是把农民生产大户、生产专业户、农民专业合作社、龙头企业作为专项补贴的重点，加大补贴力度，提高农业生产的组织化程度，促进适度规模经营。三是在操作细则上，加以规范化。综合补贴，可以统一按照计税面积和计税常产发放，一定若干年不变；统一在信用社为所有农户建立账户，每年按照补贴标准把补贴打入农户账户。各种专项补贴尽量与农户相应的生产性相挂钩，发挥在改善生产条件方面的作用。

（三）改革资金管理体制，提高资金使用效率

一是深化财政支出科目分类改革，将各类支出中人员开支和建设经费开支分别列出，有利于强化对财政支农资金的管理和检查。二是归并目前重复设立的专项资金，实现同类财政支农资金的统一规划和利用，强化不同资金的相互配套和协调，提高支农资金的使用效率。三是提高财政支农资金使用的透明度，建立财政支农资金分配和使用网上公示制度，将各项财政支农资金的目标、分配依据、计算方法等予以公开，加大公众和新闻媒体对财政支农资金的监督力度。

（四）完善立法，建立财政支农资金的稳定增长机制

加快研究制定农业投入法和农业补贴条例，将实践证明行之有效的各项农业支持保护政策纳入法律体系，推进农业扶持政策制度化、法制化，保障农业投入和补贴的资金来源，建立农业投入和补贴资金稳定增长的长效机制。细分各级财政的支农责任，稳定政策目标、资金用途、资金规模、分配依据，确保专项资金的稳定性和连续性。

（五）增加基础设施建设投入，提高政府公共服务水平

进一步加大基础设施投资，改善农业生产条件，为提高农业综合生产能力奠定基础。加大新品种、新技术的开发和推广，为农户提供及时有效的信息服务，提高产品质量检验、检测的水平，促进农业技术水平和经营水平提高。

第五节 完善农业国内支持体系

一、我国农业国内支持政策的特点及国际比较

（一）农业国内支持的特点

1. 1996—2002 年我国“绿箱”措施的特点

（1）我国“绿箱”支出占农业生产总值的比重低

1996 年农业“绿箱”支出占农业总产值的比例仅为 9.29%，2002 年上升到 19.02%。

（2）“绿箱”措施使用项目比较少

1996—2002 年间，我国每年都使用了一般服务、用于粮食安全目的的粮食储备、国内粮食援助、自然灾害救济支付、环境计划下的支付和地区援助计划下的支付 6 项“绿箱”措施，在 WTO 定义的 12 项“绿箱”措施中仍有 6 项措施尚未使用，“绿箱”支持还存在较大的可利用空间。

（3）一般服务占“绿箱”支持总额的比重最大。其中基础设施建设服务支出数额最多，1996—2002 年间，该项支出占一般服务支出的平均比重为 54.5%。尤其是在 1998—2000 年间该支出额呈现大幅度增长，分别占一般服务支出的 61.6%、65.4% 和 71.3%，在此期间，为了提高农网设备、保证农民安全可靠用电、降低线损，最终降低农村电价、减轻农民负担，我国实施了农村电网建设改造工程，1998—2000 年间国家分别投资了 128 亿元、322.74 亿元和 650 亿元。不可分割的一般服务在研究期间占一般服务支出的平均比重为 42.6%，仅次于基础设施建设服务支出，该项目包括各项事业

费，农林、水产、气象企事业单位亏损补贴与农业综合开发支出[①]。另外，一般服务中农业科研的支持水平不高，1996—2002年间虽然用于研究支出的绝对额不断增长，但其占一般服务的相对比重却经历了大幅度下降。

（4）政府越来越重视环境计划支付。从1998年开始，我国环境计划支付呈现出快速增加趋势，支付额从1996年的0.45亿元增加到2002年的315.05亿元，占“绿箱”支持的比重也相应的从不足0.1%增加到10.3%。主要原因在于1996年和1997年只有一项环境计划支出（即环北京防沙治沙工程），1998年政府启动了天然林保护工程（1998—2010年），仅1998年国家就投资了20.64亿元；2000年起政府实施了退耕还林还草工程。另外，为促进牧区生产方式转变，2002年国家还启动了退牧还草工程。

2. 1996—2002年我国“黄箱”措施特点

从总量来看，我国“黄箱”措施支持水平低。根据我国加入世界贸易组织时的承诺，在乌拉圭回合《农业协议》执行期间，我国对特定产品的支持量不能超过当年该产品生产总值的8.5%，对非特定产品的支持不能超过我国农业生产总值的8.5%。实际上，我国提供的“黄箱”支持远远低于这一水平。以1998年特定产品的市场价格支持为例，我国稻谷、小麦、玉米和棉花的生产总值分别为2714.4、1476.9、1451.9、598.1亿元，即对以上四种产品能够提供的市场价格支持空间分别为230.7、125.5、123.4、50.8亿元；而同期我国对四种产品的实际支持水平分别为：-120.12、-65.40、-61.72、-62.41亿元。

从“黄箱”措施结构来看，农业生产资料价格补贴是我国“黄箱”措施的主要方式。像其他多数发展中国家一样，

① 由于数据可得性的制约，各项事业费和农业综合开发支出中所包含的病虫害防治、培训服务、推广和咨询服务以及检验服务支出没有被分离出来，而是综合包括在不可分割的一般服务里。

我国长期通过农产品的低价制度人为地压低了农业部门的收入水平，使得农业投资受到影响。为了解决农业发展问题，国家在直接投资农业的同时，对农业生产资料也进行了多种多样的补贴。

从“黄箱”措施政策性质来看，农业税反映了我国对农业实施负保护的一个重要方面。我国是世界上为数不多的对农业征税的国家之一。各种各样的税费不仅抵消了国家对农业的投入，而且影响了农民的生产积极性，增加了农村社会中的不稳定因素。

（二）农业国内支持政策的国际比较

1. “绿箱”措施的国际比较

第一，我国的“绿箱”支持水平绝对量和相对量都呈上升趋势，“绿箱”支持水平在同类收入国家中处于高水平，与较高收入组国家的支持水平接近，但与美国和日本相比，差距仍然很大。

我们对美国、日本、欧盟、韩国、加拿大、澳大利亚、印度、墨西哥、阿根廷、巴西和中国1995—2003年间人均GNI（美元单位）值进行聚类，根据聚类结果将这些国家分为三组。第一组为中低收入组，包括阿根廷、巴西、墨西哥、中国和印度；第二组为较高收入组，包括韩国和欧盟；第三组为高收入组，包括澳大利亚、加拿大、日本和美国。

表2-10反映了各国在1995—2001年间农业“绿箱”支持量占其农业国内生产总值的百分比，我国“绿箱”支持水平在中低收入组国家中处于领先地位。与高收入组比较时，我们必须注意到两个事实：一是欧盟的“绿箱”支持占农业国内生产总值的比重较低，主要是由其农业国内支持结构决定的。1995—1999年，欧盟通过“黄箱”提供了其农业国内支持总量的55.34%，通过“蓝箱”提供了其农业国内支持总量的20.21%，通过“绿箱”提供的支持占农业国内支持总量的

24.46%。因此，仅根据“绿箱”支持量的多少不足以判断欧盟的农业支持水平的高低。二是在高收入组中，加拿大和澳大利亚都是凯恩斯成员国，其农业生产资源优越，农产品在国际市场上具有很强的竞争力。因此，从1995—2001年各国的平均支持水平来看，我国的“绿箱”支持水平接近于较高收入组，但与高收入组国家还存在很大的差距。

表2-10 世界主要国家“绿箱”支持量占农业国内生产总值的百分比 单位:%

国家＼年份	1995	1996	1997	1998	1999	2000	2001	平均
阿根廷	0.83	1.55	2.58	1.82	2.35	2.77	—	1.99
巴　西	8.70	4.52	6.00	4.16	—	—	—	5.85
墨西哥	11.35	7.85	7.26	7.21	—	—	—	8.42
中　国	—	9.29	10.96	15.78	18.89	24.88	18.52	16.76
印　度	2.35	2.43	2.68	—	—	—	—	2.49
韩　国	17.01	20.21	13.41	28.41	23.28	18.44	—	20.13
欧　盟	6.40	7.99	7.77	8.71	10.42	—	—	6.52
澳大利亚	5.47	5.09	5.84	6.29	6.40	5.37	5.56	5.72
加拿大	9.63	8.52	5.85	5.78	8.03	—	—	7.56
日　本	31.02	28.20	29.52	41.20	39.48	—	—	33.88
美　国	40.56	39.12	39.42	38.99	39.01	36.89	35.94	38.56

资料来源：根据WTO和联合国数据库资料计算。

第二，从“绿箱”支持的结构看，我国的一般服务和以粮食安全为目的的公共储备所占比重大（见表2-11）。

表2-11 我国与WTO部分成员国“绿箱”支持结构比较

	中国	美国	日本	欧盟	韩国	墨西哥	阿根廷
一般服务	0.468	0.140	0.843	0.299	0.643	0.315	0.599
以粮食安全为目的的公共储备	0.116	0.000	0.021	0.001	0.021	0.000	0.000
国内粮食援助	0.270	0.692	0.007	0.016	0.001	0.000	0.000

续表

	中国	美国	日本	欧盟	韩国	墨西哥	阿根廷
对生产者的直接支付	0.000	0.112	0.000	0.000	0.000	0.000	0.000
不挂钩的收入支持	0.000	0.000	0.000	0.019	0.039	0.630	0.061
收入保险/安全网计划	0.000	0.000	0.000	0.000	0.000	0.000	0.019
自然灾害救济	0.018	0.017	0.022	0.016	0.013	0.000	0.086
通过生产者退休计划提供的结构调整支持	0.000	0.000	0.032	0.039	0.000	0.000	0.000
通过资源停用计划提供的结构调整支持	0.000	0.033	0.000	0.029	0.000	0.000	0.000
通过投资援助提供的结构调整支持	0.000	0.002	0.030	0.223	0.244	0.035	0.231
环境计划	0.006	0.006	0.046	0.232	0.027	0.000	0.000
区域援助计划	0.122	0.000	0.000	0.128	0.000	0.020	0.003
其他措施	0.000	0.000	0.000	0.000	0.012	0.000	0.000

资料来源：除中国外，其他国家的数据根据 WTO 公布的各国国内支持通报资料计算。

注：墨西哥为 1995—1998 年平均数；其余国家为 1996—1999 年平均数。

我国“绿箱”支持中政府一般服务所占比重数额仅次于日本、韩国和阿根廷。进一步分析发现政府一般服务中：①基础设施建设所占比重最高，1996—1999 年占“绿箱”比重平均为 24.1%（1996—2002 年为 24.8%），平均总量为 6329 百万美元，仅次于日本的 14930.42 百万美元（平均占“绿箱”支出的 61.6%）。②不可分割的一般服务平均占“绿箱”支出的 20%，由于获得统计资料的限制，将一般服务中除了研究、基础设施建设以外的其他支出全归为不可分割的一般服务项。③我国的农业科研支持水平不高，1996—1999 年平均值占“绿箱”支出的 1.5%（1996—2002 年平均为 1.53%），平均数额为 357 百万美元，远远低于美国（平均为 1680 百万美元）、欧盟（平均为 850 百万美元）和日本（平均为 658 百万美元）等发达国家对该项措施的支持水平。

与其他国家相比，我国的粮食安全公共储备占用的“绿箱”支持比重也较大，近几年我国“绿箱”支出规模不断扩大的主要原因之一就是以粮食安全为目的的公共储备支出

（包括粮食风险基金和粮食企业亏损补贴）增长较快。1996—1999 年我国该项平均支出 2730 百万美元，2000—2002 年平均支出上升到 4319 百万美元，增长了 58.2%。

1996—1999 年我国粮食援助支出占"绿箱"支出平均比重为 27%，其中包括粮棉油价格补贴、平抑物价、储备糖补贴、肉食价格补贴等。我国贫困人口仍然占有较大比重，但真正对贫困人口的粮食援助支出比重很小。相对而言，美国在国内粮食援助支出范围广泛，主要用于食品计划，为低收入者和儿童提供更多获得营养食品的机会；提供现金和物品帮助儿童获得足够的营养，包括特殊牛奶、学校早餐和午餐、援助无家可归儿童和其他计划；为促进低收入家庭的母亲、儿童和老年人的健康而提供的食物补充支出；通过 FNS 食品计划分发给急需的人们用于购买物品的资金。适当增加我国国内粮食援助支出，一方面有利于解决贫困人口的食物供给问题，另一方面也有利于解决我国粮食供给相对过剩的难题。

近些年来，我国逐渐增大了对自然灾害救济、环境计划和地区援助计划的支出力度。1996—1999 年我国自然灾害支出平均占"绿箱"支出的 1.8%，2000—2002 年为 2.0%，仍旧低于其他国家。

（3）从各国"绿箱"支持使用情况来看，我国"绿箱"支持措施使用项数很少。从 1995 年以来，我国一直使用 6 项措施。就支持项目而言，比欧盟、美国、日本、韩国和阿根廷都少，其中欧盟在 1998 年更达到了 17 项，韩国"绿箱"措施使用得也比较充分，墨西哥和阿根廷也不断增加"绿箱"使用项目。

2. "黄箱"措施的国际比较

（1）我国承诺的综合支持量（AMS）水平为零，而实际 AMS 水平为负值（见表 2 - 12），远远低于其他国家。根据加入 WTO 的协议，我国不需要承担国内支持的减让义务，且将 AMS 控制在 8.5% 的微量支持水平内。近几年来我国"黄箱"

支持负值状况正在好转，并逐渐呈向零值接近的趋势。从下表还可以看出，各国的承诺水平对实际水平并没有起到多大的限制作用，其中美国、韩国、阿根廷和欧盟的实际 AMS 值已经接近承诺水平。

表 2-12　我国与 WTO 部分国家承诺 AMS 与实际 AMS 比较

国家	货币单位		1995 年	1996 年	1997 年	1998 年	1999 年	2000 年	2001 年
中国	百万美元	承诺水平	0	0	0	0	0	0	0
		实际值	-773	-454	-381	-253	—	—	—
美国	百万美元	承诺水平	23083	22287	21494	20695	19899	19103	19103
		实际值	6214	5898	6238	10392	16862	16803	14413
欧盟	百万欧元	承诺水平	78672	76369	74067	71765	69463	—	—
		实际值	50026	51009	50194	46683	47886	—	—
日本	十亿日元	承诺水平	4801	4635	4469	4304	4138	—	—
		实际值	3508	3330	3171	767	748	—	—
韩国	十亿韩元	承诺水平	2183	2106	2029	1952	1875	1798	—
		实际值	2075	1967	1937	1563	1552	1691	—
墨西哥	百万比索	承诺水平	28622	28238	27853	27469	—	—	—
		实际值	1365	915	3194	3799	—	—	—
阿根廷	百万比索	承诺水平	91	84	83	82	81	80	—
		实际值	123	84	83	81	80	80	—

资料来源：WTO 网站。

（2）与其他国家相比，我国农产品的市场价格支持重点不突出。很多国家都突出了对特定产品的支持重点，并且每个国家重点支持的特定产品集中在两个方面：一是涉及粮食安全的产品，以一定程度上保证国内主要消费食品自给，如韩国和日本的大米支持等；二是出口竞争型产品，例如美国对奶制品、欧盟对牛肉、阿根廷对烟草的支持等。我国除玉米以外其他特定产品 AMS 和非特定产品 AMS 均为负值，玉米 AMS 在

1997 年以前也为负值。从总体看，发达国家支持的农产品范围远广于发展中国家，1998 年欧盟支持的特定农产品有 50 种，美国支持的特定农产品有 20 种，墨西哥支持的特定农产品有 5 种，阿根廷仅对烟草提供了“黄箱”支持。

(3) 我国“黄箱”措施实施手段单一。我国“黄箱”措施实施的主要手段是对特定产品的价格支持和非特定产品的投入品补贴，而发达国家的实施手段却非常丰富，如对农民运费补贴、保险补贴、商品贴息贷款、为年轻农场主提供利息补贴等。

(4) 我国“微量支持条款”利用不充分。我国特定产品支持为负值（1997 年后玉米为正），非特定产品支持主要是农业生产投入品价格补贴，从 1993 年以来一直呈现增长态势（1993 年该项支出为 2 亿元人民币，1998 年增为 332.42 亿元人民币），但被巨额的农业各种税赋冲减以后仍为负值。1996—1999 年欧盟平均“微量支持”为 1220.14 百万欧元，美国为 7057.9 百万美元，韩国为 11343 亿韩元，日本为 693 亿日元，墨西哥、阿根廷为零。相比之下，发达国家对“微量支持”使用的较充分，也突显了发展中国家对农业支持的财力限制。

二、建设我国农业国内支持体系的思路

今后一段时期内，我国农业国内支持体系建设的指导思想是：以稳定主要农产品供给、保护农民利益、提高农产品竞争力为目标，按照城乡统筹和经济社会综合发展的要求，灵活运用 WTO 规则，加大农业支持力度，优化支持结构，改革支持方式，提高支持效率。

（一）确立我国农业国内支持的目标体系

长期以来，我国农业国内支持的目标是提高农产品产量、确保粮食安全，并以此为核心建立了一整套相互支持的农业政

策架构；对于提高农民收入、提高农产品国际竞争力以及地区发展差异、提高资源的利用效率和环境保护等，很少作为政策目标的考虑。进入 20 世纪 90 年代后，农产品基本告别了短缺，国内农产品要面对世界市场的激烈竞争，这就要求农业国内支持的目标相应调整，由原来的单纯追求数量向多元目标转变。针对目前我国农民增收缓慢、城乡收入差距扩大的状况和粮食供求关系长远看处于偏紧的现实以及加入 WTO 后，我国农产品市场面临国际市场的激烈竞争，当前和以后的一段时间里，我国农业支持的主要目标应该是提高农民收入、保障粮食安全和提高农产品国际竞争力。

国内农业支持的目标应是有层次而不是并列的，就目前情况而言，提高农民收入应该是农业国内支持的第一目标，保障粮食安全为第二目标，而提高农产品国际竞争力则为第三目标。当然，这些目标的优先顺序并不是一成不变的，必要的时候应当进行适当调整。将来重要农产品，尤其是粮食供给偏紧，供求关系发生明显变化时应根据形势的发展及时主动地调整农业国内支持的目标，将保障粮食安全作为第一目标。

实际上，这三个目标之间的关系既有相互促进的一面，又有相互矛盾的一面。在国内粮食价格低迷、销售困难的情况下，保障粮食安全与提高农民收入之间是矛盾的。在耕地面积已定的情况下，越是强调粮食安全，粮食种植面积越大，越不利于提高农民收入。然而在粮食价格上涨的情况下，保障粮食安全和提高农民收入的目标是相互促进的关系。提高农产品国际竞争力，从长期来看，有利于提高农民收入和保障粮食安全。

并不要求全国每个省（区、市）都无一例外地按照这三个目标执行，对于粮食主产区和欠发达地区而言，这三个目标及其优先顺序是必要的；对于外向型农业发达地区，提高农产品国际竞争力应该是优先的；对于西部环境脆弱地区，强化生态目标则不仅合理，而且必要。

（二）明确我国农业国内支持的重点方向

1. 农业国内支持的重点产品

对于重点产品的确定，国内有不同的观点。一种观点认为我们应该支持缺乏竞争优势而又具有战略意义的敏感性产品，如粮食和棉花；另一种观点则认为，应该将支持的重点放在具有竞争潜力的劳动力密集型产品方面，提高这部分产品的国际竞争力，避免由于支持大宗农产品而带来的财政负担和贸易冲突。我们认为，对于具有竞争潜力的农产品，支持和保护是必要的。但对于粮食等具有特殊战略意义的农产品，从国家安全和社会稳定的角度出发，也应该对其进行重点支持。因此，我国农业支持的重点应当锁定为粮棉等具有战略意义的敏感性大宗农产品，以及具有国际竞争力且对农民就业和增收有重大意义的外向型农产品。

2. 农业国内支持的重点地区和重点对象

在不违反 WTO 规则的前提下，结合重点支持的农产品、全国资源状况以及发展水平的不同，确定农业国内支持的重点区域和重点人群，同时加大对重点区域和重点人群的支持力度。重点支持的地区应该是粮食主产区、欠发达地区和外向型农业主产区；重点对象是从事重要农产品生产的农民以及中低收入农民和外向型农业主产区的农产品出口龙头企业。

（三）形成我国农业国内支持的措施体系

在 WTO 贸易规则的框架下，充分考虑世界各国的国内支持政策发展趋势，同时结合我国的基本国情，建立我国合理的农业国内支持措施体系。因此，我国农业国内支持政策措施的调整方向是：

1. 调整“绿箱”支持结构，充实“绿箱”支持政策措施

从总体上看，我国有必要继续保持“绿箱”支持政策占主要部分的基本格局，但是“绿箱”政策的支持结构，可以

做如下调整：

第一，政府一般服务项目的调整。①扩大农业科研和技术推广的补贴额度；②继续资助农民的教育培训；③加快农产品安全检验检测体系建设；④增设市场营销服务补贴，特别是国际市场营销服务。

第二，调整粮食安全储备制度。在目前“绿箱”政策支持中，粮食安全储备所占的比重很大。这一方面说明了我国政府对粮食安全的高度重视，同时也说明我国粮食储备制度的高成本低效率。因此，必须适当减少国家储备，采取国家补贴与农民、商家自主储备相互结合的方式。

第三，建立农业收入稳定保障制度。①建立农业的政策性保险机构，形成政府和农民共同分担农业自然风险的机制。②对于一些市场价格波动较大的农产品，应该建立风险基金制度。

第四，充实完善农业生态环境保护政策。除了继续做好退耕还林、还草等现有政策之外，应该进一步增加环境计划下的支付，加大农村能源和生态环境建设的投资力度。

2. 充分利用微量允许标准内的“黄箱”，暂不使用“蓝箱”支持政策

目前我国“黄箱”政策支持水平远没有达到微量允许的水平，“黄箱”政策虽然对贸易有扭曲影响，但是对于调节产品供求来说具有非常直接的作用。所以，在保障粮食安全等方面不能轻视“黄箱”政策措施的作用。调整的方向是：①进一步完善农产品价格支持体系，提高补贴效果；②增设农产品运输补贴，建立覆盖全国的农产品绿色通道；③加大对农业生产资料补贴。

“蓝箱”政策是根据固定的面积、产量和牲畜头数对农民进行直接支付，其本质是“黄箱”政策。虽然对生产和贸易有扭曲作用，但由于以限制生产为条件，因而不列入需要削减的国内支持。所以，“蓝箱”政策一般是在“黄箱”政策受到

限制的情况下，作为增加农民收入和保障农产品稳定供给的政策手段。我国目前基本上还不具备采用“蓝箱”政策措施的客观条件。

（四）选择高效率的农业支持方式

以前我国主要使用的农业国内支持方式，是对流通环节补贴，属于间接补贴，这种补贴方式已经被实践证实，是低效率的。因此，改变目前以流通环节补贴为主的国内支持方式，逐渐转移到以直接补贴为主的国内支持方式。直接补贴作为国内支持的手段之一，其最大的优点在于转移效率相对较高。直接补贴的受益对象非常明确，所经过的中间环节少，便于监督管理，国家财政预算中用于补贴农业生产者的损失相对较少，政策实施成本相对较低。进行直接补贴，要有选择地进行补贴，主要针对重点产品、重点区域和重点对象。

三、完善农业支持体系的政策建议

（一）加强政府对农业的政策支持，改善农业发展环境

1. 以立法形式保证中央财政对农业的投入稳定增长

我国“绿箱”措施内部结构失衡的一个重要原因也是由于“绿箱”支持这块蛋糕不够大，在资金分配及重点政策的选择上受到限制。因此，要从以下三个方面保证中央财政对农业的支持力度：第一，严格执行《中华人民共和国农业法》，保证财政支农资金的增长与农业在国民经济中的地位和作用一致；第二，通过平衡中央与地方的权利与义务关系，合理划分财权和事权，确保乡镇财政的农业投入；第三，将一些具有社会公益性质的项目支出从财政支农资金中剥离出去，将农业事业费支出从各项具体项目支出中剥离出去，保证财政支农资金中直接用于农业的资金量。另外，我国的农业立法应符合WTO规则要求，其立法模式也应与国际社会接轨，逐步实现由指导型立法向操作型立法转变，对每一类农业项目都应在立

法中明确各利益方的权责、项目的具体操作方式等，降低农业政策在执行过程中被扭曲的可能性。

2. 政府应帮助农民建立自己的组织

加入 WTO 后面临更加激烈的竞争环境，我国分散化的农业生产经营模式必将遭受很大的挑战。农民必须通过建立自己的合作组织，联合起来加强自己在市场上的谈判力量，保护自己的利益。与单个农民相比，农民合作组织具有以下优势：一是农民合作组织在市场地位上具有优势；二是农民合作组织在资金上具有优势；三是农民合作组织在技术推广应用上具有优势。农业合作组织可以根据不同的目的设立，农产品营销合作社、农产品加工合作社、农业生产资料购销合作组织等都是值得参考的方式。农民入社应遵循自愿的原则，民主管理。政府在培训服务和资金上支持农民组织的运行，但不应以行政命令或者其他方式直接或间接干预农民组织正常的经营活动。

3. 完善我国农村金融体系，突出和加强其为农业、农村、农民服务的能力

一是要加强对小额信贷的实时监控工作，确保贷款的合理使用和按期偿还，农户“联保”小额贷款就是一种确保还贷率的比较好的做法，这种做法也有利于降低小额贷款的成本。二是要逐步将小额贷款的利率与市场利率挂钩，但在实施初期政府要对执行实施小额贷款计划的机构给予利率补贴，保证其正常运行。三是建立小额信贷发放的评估机制，优先向扶贫、结构调整项目发放贷款，保持小额信贷的生命力。

（二）稳步增加农业“绿箱”支持额度，改善“绿箱”支持结构

1. 加大农村教育支出，促进农民素质提高

农民素质的高低直接决定了农民在竞争中的优劣地位，并最终决定农民的收入水平。要引导、帮助农民在激烈的市场竞争中立足，提高收入，增加教育培训支出，积累农村的人力资

本是解决问题的关键。首先，增加农民技术培训支出。充分利用农业研究机构、高等院校、农业中专（技术学校）和农业综合推广部门的力量，有针对性地进行农民的职业培训、“转业”培训和“创业”培训；通过广播讲座、培训班、简报等形式对农民开展技术培训，为农民“转业”和“创业”提供条件。其次，增加农村特别是西部地区基础教育支出。在我国现行的教育体制和财税体制下，农村普通初中、小学的学生人均教育经费支出水平与全国平均水平相比差距在逐年扩大，迫切需要政府公共教育投资向西部地区农村倾斜。

2. 改革财政支农资金结构，增加对农业科研和技术推广的投入

增加的农业科研投资应重点用于以下领域的研究：第一，有关粮食安全的战略性产品，如水稻和小麦等；第二，有战略意义的出口农产品，如主要的蔬菜和水果品种、生猪和家禽等；第三，有关国内食物稳定供应和纤维需求的产品如水稻、小麦、玉米、棉花、油菜籽、生猪和家禽等；第四，贫困人口消费相应较多的和边远地区生产的主要农产品如玉米、甘薯、马铃薯、其他小杂粮和绵羊等；第五，适于地方公共研究机构研究的具有地方特色的重要农产品（黄季焜等，2002）。在科研资金的分配上，对于畜牧、水产、园艺等经济效益高的产品研究开发，应当让一部分私人部门参与进来。今后我国农业技术推广体系的发展中可以考虑以下几种模式：第一种模式是将农业推广与农业产业化相结合；第二种模式是将农民的组织化建设与农业技术推广结合起来；第三种模式是建立农业高科技园区。

3. 建立农业结构调整基金，促进农业结构优化升级

为了支持农民进行农业结构调整，政府应该建立农业结构调整基金，农业结构调整基金的来源可以由中央政府和各省政府以低利率进行投资援助，3—5 年后从农民的调整收益中逐年提取一定比例进行偿还。农业结构调整基金的分配应当在发展农业生产的基础上，大力发展农产品加工业。我国农业结构

调整应把握三个基本原则：一是坚持粮食安全；二是遵循比较优势；三是把握因地制宜。农业结构调整的支持方式应该以服务性、引导性、补偿性方式为主。

4. 调整基础设施投资结构，加强农业营销基础设施建设

我国农业基础设施建设支出在农业财政支出中一直居于首位，但大部分支出用于建设大型水利设施方面，如大江大河的治理，这些建设支出具有见效慢、社会普遍受益的特点。下一阶段，应将这些支出从财政支农资金中剥离出去，将农业基础设施建设资金集中于对农业生产具有明显促进作用，有利于降低农民生产成本的基础设施方面。

第一，增加对农产品加工、储藏和运输等基础营销设施建设。借鉴发达国家农产品市场流通基础设施建设的经验，对批发市场的建设，农业合作社的农产品加工设备、储藏和运输设施等投资给予利率优惠等信贷支持；为农产品运输设置“绿色通道”等便利条件。

第二，健全农产品质量标准体系和动植物检验检疫体系。尽快建立标准的农产品质量标准体系和动植物检验检疫体系，把提高农产品质量作为增强我国农产品国际竞争力的关键。一是要制定和完善农产品质量标准和疫病防治标准；二是要加强农业投入品的监管，严格控制农药、肥料等农业投入品的使用，全面开展对农产品有毒有害残留物质和重大病虫害的监控工作；三是通过“绿色认证”制度，提高生产者标准化生产的意识；四是加快“无规定疫病”畜产品出口保护区建设，完善区域封闭制度，严格按照国际标准组织生产、加工、运输，扩大畜产品出口；五是通过将农产品质量标准与市场价格、农业直接补贴政策挂钩，形成质量等级制度，促进农产品标准化。

第三，加强农业信息服务体系建设。农业市场信息服务体系的建设包括多个方面，一是农业市场信息服务队伍建设，包括农业专业技术人员、农业市场营销人员、法律工作者和政府

工作者。二是适当拓展信息服务内容，农业信息服务的内容应适应形势，向多样化的方向发展，除了传统文件的传达、病虫通报、农艺咨询外，应逐渐将农业经营的财务管理、其他部门的就业培训等内容包含进来。三是完善农业信息服务渠道，包括软件建设（即农业信息服务主体，可以选择农业技术推广部门）和硬件建设（即农村通讯网络的建设，这需要财政和地方的资金支持）。

5. 改革粮食储备政策，建立灵活、高效的粮食安全储备体系

我国粮食安全储备补贴全部补给了国有粮食企业，用于弥补其经营不善导致的亏损，这使得原本非常稀缺的“绿箱”资源不断流失。因此，必须建立一套灵活、有效、低成本的粮食安全储备体系，把财力用到真正起作用的地方。培育和健全统一开放、竞争有序的现代粮食市场体系，发挥粮食市场机制配置粮食资源的基础作用，建立以国家批发市场为龙头、区域批发市场为骨干、众多分布全国城乡的集贸市场为基础、粮食期货市场为先导的完整粮食市场体系。依靠科技创新来加强国家粮食安全保障，把科技进步贯穿到优质粮食产业工程建设的各个方面，提升农产品附加值，增加农民收入。创立粮食预警体系，及时提供前瞻性、权威性的粮食主流信息。

6. 完善农业环境保护政策，促进农业可持续发展

目前我国农业生态环境建设资金并没有被国家财政单列为专项项目，其主要来源是国家预算内基本建设资金、财政支农资金、农业综合开发资金、扶贫开发资金和以工代赈资金等中的一部分，而且并不能有保证地实现。建议：一是加大对农村能源和生态环境农业示范工程建设的投资力度，引导农民走可持续发展的路子。可以借鉴德国经验，按照生态农业标准生产的农户，政府按面积给予补贴。二是健全农业环境保护检验制度。规定我国农业生态环境管理的技术标准，用严密的环保壁垒杜绝国外污染源，进行自我保护；建立农产品环保标志、环

境标志、绿色签章等环保等级认证制度，实施有区别的检验监控。三是考虑进口一部分农产品，缓解农业资源的过度利用，进口农产品就相当于进口一部分耕地、水源和其他农业资源。

（三）充分利用“微量允许”支持空间，增加农业“黄箱”支持

1. 加强优势农产品和粮食产品的市场价格支持力度

为了充分发挥我国农产品的比较优势，更好地参与农产品国际分工与贸易竞争，我国应充分利用WTO《农业协议》的“黄箱”政策和微量允许条款，建立专项计划，增加对这类农产品的补贴力度。首先，设立重点农产品的价格平稳基金，实行专项管理。对于出口产品，如园艺产品、水产品和畜牧产品可以实行目标价格补贴制度，当市场价格低于目标价格时，补贴价格差额；对于粮食产品，可以执行最低价格制度，当市场价格低于最低价格时，触发价格平稳基金进行保护性收购。出口产品的价格平稳基金可以坚持政府和生产者共同出资的原则；粮食价格平稳基金则由财政支出。其次，建议提高少量（如1%）出口产品的市场价格，用增加的收入建立出口产品的市场营销基金，对这些产品在国内外的市场营销活动提供补贴。最后，建立粮食等重要产品和出口产品的国际补贴预警体系，密切关注外国政府的农产品补贴政策，对于有损我国农产品进出口的行为要利用WTO《农业协议》等国际规则予以反击，保护我国进出口市场的平稳发展。

2. 稳定生产资料价格补贴，逐步“对外放开市场、对内规范秩序”

为了保证粮食安全和农民收入增长，对农业投入品进行支持是一个比较好的选择。国外农业投入品补贴的主要项目包括肥料补贴、农机补贴、用电补贴、信贷优惠、良种补贴、新农场主从业补贴等。以上项目中对于肥料的补贴通常具有两面性，以印度为例，印度自“绿色”革命以来对肥料投入给予

巨额财政补贴，在提高粮食产量的同时，也加重了政府负担，使农业生态环境日益恶化。因此，不主张我国政府增加对肥料的补贴力度，而是在现有基础上逐步放开国内的农业生产资料市场，加强化肥等农业生产资料市场的治理，规范经营者的经营行为，防止其哄抬物价，扰乱市场，妨碍农业生产。

结合我国农业生产特点，下一阶段应大力推广良种补贴和信贷优惠，建议中央财政在良种补贴力度上适当向粮食主产区倾斜，良种补贴范围可以逐步扩大到更多的粮食产品和在国际市场上具有比较优势的出口产品。我国执行信贷优惠政策应当向农业结构调整、农村劳动力资源开发倾斜，维持农业和农村地区长期的生存能力。在信贷优惠政策执行中要加强对放款主体和用款主体监控，确保利率优惠信贷资金用于农业部门，确保信贷资金的利用效率和滚动利用。

第六节
加强我国农业应急能力建设

随着社会主义市场经济体制改革的不断深入，我国农业、农村发展与国内外整体社会经济环境变化的联系愈来愈紧密，开放型的农村经济发展除了要承受自然灾害带来的风险，还将承受市场、经济、技术和外来因素等各种风险。这些风险因素经常会交织在一起，使得农业应急管理面临的突发事件种类繁多、情况复杂。

一、我国农业突发事件的类型与特征

（一）突发事件主要类型

目前，我国农业面临的突发事件主要包括以下几类：重大

动物疫情、农业重大自然灾害、草原火灾、农产品质量安全、农业安全生产、农业重大有害生物及外来生物入侵、农业转基因生物安全、农业环境污染、水生动物疫病等，不同的突发事件表现出不同特点，其危害性也各不相同。

1. 重大动物疫情突发事件

重大动物疫情主要是指突然发生，造成或者可能造成畜牧业生产严重损失和社会公众健康严重损害的动物疫情，包括高致病性禽流感、高致病性猪蓝耳病、口蹄疫、小反刍兽疫、马流感、猪流感等。以 2005 年为例，我国高致病性禽流感（HPAI）疫情公布 32 起，其中家禽疫情 31 起、候鸟疫情 1 起，疫情涉及青海、西藏、内蒙古、新疆、湖北、安徽、湖南、辽宁、云南、山西、宁夏等 11 个省（区），发病家禽 16.31 万只，死亡禽类 15.46 万只，扑杀家禽 2257.2 万只，国家财政补偿 2 亿多元。除此之外，口蹄疫疫情总体是稳中有降。传统的 O 型口蹄疫呈散发和地方性流行特点，除黑龙江、海南、重庆、天津、上海、云南和西藏 7 省（市、区）全年无疫情外，其他 24 个省（市、区）均有疫情。猪繁殖与呼吸综合征、猪圆环病毒病、猪瘟等疫病的流行仍较重，猪流感发生频率有所上升。

我国重大动物疫病防控工作面临的形势和任务依然十分艰巨，一是国外重大动物疫情不断爆发，疫情发生范围不断扩大，多种亚型禽流感病毒同时流行，感染动物种类继续增加，人感染禽流感死亡病例持续增多。二是国内防控形势也十分严峻，多种基因型禽流感病毒同时存在，禽流感变异病毒扩散范围可能进一步扩大；活畜禽及产品长途调运和活畜禽交易增加病毒传播风险，偏远地区散养畜禽防疫困难；带毒候鸟迁徙极易引发新的疫情，潜在威胁不容忽视。

2. 农业重大自然灾害突发事件

农业重大自然灾害突发事件是指由于自然力不规则变化而给农业带来的损失，主要表现为农业气象灾害类、农业生物灾害类、农业地质灾害类和农业环境类等。可以说自然灾害类风险一直困扰着农业生产。近几十年来，人口快速增长、气候变暖、农业自然资源快速消耗、生物多样性减少、农业环境恶化等一系列重大的资源与环境问题进一步加剧了自然灾害类突发事件的危害程度。以 2007 年为例，我国气象灾害直接经济损失 2342 亿元，旱灾和暴雨洪涝仍是主要的气象灾害，其造成的灾害面积占总灾害面积的 82%，农作物因旱受灾面积也明显高于 2006 年①。

3. 草原火灾突发事件

我国草原面积达 4 亿公顷，易发生火灾的占 1/3，频繁发生火灾的占 1/6，草原火灾一般多发生在春季（3—6 月）和秋季（9—11 月）。据农业部发布的《2007 年全国草原监测报告》显示，2007 年全国共发生草原火灾 248 起，受害草原面积 11419. 2 公顷②。草原火灾主要发生在河北、山西、内蒙古、辽宁、吉林、黑龙江、四川、陕西、甘肃、青海、新疆、山东等 12 个省（区）和新疆生产建设兵团，烧荒、吸烟、取暖做饭和上坟烧纸等是草原火灾发生的主要原因。

4. 农产品质量安全突发事件

农业安全生产事故在农产品生产、加工和流通销售等各个环节都有可能发生，最为突出的是农产品生产环节，为取得高产和高利润而使用高毒农药或不合理使用农药、兽药、化肥、激素等农业投入品，有毒有害物质残留超标问题严重。从加工经营企业者来看，一些企业和经营者不当使用大量防腐剂、保鲜剂、添加剂等药物，加剧了农产品的有毒有害性。在流通销售环节中，不法企业和商贩存在贩卖有毒有害及过期变质食品的情况。

5. 农业安全生产突发事件

① 环境保护部：《2007 年中国环境状况公报》，2008 年 6 月 4 日。

② 农业部：《2007 年全国草原监测报告》，2008 年 4 月 11 日。

20世纪90年代以来，农业机械保有量大幅增加，农机事故不断增多，造成死亡人数2000—2500人/年。渔业船舶水上安全突发事件主要包括水上发生碰撞、搁浅、触礁、触损、浪损、火灾爆炸、风灾、自沉等，造成渔业船舶事故的主要原因有：一是夏季热带气旋和冬季寒潮造成的大风、雨、雾等灾害性天气状况时有发生，渔船作业海域环境恶劣；二是渔船装载不当和操纵失误导致自沉（翻沉）事故多发；三是渔船不遵守安全操作规程导致碰撞事故多发。2007年我国共发生风暴潮、海浪、海冰、赤潮和海啸等海洋灾害163次，造成直接经济损失88.37亿元，死亡（含失踪）161人；风暴潮灾害（含近岸浪）造成人员死亡（含失踪）18人，直接经济损失为87.15亿元；海浪灾害造成人员死亡（含失踪）143人，直接经济损失为1.16亿元；赤潮灾害造成直接经济损失为0.06亿元。

6. 农业重大有害生物及外来生物入侵突发事件

农业生物灾害类突发事件近期发生较多、危害较重，主要是由病、虫、草、鼠等在一定环境条件下爆发或流行造成农业生物及其产品巨大损失的自然变异过程。近年来，我国农业外来生物入侵形势越来越严峻，呈现以下几个特点：一是传入数量增多。外来生物入侵我国的频率不断提高，从几年传入一种到一年传入一种甚至传入多种，2006年发现新的外来入侵生物4种。二是蔓延范围扩大、危害持续加重。2006年外来入侵生物仍呈继续扩散态势，如加拿大一支黄花、紫茎泽兰、红火蚁等灾害加重发生。

7. 农业转基因生物安全突发事件

农业转基因生物安全突发事件是指在中国境内从事农业转基因生物的研究、试验、生产、经营、进口相关活动中，突然发生环境安全和食用安全事件，潜在的风险或安全隐患转化为现实危害，威胁环境安全、人体健康并造成重大经济损失和重大社会影响。1997—2001年，农业部一共受理了转基因生物的申请（申请进行环境释放、商业化生产）587项。随着转基因生物应用范围不断拓展，种植面不断增加，引起突发事件的可能性增大。

8. 农业环境污染突发事件

近年来，随着工业化、城镇化步伐加快，以城镇工业污染为重点的农业点源污染不断蔓延，因畜禽养殖、施用化肥等造成的面源污染也呈上升趋势。2006 年全国农业系统就处理各类农业环境污染事故 1163 起，涉及 30 个省（区、市），污染农田和水域近 250 万亩，造成直接经济损失 5.23 亿元，实际共获赔款金额 3.13 亿元。农业环境污染具体包括工业“三废”污染、畜禽粪便污染、生活污水垃圾污染、化肥农药污染、农作物秸秆焚烧和废弃污染。

9. 水生动物疫病突发事件

水生动物疫情监测与防治是促进渔业生产健康发展的重要环节，是水产养殖增产、增效和水产品质量安全控制的关键。近年来在我国发现的鲤春病毒病（SVC）、对虾白斑病（WSSV）、疱疹病毒病（KHVD）等重大水生动物疫病，对水产养殖产业发展和人民群众健康造成巨大危害。另外，水生动物疫病多发，在一定程度上也导致部分养殖者滥用药物，影响了水产品质量安全。

（二）突发事件主要特征

1. 自然灾害始终是农业面临的主要风险

农业的生物特性决定了它对自然因素的依赖性最强，从而成为受自然风险危害最大的产业，其中农民是最大受害者。在农业内部，自然灾害对各产业的危害程度则表现为，对种植业的危害程度最大，养殖业次之，加工储运业最小。在自然风险中，由于气候异常带来的干旱、洪涝、风雹、霜冻等气象灾害与病虫害对农业生产的威胁最大，地质灾害、海洋灾害等其他自然灾害的影响则相对较小，但环境污染带来的环境灾害正在成为农业生产的重要风险种类。

2. 同一农业突发事件对不同主体的影响不一致

对不同的农业产业来说，突发事件造成的危害程度是不同的。一是在有些情况下，发生农业突发事件最终必然导致损失，但在很多时候，其最终不一定必然导致损失，反而会导致收益；二是同种农业灾害，对不同的农作物或不同的地区，可能导致不同的结果，如某种病虫害对某种作物、动物或林果的危害大，但对另外的作物、动物或林果却不会产生危害或危害较小；三是某一时期的农业灾害会使另一时期受益，如洪水会影响当季农作物的收成，但因改良了土壤而使下季的农作物受益；四是一个地区的农业灾害会使相邻地区受益，如一场台风可能使台风中心地区的农作物受损，但台风带来的雨水，可能会解除相邻地区农作物的旱情，为该地区农业丰收创造了条件；五是一个灾害单位的风险事故会使另一灾害单位受益，如禽流感给家禽饲养者带来致命打击，却为家畜生产经营者带来了商机。

3. 农业突发事件种类增多、频率加快

形成农业突发性事件既是技术因素、社会因素和经济因素作用的结果，又是农业自然因素作用的结果。农业突发性事件因素的多样性决定了其种类的多样性，农业突发性事件影响因素的危险度高，又决定了农业危机频率高，从而使农业成为一个风险种类多、危机爆发频率高的产业。

4. 农业突发事件危害加剧、范围扩大

随着经济社会发展，同样灾害造成的损失在增加；随着信息技术发展和社会透明度提高，突发事件影响的面越来越大，大部分自然灾害都会给农业生产带来巨大的破坏和损失，有的甚至影响一个产业的发展和社会稳定。仅国家环保总局公布的 16 种主要外来物种每年入侵的林地面积就达 150 万公顷，农田面积超过 140 万公顷，由此造成的农林业直接经济损失每年已达 574 亿元。同时，随着产业关联度增加和国际贸易发展，农业突发事件波及的范围越来越广。20 世纪 50 ~ 60 年代，农业突发事件造成的损失主要是农业损失，农业损失占 70%；

现在部分地区非农业损失所占比重达到85%左右。由于全球经济的一体化和传媒业的高度发达，一个国家内部的突发事件可能在最短的时间内波及世界的各个角落，以至酿成全球性突发事件。除此之外，由于农业是关系到国计民生的基础产业，农业突发事件的影响具有传导性。这就决定了农业对其他产业的关联性影响极大。若风险造成农业大面积减产或欠收，农业经济的发展就会停滞甚至倒退，进而直接影响到那些依赖农副产品为原材料的工业及饮食服务业等其他相关产业，以及城乡人民的生活水平与生活质量，甚至会引起社会动乱。

二、我国农业应急机制的主要问题

（一）缺乏统分结合、高效运转的应急管理机构

长期实践中，我国逐步形成了国务院统一领导下，分类别、分部门对各类突发事件进行应急管理的模式，缺少一个专门负责公共安全的国家安全委员会，每次灾害发生后，根据灾害程度，各省政府办公厅成立一个临时工作小组，应付省内突发事件。当遇到省级行政无法处理的事件时，中央政府便会成立一个临时指挥机构，协调各部门、省（区、市）的救灾和突发事件管理部门开展工作。一般情况下，日常机构设在对口主管部门，统一指挥和协调各部门、各地区的应急处置工作。这种单一的管理模式表面看起来各司其职、各负其责，但由于缺乏有机的集成，常常会出现推诿、扯皮等现象，特别是在应对极端事件等复杂局面时。另外，公安、卫生、交通、消防等由于分散管理、多头领导，使车辆、人员等资源得不到高效的利用，造成既紧张又浪费的结果，对解决实际问题十分不利。

农村地区应急管理机构设置尤其缺乏。现阶段，专业公共卫生机构设置在县城，其主要工作往往也集中在县城，广大农村地区非常缺乏专业性的疾病预防控制、卫生监督、传染病医疗救治等公共卫生机构或部门，没有完备有效的突发性公共卫生事件监控和预警报告、应急处置和快速反应、信息收集和反

馈处理体系。农村食品卫生安全监管薄弱，农民食品消费的合法权益保障机制不完善，造成农村食品卫生安全监管相对薄弱，农村乡镇集贸市场、小超市出售的制成品和小餐馆、小摊贩、小作坊加工的熟食品，卫生和质量上存在很多问题。

（二）缺少明确的法律体系

1. 缺少统一的各种突发事件的“紧急状态法”

发达国家在突发事件管理方面的成功经验之一，是他们有比较全面的公共突发事件管理法律框架，如美国《联邦应急计划》、法国《紧急状态法》、俄罗斯《关于保护居民和领土免受自然和人为灾害法》与《事故救援机构和救援人员地位法》、东南亚一些国家的防灾减灾法等。我们国家已经制定了许多紧急状态法律、诸如《中华人民共和国戒严法》、《中华人民共和国防洪法》、《中华人民共和国防震减灾法》等，但每一个单行的法律只能适用于一种紧急状态，还没有在《中华人民共和国宪法》中规定统一的紧急状态法律制度，也没有一部统一的紧急状态法。由于没有突发事件应急处理的基本法律，从而导致了政府在处理不同突发事件时所依据的法律依据有所差异，政府所能采取的应急措施也不尽一致，特别是这种以部门和专业突发事件处理模式为基础的突发事件管理机制不可能应付灾害并发，如果同时发生两种以上的突发事件，政府就没有办法迅速建立有效的突发事件处理机构。此外，分散型的突发事件管理机制也很容易使政府在处理突发事件时自由裁量权过大，权力缺乏有效监督，而公民无法根据统一有效的法律来对抗政府行使行政紧急权，不利于保护公民权利。

2. 对紧急情况下行政越权和滥用权力的监督机制不健全

2003 年 4 月以来，全国有的省（区、市）通过地方性法规和规章，规定了各地有关防治“非典”的强制措施，但地方性法规与地方性规章在行政紧急强制权的设定方面有无权限或有什么样的权限却不得而知。行政强制法缺位，不仅使行政机关在紧急状态下的行政紧急强制权处于一种不确定状态，而且使这种强大的行政权力处于一种无监督状态，不利于对公民权益的保护。

3. 突发事件管理的权利救济机制不完善

发生紧急状态时，公民基本权利需要受到比平时多的一些严格限制，包括禁止迁徙、出境、集会、游行、限制人身自由或者财产自由等，学理上称之为紧急失权制度。如德国 1919 年《魏玛宪法》第 48 条规定，联邦总统宣布戒严时可以宣布停止公民的部分基本权利；西班牙《宪法》第 55 条第 1 款规定，依法宣布紧急状态时本法规定的部分公民权利中止。因此，紧急状态时，公民权利可能会为了社会公共利益的需要而受到一定的损害，如责令停产停业、强制征用征收、强制隔离、强制检定、其他人身强制措施等。特定的情况下这是难免的，关键是在造成公民权利损害后的补救机制要完善，而我国国家机关在紧急状态采用一些限制措施时，对遭受损害的公民权利的救济机制还很不完善。

总的来说，我国法律所确定的突发事件管理机制主要包括两大类：一类是对自然灾害的突发事件管理机制，包括防震减灾突发事件处理机制、防洪救灾突发事件处理机制、传染病防治突发事件处理机制等；另一类是处理社会动乱的戒严机制，不仅《中华人民共和国宪法》对戒严制度作了明确的规定，而且还专门制定了《中华人民共和国戒严法》、《中华人民共和国国防法》等法律来规定防治动乱和处理相关的社会突发事件问题。在我国现有的各种法律法规中，很少能找到有关农村突发事件管理的规定，重视农村社会中的突发事件管理就显得尤为重要。

（三）缺乏完善的信息收集和沟通系统

突发事件所引发的社会突发状态，一定意义上可以说是一种信任危机，也就是人民群众对政府控制突发性社会事件的能力产生怀疑，进而不能与政府一起努力克服突发事件所造成的危害，而信任危机大都源于信息不畅。所以，加强突发事件的应急管理，政府首先必须加强信息沟通工作，不仅要建立畅通的社会舆情汇集机制和社情民意反映渠道，更要健全行政信息通告机制和信息资源共享渠道。2003 年初的“非典”疫情，之所以能在我国公众中造成极大的恐慌，进而一度引发物质抢购、疫区人员无序外流，主要原因就是有关政府部门不能及时、准确、全面地公布疫情信息。

目前，我国各级政府应急信息报告的标准、程序、时限和责任不明确、不规范，缺乏良好的信息沟通机制。各级政府没有设立专门的突发事件信息收集机构，也没有规定明确的报告方式；各信息系统之间相互分割，缺乏互通互联和信息资源共享。表现在：①信息机构的管理体制不利于政府突发事件决策。我国信息机构采取分级管理体制，即统计局、信息中心和信访部门等信息机构隶属于各级政府。在这种管理体制下，信息部门容易受制于各级政府。②信息搜集能力较弱。我国信息机构缺乏主动搜集信息的动力机制，一般只搜集上级要求搜集的有关信息，对于一些潜在的社会问题或相关的信息则不能及时搜集。在信息的搜集方法上也存在不科学的地方，如单纯依靠下级层层填写，汇总统计报表的方法获取信息等。③严格控制信息传播。突发事件发生后，信息基本上是通过官方内部信息渠道传递，媒体对突发事件信息的传播依赖于官方的解释，民间主要以小道消息的形式对突发事件信息加以传播，担心信息披露会引起公众恐慌的心理作用下的信息保密却更容易引发公众猜测和社会混乱。

（四）缺乏反突发事件演习与培训

突发事件管理中的相关演习与培训是提高政府突发事件管理能力的重要手段，这种演习与培训的对象既包括政府突发事件管理人员，也包括民众。但我国目前还没有从事农业突发事件管理的专业化人才队伍，也没有建立专门的管理培训教育机构，由此所造成的是管理方面的相关知识普及和宣传不到位，农业突发事件爆发时临时从各部门抽调的管理人员往往没有受过任何的有关突发事件管理的培训和教育，对突发事件缺乏感性认识，管理能力大大降低。就民众而言，对其应急教育、培训、演练和引导工作基本还是停留在原则口号层面，没有具体要求和明确措施，可操作性不强，社会风险防范意识和自救互救能力十分薄弱，这在近几年发生的“非典”、重庆井喷事件中都有明显表现。

（五）缺乏农业应急管理专业人才和技术

我国农业突发事件处理能力有待提高，尤其是人员素质和处理技术亟待提高。这表现在三个方面：①缺乏高水平决策者。大多数政策制定人员都习惯于程序化决策，而在应急状态下，由于时间紧迫，有关政策问题的信息和备选方案极其有限，我国目前正缺少这种在有限资源、有限信息情况下具有科学洞察力的决策者。②缺乏决策专业技术人才。当前，组织决策涉及面很广，一些技术性很强的突发事件，受决策者个人及群体的先天条件与社会环境制约，只有在咨询特定专业领域专家“智囊团”的意见后才能作决策，政策制定人员没有经过紧急状态下紧急决策的训练和教育，突发事件处理能力不强。③决策工具缺乏创新。决策者不能有效利用各种先进的决策技术与方法，如各种信息技术、人工智能技术以及运筹学、规划论、对策论、数学模型等决策技术与方法，即使实施了硬件方面的建设，实践中也没有得到灵活、合理的运用，不少决策者依然是凭经验来决策。

三、国外农业应急管理体系建设的经验与启示

发达国家在应对农业突发事件的历史较长，机制比较健全，有很多方面值得借鉴。综合看来，应对突发事件主要有三种模式（见图 2－7），美国模式的特点是“行政首长领导，中

央协调，地方负责”；俄罗斯的特点是“国家首脑为核心，联席会议为平台，相应部门为主力”；日本模式的特点是“行政首脑指挥，综合机构协调联络，中央会议制定对策，地方政府具体实施”。虽然不同国家政策各有区别，但都在不同层面对农业突发事件进行有效管理，其共同点如下：

（一）建立健全应急管理的法律和制度，实施标准化的应急管理

发达国家的应急管理行动和措施严格依照法律和制度实施，建立了应急管理各个层次的法律和制度，为应急管理提供全方位的制度保障。法律和法规一般会明确规定应急管理机构的组织和权限、职责和任务；同时还有可操作性的指南和手册。发达国家应急管理法律体系，保障了实施标准化应急管理的科学性和可行性。国外的经验对我国国家应急体系和城市区域的应急体系建设具有很好的借鉴意义，这些应急机构实际上是一个综合性很强的应急管理部门，它把所有级别和所有类型的应急工作总揽起来，统筹研究和分析，然后作出各种预案。

（二）行政首长担任最高领导

发达国家把应急管理作为政府管理职能的一个重要内容，政府行政首长担任最高领导，全面领导国家的应急管理工作，如美国总统、俄罗斯总统、日本首相和澳大利亚总理等。日常管理委托给直接下属的应急管理机构，重大紧急事件仍然由行政首长担任最高指挥官和最终决策者，他负责对重大事项进行决策，对关键性资源进行指挥调动和处理。这种体制确保了应急决策的效率，重要资源的快速调配。

（三）应急管理委员会或联席会议辅助决策

行政首长对于跨部门的综合性决策和指挥，通常依靠应急管理委员会或联席会议提供决策的辅助和咨询，如美国的国土

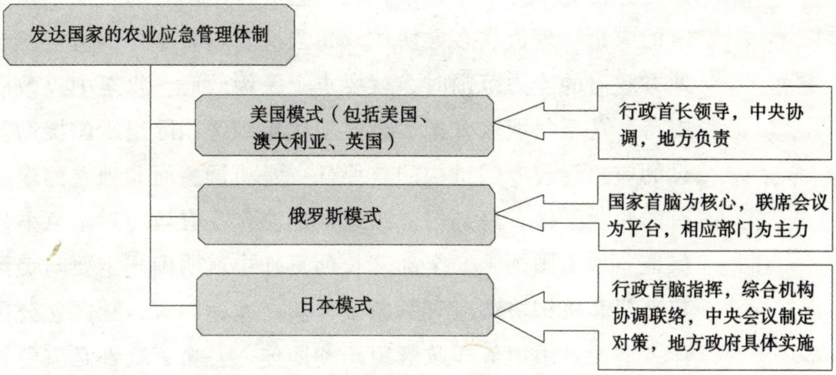

图 2－7　主要发达国家农业应急管理体系

安全会议、俄罗斯的联邦安全会议。应急管理委员会还兼有宏观的信息中心和最高协调中枢的功能，这些机构的存在方便了最高领导和具体事务处理部门的沟通和协调。

（四）常设的应急管理机构处理日常事务

发达国家在中央机构体系中一般设有专门的应急管理机构，有的是部级机构设置，如美国的国土安全部；也有的在部里设司局，如澳大利亚的应急管理局。常设的应急管理机构工作一般可以分为两类，一是负责日常应急管理工作；二是紧急状态下的具体协调工作，就是全面负责紧急事件的准备、阻止、回应、重建和舒缓。应急管理机构在隶属关系上，一般遵照效率原则，直接对行政首长负责，配备有充足的编制，有行政经费和专项预算；地方政府中也有专门的应急管理部门或专门负责应急管理的官员。从功能上看，这些中央应急管理机构是协调性机构，协调相关的中央机构和资源，依一定程序向地方提供中央的帮助。

（五）地方政府为操作主体，强调多方协调

发达国家中，地方政府是应急管理的操作主体，实施具体

的应急任务。鉴于紧急事件的无边界和不确定的特征，发达国家的应急管理依靠多方协作。每当应对紧急事件所需资源超出地方政府的能力范围时，就要求上一级政府，直至中央政府的支持，甚至争取联合国、世界卫生组织等国际组织的援助。常设的应急管理专门机构的首要任务是协调，而非独立的应对所有的紧急事件，跨部门、跨地区的协作是有效应对紧急事件的保证，如美国国土安全部部长的责任中就明确规定要与美国联邦部门和机构协调应对紧急事件。在发达国家，社区、公民团体、志愿者组织等非政府组织和团体，乃至家庭都是应急管理的重要力量。

（六）强调全过程的应急管理，突出预防的重要性

发达国家的应急管理不仅是紧急事件后的救济工作，还是强调全过程的应急管理。应急管理通常包括阻止、准备、应对、重建和舒缓。应急准备在于提高政府和个人应对紧急事件的能力，如开展演练和培训。阻止行动在于发现潜在威胁时，制止紧急事件发生。舒缓行动从更广阔的视野审视紧急事件，目的在于减少和最小化紧急事件对人和财产造成的损失。同时考虑紧急事件的长期和间接影响，如恢复公民的信心和社会稳定。发达国家的应急管理发展趋势是越来越注重预防，突出“未雨绸缪，防患未然”的应急管理理念，针对薄弱环节采取相应的预防措施，减少发生灾难的可能性，降低灾难可能带来的损失。

四、建设农业应急管理体系的对策与建议

结合我国农业突发事件的现状，我国目前经济、社会、农业发展的阶段特征和国外先进国家的经验，我国有必要构建出自己的农业突发事件应急管理体系。具体说来，可从以下几个方面着手：

（一）建立集中的农业突发事件处理机构和组织体系

1. 农业应急管理组织体系

根据对目前我国的农业应急管理实际功能和情况的分析，农业应急管理体系应包括五个部分，指挥调度系统、处置实施系统、物质及人力资源管理系统、信息管理系统、决策辅助系统等，主要涉及组织机构见图 2－8。农业突发应急管理体系中的各系统要分别承担不同的功能，这就要求各系统遵循原则，在组成和结构上对应其功能要求。目前，我国的农业应急管理体系中包含的主要组织机构，如应急指挥中心、应急办等机构还未完全建立或独立出来，其他组织机构如研究机构和民间减灾救援组织发展不足、参与较少。这些机构及其功能缺失使农业应急管理体系在整体支撑上存在着缺陷和不足，需要采取相应措施对农业应急管理组织机构予以增设和加强，增加民间机构参与的渠道。

2. 加强农业应急管理机构建设

首先明确农业应急管理组织机构的职能和定位，将应急管理机构从临时、过渡性质转变为常设机构。其次依据专业对应急指挥机构进行合并。由于农业风险的特点，农业应急管理存在着极强的专业性和技术性，但可以依据大的产业方向，对农业应急管理机构进行整合和重构，形成自然灾害类、动物疫情类、农产品质量安全类、事故灾害类四大类型，形成四个应急指挥部，挂靠在各业务司局，成立专门的办公室，分别负责各相关农业应急管理工作。

3. 运用综合化、系统化思维改进分类、分级管理

要建立健全农业应急管理体系，就需要依据专业特点和实际情况对各产业的应急管理组织体系进一步加强和健全。一是重新整合行政资源，在各产业内部给予应急人员、经费和机构设置上适当倾斜；二是克服把应急管理机构作为临时性或者过渡性的机构，让其承担日常性意外事件处置指挥中心的职能，

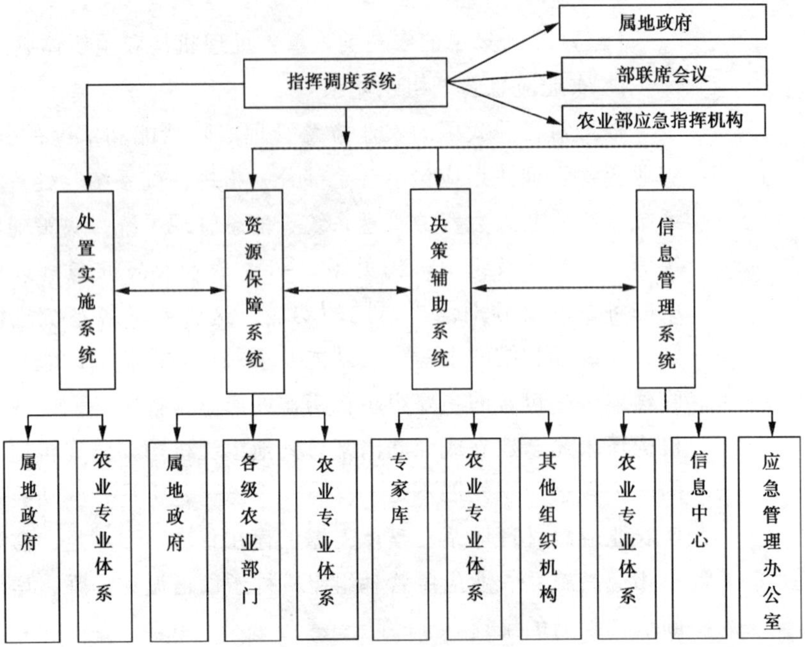

图 2-8　农业突发应急管理体系架构

强化应急管理机构的职能，核实人员编制，在目前的基础上进一步扩大资金投入，依据国际上常见做法适当地提升应急管理机构级别，以提高应急管理机构的权威性和协调能力，从而在农业部、省农业厅、市县农业局成立相应的应急办，形成各地农业应急管理的行政体系；三是在农技推广、动物防疫、渔业等应急管理制度和组织机构相对健全的产业体系中将应急部门进一步独立出来，在突发事件比较频繁或是有条件地区，在依靠乡镇级防疫体系或是推广体系的基础上，将体系进一步延伸至农村基层，在各自的产业体系中形成上下衔接的信息汇总和应急管理体系；四是对尚在建立中的农产品质量安全中心、水产动物防疫中心等机构加紧建设步伐，健全相关产业或专业的应急管理体系。

不断加强分类、分级管理，建立具有农业产业特色的应急管理体制，还要注意以下几个问题：一要考虑我国行政资源的实际支撑能力，按照循序渐进的原则，量力而行，逐步推进；二要充分考虑我国产业应急管理的特点，抓住关键环节，重点突破、分类指导；三是充分考虑各地经济条件的差异，对基础薄弱、经济条件欠发达的中西部省份要给予重点帮助和扶持。

（二）理顺农业应急管理工作机制

1. 农业应急管理工作机制

配套相应措施，将农业应急周期管理工作体系落到实处，使每个环节、每个机制都具有相应的流程，配套的物资、设备条件等，保证从预防到恢复整个流程中不会因为个人原因或者特殊情况而出现对突发事件处理不当的问题。保证应急周期管理体系的科学性与规范化，农业应急周期管理体系应是围绕突发事件发展变化的客观规律而建立相应的运行机制。应急管理的运行机制包含多个系统，且互相穿插。农业应急管理的组织设立应保证机构间的横向沟通顺利，纵向的上下贯通，从而建立起一个全方位、立体化、多层次和综合性的农业灾害周期管理体系（见图 2 -9）。

2. 建设灾害周期管理体系

农业突发事件特别是自然灾害的周期性特征明显，因此必须树立突发事件全过程管理的理念，建设农业灾害周期管理体系。《中华人民共和国突发事件应对法》建立了“全流程型”的管理模式，农业应急管理也可遵循动态管理过程的要求，根据农业突发事件的发展阶段建立农业应急管理周期体系。首先，部分产业可根据农业突发事件的周期性确定农业应急管理周期。一般农业自然灾害通常都会经历从酝酿、爆发、蔓延、减弱到最终消亡的生命周期，围绕灾害的生命周期，农业应急管理应贯穿灾害的事前、事中和事后整个过程，具体可以分为预防与应急准备、监测与预警、应急处置与救援、事后恢复与重建四个过程，而这一周期管理通常是与农业突发事件的生命

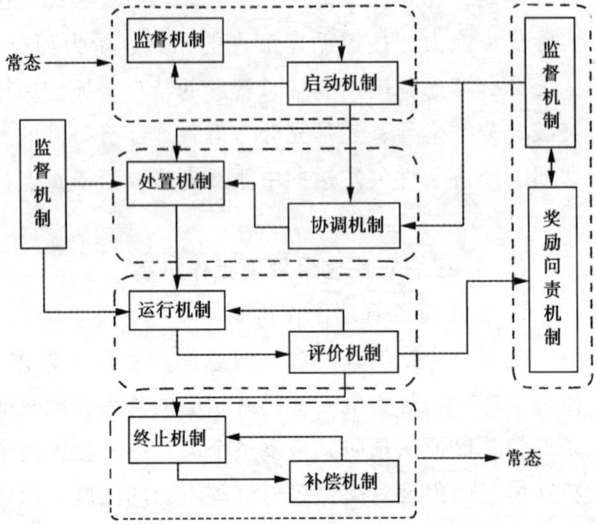

图 2－9　农业应急管理机制的组成部分和关系示意图

周期相对应的。其次，在农业应急工作内容上，强调应急管理的时间维度，加强对突发公共事件事前、事发、事中、事后全过程的管理，促进我国农业应急管理逐步由单项应急向综合应急管理转变；由单纯应急向危机全过程管理转变；由应急处置向加强预防转变。最后，这一体系同样也是建立在对突发事件研究与评估的基础上的科学体系，需要借助专家队伍与技术人员来明确每一个过程中的目标任务并完善相应配套措施，才能建立一个完备的、全面的周期管理体系。

3. 建立风险研究与评估体系

首先，对各种潜在的农业风险随时进行监测评估，调查研究可能遇到的各种农业风险，了解把握农业风险的数量、种类、性质、特点及其规律，并对风险的势态和性质进行分类。如借鉴美国用红、橙、黄、蓝、绿五种颜色标志受威胁的程度所建立的五级国家威胁预警系统，根据事件的危害程度来划分不同农业风险的等级，并根据等级的不同，确定不同的处置范围。对那些特别严重的、影响规模极大的农业风险应由中央统一指挥，省市等协助处理，对一般性的农业突发事件可交由地方处置。对农业风险的初步研究与评估有助于确定农业应急管理的不同管辖范围，明确各级政府、相关部门的职责。

其次，组织相关专家、技术人员等进行具体的农业风险评估，并建立科学的评估指标体系，对农业突发事件的各种风险进行量化评估。可以根据农业灾害的时空分布规律，对于不同地域、不同作物在不同的生长季内所遭受的自然灾害，确定出受灾级别和损失程度，提出农业自然灾害损失率的计算和分区方法。

最后，构建完善的农业风险信息网络体系。要突出其风险预警功能，主要用于搜集与农业风险有关的信息，并通过对信息的整合、处理、判断和数据分析，掌握能够引起农业风险的各种变化和最新信息，监测其发生的概率和趋势，对可能发生的农业风险做出科学预测和判断。同时，将农业风险相关信息借助网络向各级政府、社会各界及时传递，以扩大农业风险信息的传播范围，提高社会对农业风险的认识。

4. 建立健全农业应急联动机制

在与议事协调机构的关系上，现行的以议事机构为主体、依托专业部门的应急管理反应机制在我国已经比较成熟。应急管理办公室（以下简称“应急办”）不能替代议事协调机构和部级联席会议，它应致力于发挥危机预防和善后处理中的权威作用，还应致力于改变目前没有专设机构负责农业应急管理工作的状况，注重应急办综合协调和信息枢纽的功能。第一，在常态条件下，由应急办综合协调多个议事协调机构实施应急管理；第二，在危机状态下，由指挥部行使指挥和处置权，或者按照预案处置危机；第三，在农业部内可将与应急管理关联度高的议事协调机构和联席会议制度纳入应急管理行政体制，增强与应急相关的专业协调能力，具体工作可由应急办联络和协调。

在与各应急指挥中心的关系上，进一步理顺应急办和承担应急指挥中心工作的各司局处室之间的关系，划清职责，明确应急办的职责和权限。在危机发生时，业务司局的应急指挥中心应承担大量突发事件发生过程中专业性、技术性的应对工作，应急办应更多地在统一指挥、综合协调、信息搜集和传递等方面发挥作用。

在与基层应急管理机构的关系上，需着力推动各省农业系统的应急管理体系建设，形成在分类管理基础上的农业应急信息传递、协调的渠道和系统。

5. 加强应急管理社会动员机制建设

将农业应急管理的主体力量转化为主导力量；从微观领域的事必躬亲上升到宏观大局的协调控制，促进社会资源的有效利用，支持和引导社会力量参与应急管理。充分发挥各种群众团体、农民专业合作社、村民自治组织和广大农民群众在灾害防御、紧急救援、动物防疫、恢复重建等方面的作用，配合农业部门共同做好防范处置工作。

（三）完善农业应急管理法律体系

健全的法律体系是实施农业突发事件管理的有效保障。要按照综合化、系统化、专业化、协同化、规范化要求完善农业应急法律体系。

1. 进一步完善农业应急法律

第一，在现行农业应急法律法规的基础上，对于突发事件发生频繁但目前还未制订相关应急管理法律法规的领域，如外来生物入侵、农业自然灾害、重大植物疫情、渔业船舶生产安全等，要加快立法步伐。第二，各级农业部门根据预防和处置自然灾害、事故灾害、公共卫生事件、社会安全事件等各类突发事件的需要，抓紧做好有关法律法规草案和修订草案起草工作以及有关规章、标准的制定修订工作。第三，借鉴和吸收国外一些成功经验和做法，在组织机构设置、职能重组、资源配置、管理体制等方面要有一定的前瞻性和预见性。第四，注意法律体系的协调统一，在全方位法律体系建设的基础上，《宪法》、部门法、地方行政法规等法律条文避免相互矛盾冲突。

2. 强化农业应急法律执行力度

除了要建立一支强有力的农业应急队伍外，更主要的是提高各级农业部门的相关工作人员的法律意识。不仅各级农业部门主要负责同志和各级领导干部要带头学法用法，各级农业部门领导干部培训内容中也应纳入农业应急法律法规培训，还要加大对农村基层组织和从事农业应急管理工作人员的法律培训力度。

3. 完善农业应急法制配套措施

农业应急法律法规确立了一系列应急管理工作的基本原则和制度，规定了各个层面和环节的应对行为，各级农业部门要不折不扣地执行。同时，要根据法律法规确立的有关制度，逐步制订本地区、本部门、本单位的具体实施办法，依法做好危险源和危险区域调查登记、应急管理培训、应急知识宣传普及、应急技术与设备设施研发扶持、应急救援物资征用和补偿等相关工作，确保法律法规的各项规定得到全面落实。

4. 加强农业应急法制宣传需要新闻媒体对农业应急法律法规的立法背景、主要制度和贯彻实施情况进行宣传

在全社会树立增强忧患意识的风气，牢固树立依法应对突发事件的观念，使社会公众自觉履行法律规定的责任和义务，积极配合、支持政府做好农业突发事件应对工作，共同致力于实现社会的稳定、和谐、可持续发展。

（四）完善信息收集及发布渠道

发达国家如美国、日本等为了准确、迅速地收集、处理、分析、传递有关灾害的信息，更有效地实施灾害预防、灾害应急以及灾后重建，都建立了高规格的信息系统，充分利用现代信息技术。我国可借鉴国外经验，建立以全国统一的农业应急信息平台为核心的信息系统，扩大监控网点，及时收集信息，做到密监控、强预防、信息传递及时有效。

1. 建立全国统一的农业应急信息平台

一是建立全国统一的农业应急信息系统，实现从监测、预警到信息传递的系统化。在国家应急办的统一部署下，建设全国性的农业应急指挥信息平台，实现应急信息资源的整合与共享。二是利用应急指挥系统，做好应急信息的上传下达，通过现代化通讯手段把所有的监测信息最终汇总到应急信息平台。三是一旦发生突发事件，信息平台统一向社会公众传播信息，同时通过信息系统辅助做好应急物质的调配和应急指挥工作。

2. 扩大信息监测和信息收集网点

突发事件监测和信息收集系统是农业突发事件预警系统的核心。首先，建立完善的舆情监测和信息收集系统，依靠现代化监测手段对相关农业突发事件风险源和突发事件征兆等信息进行收集。其次，舆情监测和收集信息应打破条块、地区、部门的限制，实现资源共享。再次，随着网络技术的发展和普及，要特别注意加强日常的网络信息监测。最后，对于农村和比较偏远的地区，则可以建立应急监测员制度，让分布广泛的监测员随时报告重大动物疫情等农业突发事件信息，既降低行政成本，又可以提高工作效率。

3. 拓宽信息传播渠道

农业突发事件变化快，信息传递内容多变，时效性要求高。要做好农业应急管理工作，必须做好信息传播工作，完善上情下达及下情上达的信息传播渠道。首先，建立下情上达的渠道。应以应急信息平台为中心进行信息汇总，通过互联网、电话等即时通讯工具使得信息平台与各地农业系统的信息平台同步获得信息，由信息中心对问题进行统一处理。其次，建立信息公众传播渠道，即上情下达渠道。国内外应急实践证明，在突发事件发生发展的过程中，确立权威发布机构和采取及时、合适的信息发布渠道非常重要。此外，还需要以政府为主导，建立国家农业突发事件网站，网站数据定期更新，以保证公众及时知晓最新状况。

（五）建立农业应急资源配置体系

在应急物资保障方面，逐步建立应急物资的储备、调配网络，及时进行市场监控，保证处理各类突发公共事件所需的重点设备及物资，如医疗救护设备、救治药品、日常生活用品等的供应。在保证一定数量的营救必需物资存储的基础上，积极探索结合商业合同的物资储备机制，将重点由实物储备向生产潜力储备转变，通过建立应急生产启动运行机制，实现救灾物资动态储备。同时各地方应该与相邻省（市）建立物资调剂供应渠道，以备本地区物资短缺时能迅速调入。

在应急资金保障方面，各级人民政府要把突发事件管理的预算纳入政府的预算体系之中，利用财政的再分配手段，对财政困难的县、乡级政府实行资金转移支付，用于应对各种突发事件。建立国家应急农业基金，所谓应急基金是指政府和社会筹集的专门用于灾害灾民生活救济的款项。从长远的观点来看，首先，应该建立全国性的防灾减灾基金，由中央政府的相应专门机构来管理，轻灾结余可结转到下一年度，以解决目前我国普遍存在的减灾资金不足的严重问题。省级突发事件管理指挥中心（部门）应设置“应对突发事件资金筹备委员会”，专门负责向社会各界（主要是大型企业、慈善机构及国际社会、国际组织）筹备资金，同时建立监督制度以保证基金的合法、合理以及有效的使用；其次，政府还有必要建立完善各种战略性资源的储备制度，建立资料原始目录，以便在关键时期有效地调动资源；最后，建立符合我国国情的灾害保险制度，充分发挥社会保险的经济补偿器和社会稳定器作用。

（六）建立和充实农业应急队伍

1. 建立农业应急专家队伍

农业突发事件管理具有很强的专业性、技术性，需要充分发挥专家、学者特别是应急管理专家的专业优势。一是要发挥自然科学界专家、学者的作用，对于一些技术性较强的突发事件，如动物疫情、农产品质量安全事件、转基因生物安全事件、外来生物入侵事件等，可以发挥专家在这些领域内的优势，指导应急管理工作。二是要建立应急专家库，并建立起相应的专家会商制度。2008年南方冰雪灾害期间，浙江省组建省政府应急管理专家组，在一些重大的自然灾害或者突发事故灾难的处理过程中，及时、准确地为应急管理提供决策咨询和技术支撑；2009年1月广东省农业厅组织成立了全省农业突发公共事件应急管理专家组，以上做法可以在农业系统进行推广。

2. 加强专业应急队伍建设

在农业应急管理队伍建设上，依据分类管理、分级管理原则，根据农业的不同专业，对已经比较成熟的专业体系人员，如动物防疫、渔政队伍、草原监理等队伍明确职责，细化分工，加强应急管理技能培训；对尚未建立或尚在建立阶段的管理队伍，如质量安全、水生动物疫病防治、环保检测等队伍，应进一步落实和增加编制，建设完整的应急队伍；对于存在年龄断层、年龄老化等现象的队伍，如农业推广体系，应加大改革力度，强化应急管理职能。加强专业队伍主要可以通过以下途径：一是心理训练，通过突发事件模拟提高突发事件管理人员的心理承受能力，达到“临危不乱”效果；二是突发事件知识培训，使培训人员清楚突发事件处理的整体方案，明白各自所应担负的具体责任，掌握必备的知识和技能；三是进行突发事件处理的基本功演练，使培训人员在时间紧迫的情况下准确无误地完成规定操作。突发事件管理培训的内容主要是针对可能发生的突发事件如社会矛盾、自然灾害、民族冲突等所采取的法律程序和应对手段等。

3. 开展面向社会公众的应急教育和宣传

强化社会公众的危机意识是农业应急管理的重要内容，通过面向社会公众的日常性防灾教育使社会公众树立防灾减灾的危机意识。可以通过编印小册子，以及通过广播、电视、报刊、杂志、互联网等媒体为公众提供各种应急教育。防灾教育的内容应简单实用，富有针对性。同时，要进行相关应急演练，使得社会公众具备一定自救和互助的知识和能力。

（七）加强国际合作

应急管理国际合作是一个功能多样化的体系，其主要功能包括信息共享、技术交流、资源援助和人员支持四个方面。积极争取国际性组织在资金、人员、技术以及道义上的支持，同时加强与国际组织在信息方面的沟通。可以求助的机构包括：①联合国及其专门机构。联合国人道事务协调办公室（OCHA）、联合国难民事务各级委员会、世界粮食计划署、联合国儿童基金会和世界卫生组织都直接介入突发事件和灾变的管理。②国际红十字会等全球非盈利性组织。每次发生重大公共突发事件，国际红十字会等全球非盈利组织通过自己的全球网络筹集资金、医药、物资和志愿者，向受灾地区无偿的提供各方面援助，帮助他们迅速恢复生产，重新树立生活信心。③发达国家政府机构。在“非典”期间，美国、德国、日本、意大利等多个发达国家都对我国进行了及时的设备和人员援助，在一定程度上缓解了我国当时医疗紧张的局面。

第三章

扩大农业对外开放与国际农业合作[①]

加入WTO后，我国农业与世界农业的联系日益密切，国际农产品市场的影响通过多种形式传导到国内市场。这既为我国扩大农业开放创造了机遇和有利条件，也对我国应对国际竞争带来了严峻挑战。一方面，我国大幅放开的市场准入或实行配额管理的大宗农产品逐步增多，造成很多产业不同程度受到进口产品冲击；另一方面，欧盟、美国、日本等发达国家农业支持保护程度普遍增强，我国园艺、养殖等优势农产品出口受

① 本章内容节选自如下农业部软科学课题："入世后过渡期农业发展对策研究"（课题编号：200505），课题主持人：杜青林、牛盾；"扩大我国农产品出口"（课题编号：200622-2），课题主持人：章胜勇；"完善农产品进出口调控机制研究"（课题编号：200811），课题主持人：左常升；"农产品关税保护政策研究"（课题编号：200911），课题主持人：倪洪兴、于孔燕；"外商直接投资（FDI）进入对中国农业的影响"（课题编号：Z200630），课题主持人：韩高举；"境外农业资源开发与我国粮食安全研究"（课题编号：Z200824），课题主持人：杨易；"中国欧盟农业合作战略研究"（课题编号：Z200609），课题主持人：聂凤英。

阻现象严重。同时，外资企业、跨国公司并购境内企业步伐加快。扩大农业开放必须立足于维护国内产业安全，坚持“引进来”与“走出去”相结合，通过国际农业合作，最大限度地提升农业现代化水平和农业发展空间。

第一节 入世后过渡期农业发展对策

入世后过渡期，正值我国全面建设小康社会和构建和谐社会的战略机遇期。随着开放市场累积效应的逐步显现和WTO新一轮谈判及自由贸易区谈判的推进，我国农产品特别是大宗农产品面临的竞争压力将进一步增大，以农产品加工业为主的农业相关产业所受到的外部冲击也会向农业领域转移；同时国外农产品市场高保护、高扭曲的局面将难以根本改变，运用非关税手段控制进口的趋势日益强化，我国农产品出口的环境依然严峻。面对新形势和挑战，要实现我国农业健康和可持续发展，必须进一步加强对我国农业的支持和公共服务，强化农业发展的基础；着眼两个市场两种资源，着力提高农业综合生产能力和竞争力；在开放中加强保护，强化贸易谈判和产业安全保障机制；着力加强农业贸易促进工作，扩大优势农产品出口，推进农业“走出去”。

一、入世三年来我国农业运行情况

（一）农业总体运行情况

1. 我国很好地履行了入世承诺

入世三年来，我国认真履行了入世农业承诺，在取消非关税措施、降低关税水平、完善相关法律法规等方面做了大量工作，主要包括以下几个方面：一是取消了进口许可、数量限制等非关税措施，进一步降低了农产品关税水平，平均关税由2001年的21%降低到2005年的15.3%；二是对粮棉油糖等10种大宗农产品实行关税配额管理，不断完善配额管理制度，扩大向非国有企业的配额发放比例，并逐年增加了配额量，配额内实施关税仅为1%—10%；三是取消了所有农产品的出口补贴，更多地使用“绿箱”支持政策，并在8.5%的许可水平下调整了“黄箱”支持结构；四是积极开展了农业法律法规清理和修订工作，废除了与WTO规则不一致的26项规章和规范性文件，修改了5部法律文件，起草并颁布了WTO规则要求的有关法律法规，各项法律规章的实施更加透明。同时，我国政府承诺并履行了对进口动植物产品使用科学的检验检疫标准。在世贸组织农业委员会3次对中国的过渡性政策审议中，农业领域都顺利获得通过，得到了国际社会的认可。

2. 农业国内生产总值保持稳步增长

2002和2003年，农业GDP分别增长2.9%、2.5%，略高于入世前两年的增长率；2004年，受农产品价格的全面上涨及农产品产量大幅增加影响，农业增长率达到6.3%，创1985年以来的最高增长水平。

3. 主要农产品产量继续增加

(1) 粮食生产出现恢复性增长

受国内供需和价格低迷影响，从2000年开始粮食生产进入了一个连续4年的减产期，播种面积减少，单产降低，总产大幅下降（见表3-1）。入世后两年，我国粮食生产保持在入世前两年的较低水平，总产分别为4.57亿吨和4.3亿吨。其中稻谷总产降幅最大，回落到1982年水平；小麦总产回落到1984年水平；玉米总产回落到1995年水平，降幅稍小；人均粮食占有量降低到333千克/人；在生产扶持政策、价格及气候有利等因素作用下，2004年粮食生产出现较大幅度的恢复性增长，种植面积10161万公顷，比上年增加了220万公顷，总产达到4.7亿吨，比2003年增长9%，是历史上增产最多的年份。

表3－1　我国粮食总产变化　单位：万吨

年份	粮食	稻谷	小麦	玉米	大豆
2000	46218	18791	9964	10600	1541
2001	45264	17758	9387	11409	1541
2002	45706	17454	9029	12131	1651
2003	43067	15976	8561	11498	1539
2004	46947	17626	9061	12498	1789

数据来源：《中国统计年鉴2004》。

（2）经济作物生产保持快速发展

随着经济的发展和人们的需求日益多样化，食品工业和其他产业对农业原料的需求呈现较强增长势头，由于国内需求增长强劲、相对于粮食生产的比较效益高以及农业战略性结构调整的推动，入世三年来花生、油菜籽、棉花、麻类、甘蔗、甜菜、烟叶和蔬菜等8种作物保持了较快发展态势，种植面积不断扩大，产量大幅提高。8种作物种植面积从2000年的5.2亿亩增加到2003年的5.79亿亩，占总播种面积的比重从2000年的22.3%增加到2003年25.3%（见表3－2）。增幅最大的是蔬菜，2003年面积达到2.7亿亩，占农作物总面积的11.8%，比2000年提高了2个百分点；油菜籽面积超过1亿亩，入世前后保持稳定；花生生产增长迅速，2003年种植面积超过7000万亩，已和传统经济作物棉花相当，但棉花市场放开后价格波动剧烈，种植面积年际波动很大；糖料作物中甘蔗因新品种引进使得单产和出糖率均有明显提高，效益增长，甜菜生产未有相应改善，竞争力下降；由于旺盛的国内需求带动，水果生产发展迅速。

表 3－2　我国主要经济作物播种面积比例变化情况　单位：%

年份	花生	油菜籽	棉花	麻类	甘蔗	甜菜	烟叶	蔬菜	合计
2000	3.1	4.8	2.6	0.2	0.8	0.2	0.9	9.7	22.3
2001	3.2	4.6	3.1	0.2	0.8	0.3	0.9	10.5	23.5
2002	3.2	4.6	2.7	0.2	0.9	0.3	0.9	11.2	24.0
2003	3.3	4.7	3.4	0.2	0.9	0.2	0.8	11.8	25.3

数据来源：根据《中国统计年鉴》数据计算。

（3）畜产品、水产品生产发展平稳

畜牧业发展保持了4%—5%的年均增速。2002—2003年除猪肉增长有所放缓外，其他主要畜产品保持了稳步增长；2004年受禽流感影响，畜产品总体增长同比稍有下降，但仍保持较快增长。其中奶制品增速最快，2002—2004年三年分别递增24.7%、32.15%和28.1%，其次为羊肉，三年增长率分别为8.2%、12.6%和10.6%；再次为牛肉，三年增长率分别为6.6%、7.7%和7.9%（见表3－3）。对外贸易中进口方面，食品类畜产品进口数量变化不大，工业加工的需求增长使得羊毛、皮革等非食品类产品进口增幅较大；出口方面，尽管我国具有较强的成本和价格优势，但由于动物疫病检疫等原因，发达国家市场对我国肉禽产品出口限制很严甚至完全不开放，产品出口遭受很大阻力。

表 3－3　近年来主要畜产品的生产增长率　单位：%

年份	肉类合计	猪肉	牛肉	羊肉	禽肉	奶类	禽蛋
2000	5.2	3.6	5.5	9.2	8.2	13.9	5.1
2001	3.4	3.8	3.0	6.9	0.2	22.2	4.2
2002	4.0	3.4	6.6	8.2	3.3	24.7	5.4
2003	5.3	4.4	7.7	12.6	5.0	32.1	5.8
2004	4.7	4.1	7.9	10.6	3.0	28.1	4.5

入世三年是渔业加快产业结构调整步伐、进一步转变经营方式的时期。三年中水产品生产稳步发展，产量由 2001 年的 4382.1 万吨增加到 2004 年的 4901 万吨，年均增长 3.8%（见图 3－1），其中养殖产量由 2726.5 万吨增至 3208.7 万吨，年均增长 5.6%；捕捞产量由 1165.6 万吨增至 1693.1 万吨，年均增长 0.75%；全国水产品人均占有量由 31.8 千克增长为 37.2 千克。渔业资源保护力度加大，海水捕捞量下降，养殖产量占总产量的百分比逐年上升，其中海水人工养殖产品量已接近海水捕捞的数量，淡水产品人工养殖量占到 85%。水产产品附加值增加，名优特产品为增收突破口，水产业总体素质得到较大提高。三年来渔业总产值由 2137.2 亿元增加到 3796.2 亿元，年均递增 9%，因一些国家技术贸易壁垒的限制影响，2003—2004 年水产品增长率有所下降；养殖方式由传统型向现代化、集约化和效益型转变，淡水集约化养殖发展迅猛，围栏养殖、网箱养殖和工厂化养殖产量保持增长。

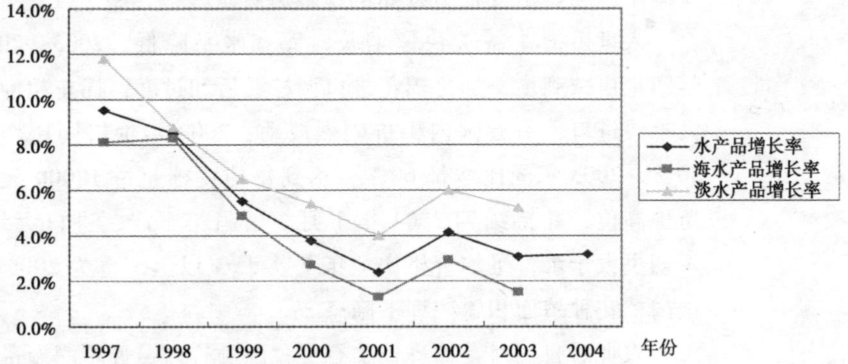

图 3－1　近年来我国水产业的发展情况

资料来源：根据《中国统计年鉴 2004》计算。

4. 大宗农产品价格波动较大

粮食价格出现较快回涨。2000 年开始出现的粮食生产连续 4 年减产现象使得粮食供求关系由原来明显供大于求转为供求紧平衡状态。2003 年 10 月起粮价普遍出现大幅上涨，至 2004 年粮价保持在高价位水平，同年食品消费价格指数和其中的粮食消费价格指数分别比上年上涨 9.9% 和 26.5%（见表 3-4），均远高于前几年水平。三年间小麦、玉米、稻谷价格涨幅分别达 45.7%、26.4% 和 55.7%。

表 3-4　居民消费价格上涨情况　　单位：%

年份	1999	2000	2001	2002	2003	2004
全国居民消费价格指数	-1.4	0.4	0.7	-0.8	1.2	3.9
食品	-4.20	-2.5	0.6	-0.1	3.4	9.9
其中：粮食	-3.6	-9.9	1.5	-1.4	2.2	26.5

数据来源：根据《中国统计年鉴》（历年）计算，以上年为基期。

油料及食用油价格大幅波动。在国内油料与食用油供需缺口较大情况下，作为我国入世后开放程度最大的农产品，以大豆为主的油料和食用油产品市场的快速开放使得国内价格明显受制于国际价格变化，国际市场影响明显。

入世后棉花需求快速增长，库存水平降低，2003—2004 年产量由减到增，加之棉花进口调控滞后和过度，棉花超配额大批量进口，引起国内棉价剧烈波动：2002 年价格同比增长 30%，2003 年同比增长 60%，达到每吨皮棉超过 17000 元的历史高位，并持续到 2004 年 1 月。因当年丰产、进口大增，短期供大于求，平均价格比上年下跌 35% 以上，也为 2005 年国内棉花种植面积锐减埋下隐患。

入世后我国对食糖进口实行关税配额管理，近年配额量使用接近 2/3，进口糖发挥着填补需求缺口、平衡国内供求作用，国内食糖价格波动周期缩短，为稳定生产和农户决策带来难度。

受国内供给影响，蔬菜和水果价格入世后总体走势平稳，仅存在些季节性、个别品种的价格波动。2002—2003 年水产品价格持续了 1998 年以来的低迷下降趋势，2003 年下半年起至2004年在国内消费旺盛、生产成本增长等因素共同作用下，价格大幅攀升。

（二）农产品贸易情况

1. 贸易形势由顺差逐步转为逆差

入世三年来，由于较大程度开放了农产品市场、国内农产品需求增长强劲，我国农产品贸易在保持出口较快增长的同时，进口以更快速度增长。2004年农产品外贸总额达到514.23亿美元，比2001年增长84.3%，其中出口233.90亿元，增长45.6%；进口280.33亿美元，增加了近1.4倍。农产品贸易由多年净出口变为净进口，贸易额由2001年的顺差42亿美元减少到2003年的顺差25亿美元，2004年变为逆差46.4亿美元（见表3－5）。

表3－5　入世三年来我国农产品进出口额变化　单位：亿美元

年份	不含水产品			含水产品		
	出口	进口	贸易平衡	出口	进口	贸易平衡
2001	134.2	105	29.3	160.7	118.4	42.3
2002	152.1（13%）	108.7（3.5%）	43.3	181.5（13%）	124.5（5%）	57
2003	180（18%）	170.5（57%）	9.4	214.3（18%）	189.3（52%）	25
2004	164.2（－0.1%）	247.9（45%）	－83.7	233.9（9%）	280.3（48%）	－46.4

资料来源：农业部信息中心根据海关资料汇总。

注：括号里为同比增长率。

2. 部分开放度较大的农产品进口大幅增加

总体而言，开放度较大的大宗农产品如大豆、食用油、棉花受入世的影响较大，进口呈快速稳定增长态势。谷物类进口因实行具有一定保护作用的关税配额管理，入世对其贸易影响总体不大。2002年和2003年谷物类进口量低于入世前水平，出口量则较大，其中出口量最大的是玉米，原以进口为主的小麦2003年出现净出口。2004年谷物贸易形势出现扭转，出口减少为6.6亿美元，进口增长到22亿美元，其中玉米和大米出口均大幅下降，玉米由2003年出口1600多万吨锐减到2004年的232万吨，小麦和大米进口大幅增加，尤其是小麦由2003年的40多万吨增加到2004年的723万吨。这些变化缘于国内政策的影响。入世前两年国际市场供需趋紧，国内粮价低迷，谷物进口控制在较低水平；在出口鼓励政策下，玉米等产品出口大幅度增长。2004年国内供给偏紧、价格上涨，小麦进口实行免征增值税政策，谷物进口激增，出口下降。

在国内需求拉动下，油料和食用油进口出现大幅上涨。大豆进口继续保持很高水平，为我国第一大进口农产品，2002年至2004年进口量分别为1132、2074和2023万吨，三年间进口量翻了一番。食用植物油是第二大进口农产品，三年进口量分别为321、542和676万吨，年均增长高达62%。棉花三年进口增幅较大，分别为21、95.4和198.4万吨，成为进口第三大农产品。畜产品三年内进口大幅增加，其中作为工业原料的动物皮、毛进口增长较快，占畜产品进口的六成，畜禽杂碎、奶制品和高档牛羊肉等产品进口快速增长。2003年畜产品贸易转为逆差，2004年逆差额为8亿多美元。蔬菜一直是农产品出口总额和顺差额较大的农产品，近年来出口增幅较大，2004年实现顺差37亿多美元。水果进出口均增长较快，出口增幅更大，保持10亿多美元的顺差。水产品进口年均增长19.8%，出口额由41.9亿美元上升到69.7亿美元（见表3-6），顺差额继续增大。

表3-6　我国农产品进出口额　　单位：亿美元

年份	谷物	大豆	棉花	食用油	食糖	蔬菜	水果	畜产品	水产品
进口额									
2001	6.35	28.10	0.71	4.87	3.13	0.80	3.42	20.24	18.80
2002	4.95	24.80	1.80	13.21	2.38	0.70	3.78	21.82	22.70
2003	4.58	54.20	11.87	27.36	1.74	0.70	4.99	33.56	24.80
2004	22.10	69.80	32.00	38.90	2.70	0.90	5.90	40.40	32.40

续表

年份	谷物	大豆	棉花	食用油	食糖	蔬菜	水果	畜产品	水产品
出口额									
2001	11.00	0.83	0.80	0.70	0.60	23.40	7.90	26.40	41.90
2002	17.20	0.88	1.70	0.60	0.80	26.30	9.80	25.70	46.90
2003	26.70	0.99	1.40	0.90	0.30	30.70	13.70	27.20	54.90
2004	6.60	1.50	0.20	1.00	0.30	38.00	16.50	31.90	69.70

资料来源：农业部信息中心根据海关资料汇总。

3. 市场格局发生变化

进口方面，美国是我国最大的农产品贸易伙伴，2004 年进口额比例超过 27%。巴西和阿根廷因近年大豆进口的大幅增加成为农产品进口的第二和第三大来源国。澳大利亚由原来的第二位降低到第四位。加之加拿大、马来西亚和俄罗斯三国，七国占我国农产品进口份额由 5 年前的近 60% 增加到 70%，集中度快速提高。

出口市场同样集中。日本份额最高，一直维持在 30% 以上；中国香港、美国和韩国在 10% 左右，这四个国家和地区占据了 60% 以上的出口份额，连同德国、马来西亚和印度尼西亚，前七个国家和地区所占份额在 70% 左右。

（三）主要农业政策实施情况

入世和开放农产品市场加快了我国农业国际化进程，促进了国内外农产品市场接轨，在给农业带来竞争压力的同时，使农业弱势地位和竞争力不强的问题更加凸显，对农业发展提出了更高的要求，强化了加强农业、推进市场化改革、提高农业竞争力的紧迫性，推动了农业改革步伐和农业支持政策的实施。从应对入世以及农业改革和发展需要出发，围绕农业增效、农民增收和农产品竞争力增强，政府采取了一系列行之有效的支农强农政策，其核心内容是“多予、少取、放活”，更多关注农民收入的增长，更加注重增强农产品综合竞争力，支持粮食生产，更加注重生态建设和环境的保护，取得了显著效果。

1. 调整和加强了国内支持政策

（1）农业支持的资金投入量有明显增长

随着农业进入新时期，国家财力逐渐增强，入世后对农业支持的力度也在逐步增加。据统计，2004 年中央财政支农资金总额达到 2626 亿元，比 2003 年增长 22.5%，比 2001 年增加了 80% 以上。财政支农资金在中央财政总支出中的比重也逐步提高，由 2001 年的 12.3% 提高到 2004 年的 14.4%，为 1999 年以来的最高比重，其中“绿箱”政策部分达到 2438 亿元，占 92.8%；“黄箱”政策支出总量不足 200 亿元。根据入世协定，我国农业“黄箱”支持的微量许可标准为 8.5%，按照 2003 年农业增加值计算，把特定产品的微量许可和非特定产品的微量许可标准相加，我国“黄箱”政策支持总量上限为 2600 亿元（包括 1300 亿元的特定产品支持和 1300 亿元的非特定产品支持），目前的“黄箱”支持水平远低于承诺水平。

（2）加大了“多予、少取”力度

按照 WTO 有关规则，结合农业和农村经济实际需要，我国在国内“绿箱”和“黄箱”支持政策方面均做出了包括将间接补贴改为直接补贴、实行对种粮农民的直补、对农业投入品进行补贴等内容广泛的政策调整和优化。这些政策的特点是财政直接补贴给农民，提高了财政的支出效率。

一是实行“两减免”，即农业税减免。农村税费改革是一项具有重大意义的政策调整，旨在建立规范的农村税费制度，减轻农民负担，分费改税和减免农业税两个阶段。费改税阶段于 2003 年在全国展开，包括取消乡统筹费、农村义务教育集资等专门面向农民征收的行政事业性收费和政府性基金、集资；取消屠宰税；取消统一规定的劳动积累工和义务工，村内公益性事业实行一事一议，由村民大会民主决定；调整农业税税率，将原农业税附加并入新的农业税，新的农业税最高不超过常年产量的 7%；调整农业特产税；改革村提留征收办法，采用新的农业税附加办法统一征收，比例不超过新的农业税的 20%。政策实施后，农村税费负担平均下降 1/3 左右，中央和地方政府给予相应财政补贴。农业税减免和取消阶段于 2004 年起开始，当年全面取消除烟叶外的农业特产税，在黑龙江和吉林两省进行全面取消农业税试点，其余省份在费改税基础上，降低农业税征收税率，其中 11 个粮食主产区由 8.4% 降低到 4.8%，其他省区降低到 7.2%，中央财政对由此造成的地方财政减少给予相关的转移支付。实际执行时，京、沪、津、浙和闽等省（市）自行免除了农业税。2004 年全国减征免征农业税 233 亿元，取消农业特产税 68 亿元，农民由此减轻负担 302 亿元，中央财政新增转移支付 216.6 亿元，加上此前基数，农村税费改革资金达到 520 亿元。

二是实行“三补贴”，即以对种粮农民的直补、粮食主产区的良种补贴和农机具购置补贴为代表的农业投入品补贴。“三补贴”政策是党中央、国务院针对我国粮食连年减产、种粮农民收入增长缓慢、种粮积极性不高的严峻形势，为加强农业和粮食生产采取的重大措施，2004 年在全国 29 个省（市、区）实行。中央财政从粮食风险基金中拿出 116 亿（其中 13 个粮食主产省 103 亿元）用于补贴，全国平均补贴幅度为每亩 6 元多，13 个主产省平均每亩接近 9 元。粮食直补从表面看属于“黄箱”的挂钩补贴政策，但实际操作中因主要是根据耕地面积而没有与粮食生产密切挂钩，此政策基本属于“绿箱”政策范围。农业投入品补贴主要包括对粮食主产区的大豆、玉米、小麦和稻谷良种的生产补贴和农机具购置补贴。在 2002 年、2003 年中央财政安排的东北大豆、小麦良种补贴试点基础上，2004 年国家对大豆、小麦、玉米和水稻四大主要粮食作物进行良种补贴，金额计 28.5 亿元，成效明显，2005 年进一步扩大了补贴规模。这项政策属于 WTO 特定产品

“黄箱”政策，因未突破 8.5% 的微量允许，并不违背世贸规则和我国入世承诺。2004 年实行对农民、农场职工、农机专业户和直接从事农业生产的农机服务组织购置和更新大型农机具给予一定补贴的政策，中央财政安排补贴资金 7000 万元，省及省以下补贴 4 亿元，共补贴购置各类农机具 10 万多台套，2005 年中央财政补贴资金增加到 3 亿元。

三是加大了农村劳动力转移培训投入。2004 年中央财政用于农村劳动力转移培训投入为 2.5 亿元，效果显著，2005 年中央财政投入规模增加到 4 亿元。同时继续安排渔民转产转业补助金 1.8 亿元。

（3）增加了农业和农村公益设施建设投入

除在收入支持政策方面加大了投资力度外，国家对“绿箱”政策的利用还表现在强化政府一般性服务方面，如加快农产品质量安全体系建设力度等，2004 年和 2005 年安排了一定数量农产品质量安全、农业信息预警、农业产业化、农产品促销、农民专业合作组织建设、农业国际交流与合作、农业法制建设与政策调研、物种资源保护、渔政管理及农业科研、外交外事等项目资金。农业科技投入主要用于现代农业技术、节水农业技术等重大专项和科技攻关计划，农业基础研究、星火计划、农业科技成果转化、农业科技园区建设等。2004 年，中央农业基本建设投资规模达到 550 亿元，国债资金中专门安排了关系到农民切身利益和农民生产生活必需的小型基础设施，如沼气建设、乡村道路、草场围栏、节水灌溉、人畜饮水、农村水电等“六小工程”资金超过 280 亿元。农村扶贫开发投入达到 122 亿元，农业综合开发投入达到 89 亿元。此外，中央财政还加大了对直属垦区公益性设施和扶贫基础设施建设支持力度。

（4）增强了农业防灾减灾能力投入

一是继续提高动物疫情监测能力和应急处置能力，2004—2005 年中央财政专项转移支付安排禽流感等动物防疫经费，以保证重大动物疫情防治工作的顺利开展；二是对农作物和草原病虫鼠害监测与防治、农业生产救灾给予重点补助。

（5）促进农业和农村环境保护的投入

2002年全面启动退耕还林还草补助这一既包括生态环境保护也对经济不发达地区农民进行直补的政策，连续5—8年，长江流域每亩生态林每年补助原粮300斤，黄河流域补助200斤，2004年起由补粮改为补现金，长江流域每年每亩210元，黄河流域140元。1999年始至2004年底已累计退耕还林2.87亿亩。

2. 加快推进农业战略性结构调整和优势农产品区域布局

为加快我国农业区域布局调整，建设优势农产品产业带，推动农业增效、农民增收和农产品竞争力增强，2003年农业部编制并实施了《优势农产品区域布局规划（2003—2007年）》。该规划拟用5年时间优先培育专用小麦、专用玉米、高油大豆、棉花、“双低”油菜、“双高”甘蔗、柑橘、苹果、牛奶、牛羊肉和水产品11种在国内外市场上有较强竞争力的农产品，形成35个优势产业带区，建立一批规模较大、市场相对稳定的优势农产品出口基地，培育一批知名品牌，抵御进口农产品的冲击，扩大优势农产品的出口。同时，农业部还制定实施了“2004—2010年国家优质粮食产业工程规划”，在13个粮食主产省区选择有基础、有潜力的粮食大县和国有农场，着力加强以小麦、玉米、水稻和大豆为主的9大优质粮食产业带和一批优质粮食生产基地基础设施建设，整体实施良种繁育、病虫害防治、标准粮田、现代农机装备推进和粮食加工转化项目，促进优质粮食产业的发展，以保持和提高基本农田粮食产出能力、农业基础设施抗灾减灾能力、粮食发展科技支撑能力。规划的实施都收到良好的效果。

3. 推进农业产业化经营，提高农民组织化程度

促进农民专业合作经济组织的发展是发达国家和地区发展农业、增加农民收入的一条成功经验，也是我国解决在家庭承

包经营基础上提高农民组织化，实现农业标准化、专业化、区域化的重要途径。为解决高度分散的生产经营活动这一影响我国农业竞争力因素的重要问题，政府加大了对多种所有制、多种经营形式的农业产业化龙头企业的支持力度，鼓励龙头企业以多种利益联结方式带动基地和农户发展，提高市场竞争力，带动了结构调整、科技创新、市场开拓和农民增收。至2004年，农民进入市场的组织化程度得到明显提高，全国比较规范的农民专业组织超过15万个，国家重点龙头企业582家，省级重点龙头企业2000多家；主要农作物订单面积达到4.32亿亩；农产品加工行动计划取得进展，加工能力不断增强，规模以上农产品加工增加值增长16.1%。

4. 加强质量标准认证监测体系建设，提高农产品质量安全水平

2001年国家启动实施了以全面提高农产品质量安全水平为核心，以农产品质量体系和质量检验检测体系建设为基础，以"菜篮子"产品为突破口，以市场管理为切入点的"无公害食品行动计划"，拟用8—10年时间实现主要农产品生产和消费无公害，满足国内外市场发展需要，主要措施包括出台加强农产品质量安全管理工作意见、发布无公害农产品管理办法、制定无公害食品行业标准、开展城市农产品质量安全定点监测等。截至2004年底，全国累计共有11812个产品获得全国统一标志的无公害农产品认证，总量达6930万吨。随着无公害农产品标准的不断完善，无公害农产品认证目录拓展到329个，涵盖了绝大部分"菜篮子"和"米袋子"产品，农产品质量安全整体状况明显改善。通过落实免疫、监测等疫病防控措施，建立动植物无规定疫病区，完善突发重大动植物疫病防控，有效控制了2004年突发的高致病性禽流感等动物疫情，保障了农业健康发展和食品安全。此外，农业部还加强了对禁用农药、畜水产品中违禁药物销售和使用的管理，强化法律法规等制度建设，开展农业投入品专项检查、农资打假工

作，整顿和规范农资市场秩序，加强了农产品质量安全市场准入管理。

5. 强化政府公共服务职能，提高农业支撑保护能力

加入世贸组织后，我国农业和农村经济发展面临着资源与市场的双重约束、发展经济与保护环境的双重任务、国内市场与国际市场的双重挑战和增加农民收入与保障粮食等农产品供给的双重目标。农业小规模家庭经营的特点决定了我国政府公共服务比以大规模农场生产为主的国家更为重要，新形势对政府公共服务能力提出了新的要求。构建支持保护有力、服务快捷高效、监管规范有序的农业支撑体系，创造良好的体制环境对农业综合竞争力的提高和可持续发展至关重要。按照党的十六届三中全会提出的健全农业社会化服务和支持保护体系的要求，农业部从职能出发，结合农业支撑体系现状、近期需要和长远发展，提出了完善、提升和加快建设种养业良种、农业科技创新与应用、动植物保护、农产品质量安全、农产品市场信息、农业资源与生态保护和农业社会化服务与管理等农业支撑体系的思路。力图通过几年努力，使农业科技创新与应用能力明显提高。其主要指标与要求包括：良种覆盖率平均提高 15 个百分点；科技对于农业经济增长的贡献率提高 5 个百分点；重大动植物病虫灾害防控能力显著提升；农产品的药物残留得到有效控制；农业资源和生态环境得到有效保护，农业生态环境质量得到明显改善；农业社会化服务与公共管理功能得到进一步强化，形成新的农业综合支撑能力。目前，体系建设取得了初步成效。

6. 加大农业法律体系建设力度

按照党的十六大提出的建立适应社会主义市场经济发展要求，适应社会全面进步，促进政治文明、物质文明和精神文明全面发展以及适应加入世贸组织新形势等三项要求的社会主义法律体系要求，农业部加大了农业法律体系的建设，已制定《中华人民共和国农业法》、《中华人民共和国渔业法》、《中华人民共和国草原法》、《中华人民共和国农村土地承包法》、

《中华人民共和国进出境动植物检疫法》以及《植物检疫条例》、《农药、兽药、饲料管理条例》等31部农业法律和400多项规章条例，并着手起草农产品质量安全法、农业专业合作经济组织法、农民权益保护法、肥料管理条例，抓紧修订了农药管理条例。在加强立法工作的同时，也加大了农业法律法规的宣传力度。在加大健全执法体制、改善执法手段、加强执法力量方面，加大对实施行政许可法的实施监督力度，进一步改进农业管理方式，实现了行政管理的公开透明和高效便民，提高了行政审批的透明度和办事效率，取得了一定成绩。

（四）入世以来农产品市场和贸易变化的成因分析

1. 国外产量下降导致国际市场粮价上涨

入世前三年，因主要粮食生产国遭受自然灾害，国际市场粮食供求偏紧，加上美元持续贬值，导致以美元标价的世界农产品价格大幅上扬。与之相比，我国尽管1999—2003年粮食产量持续下滑，但由于库存较多，粮食市场供求相对平稳，粮价在低位徘徊，小麦、大米国内价格均低于国际市场价格，所以，入世前两年没有大量进口国外粮食。

2. 国内油棉产品出现需求缺口，拉动进口量不同程度增加

入世三年来，因国内需求缺口过大，棉油进口增幅较大。受纺织品出口的拉动，国内棉纺能力近年来逐渐扩张，棉花消费需求大幅度上升，而棉花生产增速较慢，导致棉花大量进口。同样，国内食品业发展带动了食用植物油的消费快速增长，畜牧业发展带动了对豆粕的需求大幅增长，三年来大豆、植物油、豆粕等进口量和进口增长速度均创历史最高水平。

3. 政府应对措施积极有效，有效地改善了农产品贸易环境

入世后政府采取积极主动的调控政策，在缓解我国农产品进口压力和增强出口竞争力方面起到了明显作用。2002年4月份起，我国对出口粮食实行出口退税政策，对粮食等大宗农

产品运输免除铁路建设基金，对增强粮食等大宗农产品的市场竞争力，扩大农产品出口发挥了积极作用。2004年起，政府实施的粮食直补、良种和农机补贴及减免农业税等政策，对于稳定粮食生产、提高农民种粮积极性有着重要作用。

4. 部分贸易国技术性贸易壁垒增多，限制了我国农产品的出口

随着国际市场竞争的加剧，发达国家为保护其农业和农民利益，普遍设置了严格的技术性贸易壁垒来限制农产品进口，而“禽流感”等疫情的发生更为发达国家进一步制定严格的检疫检验标准提供了依据和借口。2002年以来，欧美日等国纷纷加强对进口农产品的检疫检验，检验项目不断增加，检验程序日趋繁杂，致使我国一些具有价格优势的农产品出口受阻。2002年，初欧盟出台了限制中国动物源食品和水海产品进口的规定；日本针对我国出口农产品的技术性贸易壁垒的设置已经常化。这些技术性贸易壁垒对我国农产品，特别是有一定价格优势的畜牧产品和水海产品扩大出口形成了主要障碍。

总体来看，由于入世时间不长，我国国内的生产和贸易政策尚未调整到位，而国际企业对我国的市场和环境也未完全熟悉和适应，入世对农业发展的影响并未充分体现出来。全球谷物减产、价格飙升，国内粮食供过于求、价格低迷等均带有明显的阶段性和特殊性。因此，随着中国市场与国际市场融合加深，国内企业对于贸易政策和环境的逐步熟悉和适应，入世的影响将逐渐显现出来。

二、入世后我国农业主要发展经验

（一）以理论创新指导政策创新，切实加强“三农”工作

我国大宗农产品不具有比较优势，市场开放后面临巨大的国际竞争压力。入世后我国农业弱势地位和竞争力水平不高的问题暴露得十分明显，也使解决这些矛盾和问题的任务变得更加突出、更加紧迫。面对入世后农业新形势，党中央、国务院

根据全面建设小康社会的总体要求，以科学发展观为指导，把解决好“三农”问题作为全部工作的重中之重，提出了统筹城乡经济社会发展的方略和工业反哺农业、城市支持农村的“两个趋向”重要论断，采取了“多予、少取、放活”的方针，实行了以“两减免、三补贴”为主要内容的支农、惠农政策。“三农”问题的重大理论和政策创新，是入世后我国农业持续稳定发展的最根本保证。

（二）坚持市场化取向，全面推进农村市场经济体制建设

农村改革开放 20 多年来，农业市场化程度大幅度提高，农户的市场主体地位已经确立，农村市场经济体制框架基本形成，政府驾驭市场经济的能力明显增强。入世三年来，我国进一步加快了农业市场化改革的步伐，农村土地制度、税费制度、农村金融制度、农业保险制度、粮食流通体制等改革取得新的进展，农业市场化程度进一步提高，农业发展的制度环境得到改善。这些市场化改革对农业较快地适应入世后的新环境，有效应对入世带来的新挑战，实现平稳过渡发挥了重要作用。

（三）围绕两种资源和两个市场，调整农业发展思路和重点

入世使我们必须以世界的眼光、全球的视角审视我国农业发展道路，围绕国际、国内两种资源和两个市场，统筹谋划农业发展。在农业发展任务和目标方面，更加注重实现多元目标，从单纯追求数量增长，转向追求粮食安全、农业增效、农民增收、农业竞争力增强、农业可持续发展等多重任务和目标的有机统一。在生产力布局方面，更加注重发挥比较优势，通过实施优势农产品区域布局规划，推进优势农产品产业带建设，优化农产品区域和品种结构。在农业生产组织形式上，更注重农业产业化经营和提高农民组织化程度，发展农业产业化，提高农民进入市场的组织化程度，延长农业产业链条，提高农产品附加值。在农业增长方式上，更加突出依靠科技进步，通过实施《农业科技创新与应用体系建设规划》，推动农业科技创新、成果转化和提高农民科技素质，推动农业增长方式由粗放型向集约型、科技型转变。在农业支持政策上，更加注重利用 WTO 规则，积极调整国内支持政策，农业财政投入政策的支持方向、渠道和方式等更趋合理，从对流通环节的间接支持逐步转向对农业生产环节和农民的直接支持。加大了对农业基础设施、农产品质量安全、动植物疫病控制、农业信息服务体系、扶持农民专业合作组织、农产品促销等公共服务的投入。

（四）坚持用发展的办法解决发展中的问题

入世三年，我国国民经济保持了快速发展，国内生产总值保持较高增长率，超过8%。国民经济快速发展对农业拉动作用不断增强，为有效应对农业入世挑战奠定了坚实的宏观基础。一方面，国民经济快速发展拉动了国内农产品需求，减缓了进口增加带来的影响。随着经济规模的不断扩大，资源需求急剧增长，食品、纺织、医药、饲料等一大批以农产品为原料的工业领域极大地刺激了国内农产品生产，人均收入提高、消费结构升级带来消费需求持续扩张，带动了农业相关产业和产品实现质和量的提升。另一方面，国民经济快速发展增强了工业反哺农业、城市支持农村的能力。参照工业化国家的历史经验，从我国社会现阶段的产业结构、产值结构、财政结构等方面来看，我国已进入工业化中后期阶段，初步具备了工业反哺农业、城市支持农村的经济实力。

三、过渡期内我国农业面临的突出问题

（一）尚未建立起农业支持稳定增长的长效机制

在 WTO 农业协议框架下，我国农业投入水平与其他国家相比有很大差距，支持力度远远不够，国内支持总量远低于发达国家以及巴基斯坦、泰国、印度、巴西等发展中国家。除

“绿箱”政策外，发达国家成员还有“黄箱”、“蓝箱”及出口补贴，其绝对量居高不下。我国的“绿箱”政策利用不充分，使用类别仅占允许类别的一半，“黄箱”支持水平也偏低，占农业总产值不足1%，与8.5%的微量允许标准有很大差距。

（二）农民就业与收入增长空间有限

后过渡期我国将继续承受土地密集型农产品进口压力，由于农业属于弱质产业，一旦世界市场供求态势偏紧，我国大宗农产品进口压力将急剧上升，生产与销售的矛盾将会加剧，价格大幅波动将可能使农民收入增长、相关产品的稳定生产受到影响。同时，由于从农业劳动力向非农领域转移的速度有限，庞大农业人口的就业压力依然存在，主要农产品进口增加将影响大量农民的就业，农村劳动力就业问题的解决将更加困难。

（三）出口能力水平受到制约

我国有明显价格优势的园艺产品和畜产品由于生产的专业化和标准化程度低、投入品使用不合理、收获不科学、市场监督管理不严、有害物质超标等因素，出口屡屡受阻。同时，农产品加工企业产品研发能力薄弱，海外销售渠道少，缺乏对国外市场的快速反应力；出口集中度高，管理协调力度不够，企业无序竞争现象严重。

（四）农民自我服务能力不足

面对农业市场化和国际化挑战，小农分散经营暴露出规模小、效率低、竞争力弱的严重缺陷。农民组织化程度低，连结农户和市场的中介组织发育滞后，使得农业的市场主体缺位，不利于形成国内统一、竞争、开放、有序的大市场，也不利于我国农业参与国际竞争。

四、应对措施

有效应对入世后过渡期的挑战，关键在于提高我国农业综合生产能力和竞争力，这是一项涉及体制、机制、科技、投入、政策和法制等宏观和微观各个方面的战略任务。针对后过渡期的具体情况，要重点做好以下工作。

（一）建立健全农业增长支持保障体系

各国政府在制定农业政策时，都把农业当作特殊产业，不同程度地体现出保护农业的思想。新农业支持体系应建立自身的法制化框架，以保证支持效果。按照“行之有效的政策不作改变，给农民的实惠不能减少，支农的力度不断加大”的要求，坚持在宏观调控中特别加强对农业的调控。建立以中央和省级政府为主、投入与责任相对称的投入稳定增长长效机制，将各项重大支农政策制度化、法制化和规范化。

1. 以直接补贴为基础，建立农民收入补偿制度

在现有直接补贴政策基础上，建立对种粮农民的直接补贴制度，稳定和提高农民种粮的积极性。逐步将粮食风险基金的绝大部分用于对种粮农民的补贴；扩大补贴范围，将非粮食主产区的种粮农民纳入补贴范围，实行对所有种粮农民的收入补贴。

2. 完善主要农产品最低收购价制度

在后过渡期应充分利用“黄箱”政策空间，在目前稻谷最低收购价制度的基础上，建立稻谷、小麦、玉米等关系国计民生的主要农产品最低收购价制度。按照农产品“供求紧平衡”要求，最低收购价应保持稳定，并逐步提高。每年应提早确定并发布最低收购价，使农民形成稳定预期。

3. 建立完善农业风险保障制度

加大政府对农业灾害救济的资金投入，完善农业救灾物资储备制度；启动奶牛保险、渔船保险试点，实施政策性养殖基

地保险和主要农作物保险；鼓励商业性保险机构开展农业保险业务。可考虑利用部分救灾资金或新增农民补贴资金，帮助农民购买保险。

4. 建立农业技术推广补贴制度

继续增加大豆、稻谷、小麦、玉米的良种推广补贴规模，并适当扩大良种补贴的品种覆盖面；完善良种补贴办法，实现补贴发放与优良品种采用相结合。积极探索应用型技术的推广补贴，有重点地选择一些农业应用型技术，通过提供阶段性的财政补贴，促进其推广应用；继续实施和扩大农机具购置补贴；设立小型农田水利建设补助专项资金，对农户投工投劳自主开展小型农田水利基础设施建设和购买节水设备进行财政补贴；设立改善耕地质量补贴。

（二）切实提高农业国际竞争力

要以推进科技进步为支撑，以严格保护耕地为基础，采取综合措施，增强农业自身素质，巩固和改善农业发展的物质技术条件，切实提高农业国际竞争力。

1. 推进优势农产品区域布局，培育优势和支柱产业

加大《优势农产品区域布局规划》实施力度，完善提升4大作物、9大产业带水平，加快其他优势产业带建设步伐。重点开展生产基地的标准化建设，提高生产能力；加大对优势农产品开发的支持力度，开发推广特色品种及其配套技术，培育主导产品；引导加工、服务企业向产区积聚，扩展市场和信息网络，打造支柱产业，促进区域经济发展。

2. 加强农业科研和推广，提高农业科技水平

加大对农业科技创新和应用的投入，加强农业科技人才队伍建设，深化农业科研体制改革，推进农业科技创新和科技成果的转化应用；深化农技推广体系改革，强化政府在农技推广方面的公共服务职能；加强农民科技培训，切实提高农民科技素质。

3. 加强农产品质量安全管理，提高农产品质量安全水平

完善农业标准体系，加强农业标准化示范基地建设，推进农业标准化生产和加工；积极推进动植物保护管理体制改革，加大动植物无规定疫病区建设，切实加强动植物病虫害的监测预警、检疫监督和有效防治；加强农产品检验检测体系和认证体系建设。

4. 大力发展农产品加工和农业产业化经营，提升企业和产品市场地位

大力发展农产品加工业，提高农产品的品质和附加值，增强农产品的质量竞争力；推进品牌战略的实施，提高我国优势产品的知名度和市场占有率；在技术改造、原料基地、产品营销等方面对农业产业化重点龙头企业给予支持，增强其市场竞争能力和对农民的辐射带动作用。

5. 大力发展农民专业合作组织和农业行业协会，提高农民组织化程度

大力扶持农民专业合作组织，增强其服务功能，推进农业生产的规模化和专业化；大力发展农业行业协会，规范运行机制，充分发挥其行业自律、纠纷处理、价格协调和市场开拓等方面作用，使之成为企业、农户与政府沟通联系的桥梁和纽带。

6. 加强耕地保护和质量建设，提高土地生产能力

认真落实最严格的耕地保护制度，控制非农建设占用耕地；健全基本农田保护制度，把基本农田落实到地块、农户，确保基本农田总量不减少、用途不改变、质量不下降；通过加大农业综合开发投入和实施新一轮沃土工程，加快中低产田改造，加大土壤肥力建设和耕地质量的调查、监测和预警，构建耕地质量建设与管理的长效机制。

7. 加强农村基础设施和生态建设，提高可持续发展能力

继续增加农村节水灌溉、人畜饮水、乡村道路、农村沼气、农村水电、草场围栏以及教育、邮电、通讯和技术培训等

农村中小型基础设施和公共服务设施建设投资力度，不断改善农业生产条件和农民生活条件；加大对濒危生物资源和脆弱区生态的保护以及面源污染和外来入侵生物防治方面的投入，建立监测预警体系，不断加强农业资源与生态环境的建设与保护，增强农业和农村经济可持续发展能力。

8. 加强农业综合配套体系建设，提高政府公共服务能力

加快实施农业“七大体系”建设规划，加强种养业良种、农业科技创新与应用、动植物保护、农产品质量安全、农产品市场信息、农业资源与生态保护和农业社会化服务与管理体系建设，构建支持保护有力、服务快捷高效、监管规范有序的农业支撑体系，进一步强化政府对农业的公共服务职能。

（三）改善贸易环境，促进公平贸易，扩大农产品出口

1. 做好农业多边双边贸易谈判，加强农业贸易救济

强化多边双边农业贸易谈判和贸易规则制定的参与力度，充分利用 WTO 贸易救济措施和争端解决机制，建立和完善农业产业损害预警和保障机制，努力争取和维护公平贸易环境，在开放中加强农业保护。针对农业国际化进程中不断出现的新问题，开展基础性、系统性、针对性研究，全面加强和提高农业贸易研究能力和水平。

2. 加强农业贸易促进，开拓国际市场

借鉴发达国家经验和做法，加大政府一般服务中对农产品营销、促销的资金扶持力度，扩大农产品促销专项资金规模。强化国际市场开拓，大力培育一批产供销结合的农业贸易示范企业，发挥其在市场开拓方面的引领和示范作用；建立外向型优势产品生产示范基地，推进品牌战略和以质取胜战略；加强对优势农产品品牌开发的支持力度；加强在目标市场对我国优势农产品国家整体公共形象的宣传；打造境内外有广泛影响力的农业展览，组织、引导、鼓励企业和协会有效参加国际展览；加强政府对企业和社会的外经贸信息服务。完善农产品出

口政策，降低农产品出口税费；完善出口金融和保险政策，建立专项农产品出口信贷制度，在出口信用保险中增加农产品出口信用保险险种，降低信用保险费率，建立出口信贷担保计划；缩短通关时间，建立鲜活农产品出口绿色通道；在农产品出口集中地区建立出口农产品风险基金。

3. 支持企业“走出去”，开发境外资源

对农业“走出去”战略进行统一规划，明确战略重点，引导和鼓励国内有条件的企业到境外开发资源，开拓市场。对“走出去”的企业，一方面要给予必要的财政、信贷和税收支持，弥补企业自身实力的不足，提高企业的获利水平；另一方面要加强与投资对象国的政府间协调与合作，为企业创造良好的投资环境，降低企业风险。

（四）围绕农业发展和农民增收，确定宏观调控目标和任务

加强和完善农业宏观调控，要坚持统筹城乡、统筹国内发展和对外开放的发展方略，以“两个趋向”重要论断为指导，加强对“三农”的支持和保护；要坚持主要农产品的供应“立足国内、适当进口、保持供需紧平衡”的原则，确保国内市场价格稳定；准确把握进出口调控的方向、力度、时机，充分考虑国内农业产业发展的现状和需要，充分考虑我国的“大国效应”，避免进出口大起大落对国内生产和国际市场的冲击。

（五）加快农业法律法规的制定和完善

争取在五年内基本形成符合中国特色社会主义法律体系总体要求、适应农业和农村经济改革与发展要求的社会主义农业法律体系。主要内容包括：农业与农村经济基本制度方面，制定农民权益保护法；农村经济主体与市场方面，制定农民专业合作经济组织法、农产品批发市场法；农产品质量安全方面，制定农产品质量安全法、肥料管理条例、修改动物防疫法等；

农业支持保护方面，制定农业补贴、农业保险、农业灾害救助法律法规等；农业资源环境保护方面，修订《中华人民共和国野生动物保护法》；农业科技教育方面，适时修订《中华人民共和国农业技术推广法》；农村社会发展方面，制定扶贫法、小城镇建设促进法等。

第二节 扩大我国农产品出口

我国是世界上最大的农产品生产国和消费国，农产品生产和贸易不仅在整个国民经济中占有重要地位，而且在世界农产品市场上也具有较大的影响力。然而近年来，我国农产品贸易格局出现大幅度波动，受到国内外市场需求结构变化、农产品生产成本上升、农产品品质不高、农产品流通不畅、贸易伙伴国政策调整等因素影响。面对 WTO 框架下新的国内外农产品竞争形势，如何充分发挥我国主要农产品比较优势，不断扩大农产品出口成为一个关键问题。

一、我国主要农产品出口现状分析

1980—2004 年，无论是农产品进口还是出口，都呈现出逐年增加的局面。农产品进出口总额由 1980 年的 129.46 亿美元增加到 2004 年的 510.6 亿美元，农产品进口总额和出口总额分别由 1980 年的 88.16 亿美元和 41.3 亿美元上升到 2004 年的 230.9 亿美元和 279.7 亿美元。但由于农业在我国国民经济中的比重逐渐下降，农产品进出口占我国进出口总额的比重也呈现出逐年下降的趋势，由 1980 年的 34.23% 下降到 2004 年的 4.42%（见表 3－7）。

表 3-7　　1980—2004 年我国农产品进出口贸易变动情况

年份	进出口总额（亿美元）	农产品进出口总额（亿美元）	农产品出口额（亿美元）	农产品进口额（亿美元）	农产品贸易竞争指数	农产品进出口占进出口总额比重（%）
1980	372.8	129.46	88.16	41.3	0.362	34.23
1990	1154.4	192.3	106.49	85.81	0.108	16.66
1991	1356.3	201.12	113.91	87.21	0.133	14.83
1992	1655.3	219.96	123.11	96.85	0.119	13.29
1993	1957	137.74	101.94	35.8	0.48	7.04
1994	2366.2	190.45	124.77	65.68	0.31	8.05
1995	2808.6	238.13	122.62	115.51	0.03	8.48
1996	2898.8	227.25	125.07	102.19	0.101	7.84
1997	3251.6	224.43	130.41	94.02	0.162	6.9
1998	3240.5	197.25	120.8	76.45	0.225	6.09
1999	3606.3	189.52	115.85	73.66	0.223	5.26
2000	4743.1	268.3	156.2	112.1	0.164	5.66
2001	5097.7	278.5	160.2	118.3	0.152	5.46
2002	6207.7	305.9	181.4	124.4	0.186	4.93
2003	8509.9	403.6	214.3	189.3	0.062	4.74
2004	11547.4	510.6	230.9	279.7	-0.096	4.42

二、制约我国农产品出口扩大的主要问题

虽然我国农产品出口无论从数量上看，还是从金额上看都保持着较高的增长速度，但我国农产品仍然存在许多问题，制约了我国农产品出口的进一步扩大。这些问题从产生原因上看既有自身原因，也有外部因素的影响。其中自身原因主要表现在：我国农产品国际市场的竞争力不强；农产品质量卫生水平较低，农畜产品中化学药物残留超标，重金属、病虫害以及有害物质污染比较严重；农业科技水平不高，农产品加工率较低；政府农业支持政策不完善；农产品出口服务体系不健全；出口市场过于集中等。外部因素则包括：发达国家出于贸易保

护的考虑，凭借其技术优势通过各种形式的技术壁垒和绿色壁垒限制我国农产品出口；频繁使用农产品反倾销制裁限制我国优势农产品出口；依靠雄厚财力高额补贴本国农业来抵消我国出口农产品的成本优势。

（一）自身原因

1. 农产品质量、卫生安全问题严重

我国扩大农产品出口面临最主要的制约瓶颈来自于我国农产品自身质量，我国出口农产品的质量问题突出地表现为疫病（口蹄疫、禽流感、新城疫等）和农兽药残留（农药、兽药、环境污染物等）等卫生安全问题①。另外，由于信息不对称和“道德风险”存在，农业生产中普遍存在乱用或滥用抗生素、激素、农药等现象。由于这些问题，我国出口农产品经常受阻于发达国家设置的绿色贸易壁垒，欧盟、日本、韩国等以此为由对我国农产品多次封杀。农产品质量不高还与农业生产的分散进行以及我国本身质量标准过低有关，目前我国大部分动植物出口产品生产仍然以农户分散种养为主，难以实行标准化生产，无法有效控制生产过程中的疫病和农兽药残留问题。我国农业科技水平相对发达国家来说较低，许多农产品的技术标准都不能达到“国际标准”，致使我国出口的农产品难以达到发达国家越来越高的质量与安全要求而被其他国家拒之于门外，严重影响我国农产品的国际形象和出口贸易增长。

2. 出口农产品深加工比重明显偏低

从我国农产品出口的品种结构来看，初级农产品出口占据了主要地位，加工农产品出口仅占总出口的20%—30%，与发达国家存在较大差距。一般来说，农产品加工转化后产值将增加2—3倍，由于初级农产品附加值较低，因此初级农产品出口对我国农民收入增长贡献不大。我国出口农产品目前的低

① 程国强：“中国农产品出口：竞争优势与关键问题”，《农业经济问题》，2005年第5期。

成本竞争优势实质上依赖于低价竞销，不仅产品附加值低，不利于出口企业培育核心竞争力，也未能充分发挥我国劳动力资源丰富的优势，而且容易引发国外对我国农产品进行反倾销或采取保障措施。

3. 农业支持政策不完善

从目前的国内支持政策来看，国家没有出台专门针对农产品出口的促进措施，而现有外贸支持措施很难用于支持农产品出口。在出口管理体制方面，我国农产品出口实行的是多头分割的管理体制，各部门分段管理，监控脱节，如农业部门负责社会防疫、产地检疫，检验检疫部门负责出口检验检疫，商务部门负责出口经营秩序，导致既没有形成从源头到出口的全过程监管机制，也难以建立处理突发事件的应急机制。在资金、项目支持方面，缺乏有针对性的农产品出口支持资金或项目，如中央外贸发展基金目前主要用于鼓励高科技、机电产品出口，基本没有用于促进农产品出口；“中小企业出口促进基金”、“外贸名牌战略”等促进政策，也很少用于扶持农产品出口。另外，农业保险制度和农业出口信贷制度不健全，这些都在很大程度上制约了我国农产品出口。

4. 农产品出口服务体系不健全

①农产品出口信息服务不健全，没有建立农产品出口信息披露制度和对国外绿色壁垒的检测不够敏捷[①]。目前，我国尚未建立针对扩大农产品出口的信息收集、分析和预警检测等健全的服务体系，国内农产品生产者和出口企业无法及时掌握准确的国外农产品供求信息。同时，我国农产品出口企业无法获得及时、有效、权威的国际农产品质量卫生标准等信息，结果经常导致我国某企业在遭遇绿色壁垒后的一段较长时间内，国内还有很多企业重蹈覆辙。②农产品行业组织发展滞后，大部

① 徐宏峰：“我国农产品出口面临的制约因素及发展对策”，《安徽农业科学》，2007 年第 10 期。

分农产品还没有建立行业协会。由于缺乏行业组织的协调和管理，农产品出口企业之间压价竞销、恶性竞争严重，严重影响我国农产品的出口秩序，不利于扩大我国优势农产品的出口；还存在个别农产品出口企业由于自身农产品质量问题导致其他企业频频遭受进口国技术壁垒的限制，使得全行业出口受限的现象。缺乏健全的行业协会组织、指导和服务机制，许多农产品出口企业已经难以凭自身力量跨越越来越高的贸易壁垒限制，也不能应对日益增多的反倾销应诉挑战。③农产品流通不畅，存在较为严重的地方保护主义以及市场分割现象。有些地方政府出于本部门、本地区利益考虑，对农产品流通进行了限制，严重影响了大宗农产品特别是鲜活农产品及时、快速流通。另外，银行、外汇、外经贸等部门在农产品出口企业信贷、保险等业务的办理上条件苛刻；海关、进出口检验检疫职能部门在农产品出口检验检疫、办理通关手续等方面程序复杂、环节过多、耗时过长。这些问题的存在都在一定程度上延长了出口农产品的流通时间，降低了流通效率，加大了流通风险，提高了流通成本。

5. 农产品出口市场过于集中

从近年来出口农产品流向来看，日本、韩国、中国香港、中国台湾、东盟、欧盟、俄罗斯、美国、加拿大等国家或地区是我国农产品的主要出口市场，超过80%的出口农产品流向了上述国家或地区。出口市场的集中在很大程度上加剧了我国农产品出口的风险和不确定性，一旦我国农产品的主要进口方在农产品进口政策上发生波动，都将严重影响我国农产品的出口。如近年来欧盟和日本相继提高了进口农产品质量卫生标准，都对我国农产品出口造成了不良影响。如何实现我国农产品出口市场的多元化已经成为扩大我国农产品出口的一个重要问题。

（二）外部原因

1. 技术壁垒和绿色壁垒在很大程度上限制了我国农产品

出口

近年来，针对我国农产品出口规模的扩大，一些发达国家开始利用技术上的优势制订各种限制措施。如日本《肯定列表制度》、欧美国家高标准农药残留，导致我国许多出口农产品经常被告知“不符合标准”而予以扣留或销毁。据商务部调查，我国90%的农业及食品出口企业受国外绿色壁垒的影响，每年损失约90亿美元。出口受阻的农产品范围也不断扩大，从蔬菜、水果、茶叶到蜂蜜，进而扩展到畜产品和水产品，都面临国际上严格的卫生安全、检疫要求和技术壁垒挑战。

2. 农产品反倾销制裁限制了我国农产品价格优势发挥

由于我国劳动力成本低廉，农产品价格相对较低，因此我国一些强势出口农产品屡屡受到进口国的反倾销制裁，无形中为我国农产品进入国际市场设置壁垒。从1980年美国对我国薄荷醇提出反倾销以来，国外对我国农产品的反倾销从未中断过，且呈逐年增加态势，反倾销已经成为阻碍我国农产品出口的主要非关税壁垒之一。国外对我国提起的反倾销案有以下特点：一是次数频繁，同一农产品多次遭到反倾销指控。二是国别增加，20世纪80年代主要是欧美等发达国家对我国农产品实施反倾销，90年代后一些发展中国家，如巴西、韩国也对我国农产品实施反倾销。三是反倾销的征税幅度大，西方一些国家反倾销税的征收幅度很大，从百分之十几到百分之几百，如1997年7月24日，美国商务部对我国几家企业淡水小龙虾终裁征收的反倾销税率平均是122.92%，最低的是91.5%，最高的是156.77%。

3. 发达国家的高额农业补贴抵消了我国农产品成本优势

美国、欧盟等将过去属于“黄箱”政策的补贴措施转化为“绿箱”支持措施，由此会继续刺激农产品生产。发达国家对农业提供巨额补贴，国际农产品贸易秩序严重扭曲，给我国的农业发展和农产品出口带来了巨大压力；我国由于财政收入有限，无法对农业提供高额补贴，因此，在同国外高补贴农产品竞争过程中，我国出口农产品明显处于不利地位。随着贸易保护主义抬头，各国农产品补贴均呈上升趋势，WTO缔约国花在农业补贴上的总费用每年高达4000多亿美元，欧美各国在农产品贸易中的“香蕉战”、“牛肉战”接连不断，多边农产品贸易制度缺陷是造成这种局面的根本原因。

三、国外促进农产品出口的政策借鉴

由于农产品出口对于农业的发展有着重要的促进作用，世界各国都很重视本国农产品出口。虽然世界各国政府都试图采取积极措施扩大本国农产品出口，但不同国家的具体做法各不相同，有许多成功的经验值得我们借鉴，世界各国对于农产品出口的政策支持主要体现在农业政策、投资政策等方面。

（一）美国促进农产品出口的政策经验

美国农业属于典型的出口导向型农业，出口额占美国农业总销售额的25%。美国农产品在世界市场上占据着较高的市场份额，其中小麦45%、大豆34%、玉米21%。美国农产品出口扩大在带动国内就业、增加农民收入、减少农产品过剩等方面发挥了积极作用。美国政府为促进农产品出口采取的积极政策措施以及提供的有效服务，有力地推动了美国农产品出口扩大。

1. 明确农产品出口方向

在农产品出口的方向选择上，美国意识到经济发达的欧洲农业现代化水平很高，欧洲市场并非美国农产品的理想去处，相反，广大发展中国家由于人口众多，对于农产品需求较大，人均收入水平较低，用于食品的开支也较多，因此美国将其农产品出口的重心放在发展中国家，并与国际援助联系在一起，起到了很好的效果。

2. 与其他国家达成农产品贸易协议

由于世界农产品市场存在激烈竞争，美国出口数量和金额虽然每年递增，但在世界农产品市场上的市场份额却在不断缩小。美国为保证其农产品出口的持续增长，由政府出面同其他许多国家就农产品进出口问题进行了双边或多边贸易谈判，并就农产品进口关税、农业补贴等问题达成多项协议，为美国农产品出口铺平了道路，在很大程度上促进了美国农产品出口。

3. 为扩大农产品出口提供法律依据

为了有效扩大农产品出口，美国政府通过立法形式为其提供依据。在扩大农产品出口方面，美国先后颁布了第 32 条款和 480 号公法①。第 32 条款是指根据该条款，农产品全部海关收入的 30% 交由农业部用于扩大农产品需求和提高农场主收入，其中就包括适用于鼓励农产品出口的部分。第 480 号公法是指国会于 1954 年 7 月通过的农产品贸易发展和援助法，这是一个专门的农产品销售和援助法案，法案规定总统有权同所谓的友好国家协商和执行以当地的不可兑换的货币来购买美国剩余农产品，可以用农产品信贷公司的食物向对美国友好的任何国家和人民提供直接援助等；之后该公法被重新修正，授权美国农业部对发展中国家提供技术和科学援助，以改善它们的粮食生产。

4. 广泛收集农产品市场信息

美国农业部建立了庞大农产品信息网（美国农产品出口服务中心），搜集各国最新的农产品供求信息。美国农产品出口服务中心在全球建立分支机构，派出包括分析家、谈判代表、行销专家在内的各种市场专家收集与农产品供求相关的信息，并按规定的时间把信息发回美国农产品出口服务中心。这些信息不仅包括各国农产品的播种面积、生长状况、消费需求等基本信息，还包括根据各国天气情况统计、土壤湿度数据及外国官方报道等预测全球作物生长趋势。

---

① 余毅、王文涛："美国扩大农产品出口政策对我国的启示"，《农业经济》，2004 年第 2 期。

5. 实行直接出口补贴

美国从财政中拨出专门资金，用于农产品出口补贴，可分为直接补贴和间接补贴两种形式。直接补贴是以现金形式支付，比较有代表性的是出口增进项目和奶制品出口激励项目；间接补贴并不直接以现金支付，而是采取出口退税等形式进行。出口补贴在一定程度上降低了美国农产品的生产价格，提高了其市场竞争力。

6. 采取出口信贷担保

美国农产品出口服务中心通过提供出口信贷来提升农产品出口，起初由进出口信贷银行和农产品信贷公司负责，后来由农产品信贷公司专门负责，主要包括商业出口信贷保证计划和出口奖励计划，为有效扩大美国农产品出口提供资金支持。

7. 举行各式各样的出口促销活动

美国农产品信息服务中心还通过举办各种促销活动来提升美国农产品的国际形象，这些促销活动主要包括举办与参加贸易展览、收集各国农产品进口者名单等。另外，美国农产品出口服务中心还对各类出口商会和行业协会进行资助，帮助它们进行海外市场的开发和建设，2000 年共资助 25 个全国性的外贸协会和行业协会 3300 多万美元，这些协会和商会包括美国花生协会、美国种子贸易协会、美国种畜基因出口公司、美国肉类出口协会、美国小麦协会等。

（二）日本促进农产品出口的政策经验

日本主要实施三项收入支持计划，即“特定农产品收入稳定计划”、“差价补贴计划”及“作物和牲畜补贴保险”[①]。“特定农产品收入稳定计划”于 1998 年实施，如果市场价格低于前三年市场价，农民将享受补贴。该计划补贴对象主要是

① 朱行：“美国、欧盟和日本粮农产品支持政策比较与借鉴”，《未来与发展》2006 年第 3 期。

种植可耕作物、油籽、水果与蔬菜以及从事畜牧业的农民，这些补贴的大多数资金由政府提供，但是参加计划的农民也要根据其产量参加集资。“差价补贴计划”规定，如果某些农产品当前市场价格低于固定的参考价格，生产者可以享受差额补贴。“作物和牲畜补贴保险”主要是为了降低本国农民收入风险，加入农民能得到政府补贴的各项保险计划，政府为这些保险计划提供 40%—55% 的保险费，农民则支付剩余部分的保险费。当作物或牲畜因自然因素发生意外损失之时，农民可以根据参保条件得到 20%—80% 的损失赔偿。

近年来日本政府为适应国际农产品市场变化，还采取了一些新的促进农产品出口措施，如调整重点出口农产品种类、完善农产品海外推广机制、促进新食品研制开发。为了提高农产品出口竞争力，着力培养新型农业经营人才，并保证每年培养新增 12000 名农业从业者；合理调配农业用地和农业用水，提升国内农业环境等等。

（三）欧盟促进农产品出口的政策经验

欧盟在促进农产品出口方面和其他发达国家一样，为缓解国内农产品过剩的压力，也采取了高额补贴农业的方式促进国内农业生产发展与扩大农产品出口。在美国颁布新农业法之后，欧盟对共同农业政策进行了调整。与美国不同的是，欧盟政策调整的重点是降低价格支持和出口补贴，减少政府干预，更多地采取直接补贴农民收入手段①。在出口补贴数额的确定上，由欧盟官方决定，并受世界市场价格、供给过剩数量、趋势预测等多种因素影响，通常以欧盟干预价格和世界市场价格之间的差额来计算。

削减价格补贴以直接补贴方式给农民一定程度补偿，费用

① 冯晓萍：“欧美农业补贴政策调整对我国的影响及对策思考”，《生产力研究》，2004 年第 1 期。

由欧盟与各成员国共同承担，如谷物等农作物损失的 50%、奶制品损失的 65% 由欧盟补偿给农民。针对农业发展环境问题，加大了对农业环境保护的支持力度，并把它作为 WTO“绿箱”政策，如对自愿减少使用化肥、杀虫剂、灭草剂而受到经济损失的农民给予补贴，对努力减少牛羊存栏而受到经济损失的农民给予补贴，对农业利用价值不大的土地进行粗放经营耕作、退耕还林或不采用排水、灌溉、开垦荒地等有损环境的生产方式的农民给予补贴等。

（四）巴西促进农产品出口的政策经验

巴西农业的繁荣与巴西政府的大力支持密不可分，作为发展中国家虽然不能像发达国家那样高额补贴农业，但巴西政府还是积极采取各种支持政策促进农业生产发展和农产品出口扩大，这些政策措施主要包括农产品售空计划、期权和约补贴、农业保险、家庭农业支持计划、土地改革计划、信贷政策、农业贸易政策等。

产品售空计划是政府向加工企业或批发商支付“差价”补贴的方式来支持农产品价格。期权和约补贴相当于一种价格保证制度，指到期实际市场价格高于期权价格时，农民可以自己出售，如果低于期权价格，则由政府补贴差额，这在一定程度上起到了稳定农民收入的作用。农业保险由联邦中央银行独家负责，分备耕、种植、管理和销售四个阶段进行。家庭农业支持计划包括三个方面：一是基础设施建设，主要是农村公共道路、电力和电信、水利、勘探、仓库建设等；二是农业信贷，向小规模农户提供比商业贷款利率更低的低利率贷款，到期不能按时还贷，还可考虑延长还贷时间；三是免费培训农民和技术人员，免费提供各种病虫害防治技术资料。土地改革计划主要是开发巴西后备耕地资源，促进中西部地区的农业发展。信贷政策指巴西政府根据农民上一年度的产值及其土地面积发放贷款，小农、中农和大农场主分别可获得所需资金

100%、70%和55%的贷款。农业贸易政策主要强调与农业有关的各贸易团体和机构与私人部门之间的协调。另外，巴西政府在促进农业合作组织的发展以及鼓励农产品加工业的发展上也做了大量工作。

(五) 印度促进农产品出口的政策经验

印度也是发展中的农业大国和人口大国，农业对GDP总值的贡献率超过20%，容纳了近70%的劳动力。作为WTO创始成员，印度在国际贸易中始终享受着比较特殊的“优待”地位，长期以“维护外汇收支平衡”为由，对大批进口商品进行数量限制，由于贫困人口众多，使印度能够得到国际社会的谅解①。随着经济自由化和全球化进程加快，印度也进行了经济改革，外向型则是印度经济发展的目标和显著特征。

印度在扩大农产品出口方面主要是从争取有利的贸易环境、加大农业基础设施建设投入以及农业信贷保证入手。利用自身农业发展和社会经济的某些特征，与发达国家讨价还价，以争取有利于本国农业发展的政策，如在WTO框架下将非关税壁垒关税化是一项基本原则，但印度则以发展中国家在外汇短缺导致国际收支不平衡的情况下可以采取临时性非关税限制措施为由，对国外进口农产品进行数量限制。在农业基础设施建设方面，印度政府以“绿箱”政策的形式不断增加基础设施建设的资金投入，也取得了很好的效果。

四、扩大我国农产品出口的对策建议

在WTO框架下，扩大我国农产品出口必须根据我国农业生产现状，充分利用WTO相关规则，统筹考虑影响农产品贸易诸因素，制定正确的发展战略，采取切实可行的战略措施，增加农业支持，努力提升我国农业国际竞争力，积极应对复杂

① 诸昆雄、杨蕾、郭品：“中国和印度农业保护政策的比较”，《世界农业》2004年第4期。

的国际农产品贸易局势，努力扩大优势农产品出口[①]。

（一）强化对农业的支持保护政策，进一步增加“绿箱”投入

必须按照 WTO《农业协议》要求调整农业政策，制定既符合世界贸易组织规则又符合我国国情的有效农业扶持政策。因此，在扶持农业发展时应重点增加绿箱投入，可从以下几个方面加大对农产品出口的支持：

1. 加大对出口农产品生产基础设施建设的投入力度

从农业基础设施建设入手，提高农产品生产能力和效率。在产前环节，确保农用机械、化肥、农药、薄膜、燃料、优良品种等农用生产资料供应；在产中环节，确保农业生产用地、水库、农田水利设施等建设；在产后环节，确保农产品加工、储存、运输与销售设备等建设。通过农业基础设施建设可间接减少出口农产品的生产成本和交易成本，提高农产品出口竞争力。

2. 加大农业科技投入，提高农产品质量和增产潜力

要提高我国出口农产品竞争力，必须增加科技投入，一方面，加强科学技术研究、科技推广工作，不断提高出口农产品生产和加工的科技含量，并向农业生产产前和产后部门扩展；加强动植物疫病防治投入，强化农产品质量与安全标准体系、质量安全检测检验体系建设，进一步提高我国农产品的食品安全水平和质量竞争力。另一方面，大力发展农村基础教育，积极开展农业劳动者科技培训教育和职业教育，全面提高农业劳动者素质，提高农业科技成果转化率，加快农业技术推广，提高我国出口农产品科技含量。

3. 调整农业补贴方向，鼓励社会资本投资农业

---

① 倪洪兴：“对经济全球化进程中加强我国农业保护的若干思考”，《中国农村经济》，2005 年第 4 期。

在农业补贴方面，调整支持补贴目标，由目前对中间环节、流通部门的支持转向对农业生产者的直接补贴；增加农业的一般性服务支出以及对农村环境、生态保护等方面的投入；建立全国耕地质量动态监测和预警系统，加强农村环境检测、污染治理和环境保护工作；加强农业病虫害的预测预报和控制工作。同时，对于农业投入可以采取优惠政策，鼓励私人资本和外资进入农业领域，进一步开放农产品市场，尤其是鼓励各类资本直接进入农产品加工和流通领域；积极培育大中型现代农业企业，提高农产品生产和加工技术水平。

（二）调整农业产业结构，建立优质出口农产品生产基地

1. 调整和优化农业产业结构，加快畜牧业、水产业、园艺产业发展

在农业国际化趋势下，农业产业结构的调整不仅要面向国内市场，实现从片面满足农产品数量需求到全面追求优质高产高效的转变，而且还要面向国际市场，积极参与国际竞争与合作，发展外向型农业。因此，调整和优化农业产业结构要求我国农产品生产和贸易应逐步适应国际、国内两种资源和国际、国内两个市场的有效配置。目前我国具有比较优势的农产品主要是畜禽产品、水产品和园艺产品等劳动密集型农产品，而粮棉油等大宗农作物整体上不具有比较优势。因此，我国农业的发展必须调整生产结构，在保障粮食安全条件下，有效调减具有比较劣势的土地密集型农产品种植面积，扩大优势农产品的生产，如蔬菜、水果、畜产品、水产品以及地方名优特产品，以此缓解我国土地等自然资源的需求压力。

2. 扩大优势农产品生产规模，构建优势农产品商品基地

根据区域比较优势，以市场为导向，继续深化优势农产品结构调整，建立优质出口农产品生产基地，在全国范围内逐步形成一系列优势产业带，如长江流域优质油菜和柑橘产业带，陕西和渤海湾地区的苹果产业带，黄淮海地区优质、专用小麦

产业带，东北及内蒙古东部玉米、大豆产业带，新疆棉花产业带等，根据不同地区的资源和环境特点，形成特色优势农产品商品基地。积极淘汰劣质农产品品种，把不具备竞争优势的产品生产减少到最低安全水平。

3. 不断提高农产品品质，促进农产品加工发展

在稳定初级农产品出口的同时，加大开发农产品加工新技术的投入，优先发展品质好、反季上市的农产品品种。促进新农产品加工技术不断出现，提高农产品加工能力和水平，使出口农产品附加值不断提高。在发展农产品加工业方面，我国必须要加强同世界各国的交流与合作，积极引进国外先进的农产品生产和加工技术，提高农产品加工的技术含量，以此提高农产品附加值。

（三）健全农产品市场信息服务系统，收集和发布农产品国际市场需求信息

1. 组建农产品出口市场信息部门

借鉴美国促进农产品出口经验，成立专门部门负责收集、整理我国主要农产品出口市场供求信息，充分利用驻外使、领馆，各单位驻外分支机构等资源，或者通过举办或参与产品交易会、展览会等机会，组织人员深入主要农产品出口市场，了解当地农产品生产和供给情况、进口国市场容量、经济发展水平、消费水平、消费习惯、需求种类和包装要求等，根据该国农业资源分布特点、气候变化等自然环境条件，对农产品供求趋势进行预测，应对国外市场上任何突发情况。

2. 打造农业信息平台

抓好信息网络系统建设，及时收集并发布农产品月度分析报告等公共信息产品，一方面，要研究国际市场的商品供求信息、农产品进出口政策、农产品卫生质量法规和标准等；另一方面，要搜集国内特色农产品、龙头企业等信息，促进双方及时、快捷地交流。进一步拓宽信息服务领域，建立国际农产品

信息发布机制，编写与农产品出口相关的出口指南、农产品出口月度报告以及主要农产品进口国的市场信息月报等。

3. 完善农产品出口公共服务体系

为出口企业做好咨询和信息服务工作，在农产品主要出口地区举办食品安全新法规培训，使农产品生产者和出口企业尽早全面了解世界贸易组织成员，特别是我国主要贸易伙伴的有关技术法规、标准和合格评定的信息。建立协助出口商克服技术性贸易壁垒的咨询和信息服务机构，培养国际水准的绿色人才。组织专门人力、物力研究世界贸易的技术性贸易壁垒体系，收集、整理、跟踪国外的技术贸易壁垒状况，建立技术贸易壁垒数据库，以便及时采取积极防御措施。建立专门的信息咨询机构承担国外的技术法规、标准和合格评定的通报，向企业传递有关信息，定期发布国外技术性贸易壁垒的最新动态。

（四）加快以农产品质量安全为重点的农业标志体系建设，促进农产品生产标准化进程

1. 制定和完善与国际接轨的农产品国家和行业质量标准

突出特色农产品质量安全标准、检测方法标准、质量等级标准、生产加工技术标准、农业投入品和生产产地环境等方面标准，必须全面掌握包括国际标准化组织、国际植物保护联盟、国际食品法典委员会在内的国际组织以及国外发达国家的先进标准，跟踪分析不同国家、不同地区对进口农产品的差异和特殊要求，力争国家标准要与相应国际标准等同或等效修订，真正做到与国际标准同步和接轨。加强与国际标准化组织的合作交流，积极参与有关国际标准的制定和审定工作，尤其是在农产品的农药兽药残留、动植物卫生措施官方评议、动植物防疫和农产品进出口贸易预警机制等方面要加强与国际标准化组织的合作与交流。从促进我国农产品扩大出口的需要出发，研究新技术、新方法，为建立完善我国优势农产品质量、安全、卫生标准，科学合理地开展农业标准制定和修订工作。

2. 创建并推广农业标准化生产基地

从建立农业标准化示范区入手，通过农业标准化示范区的带动效应，创建并推广农业标准化生产基地，促进农产品标准化体系的建立。农业标准化示范区的宗旨是以优势和特色农业为对象，建立健全农业标准体系和检测体系，用标准化控制农业生产、加工、流通全过程；通过扶植壮大农业产业化龙头企业，培育标准化农产品品牌，提高农产品质量安全水平和市场竞争力，扩大农产品出口，推动“公司+基地+农户”的农业产业化经营，促进农业可持续发展。在农业标准化示范区的基础上，建立我国具有比较优势的农产品标准化生产基地，扩大优势农产品的生产规模，通过标准化生产确保其质量，为扩大出口提供保证。

3. 重视发展有机安全农产品

首先从提高农业生产者环保意识和品牌意识入手，培育农业生产者的绿色生产和经营观念，强调在农产品生产过程中减少环境污染，加强生态环境保护和治理。加强对环境污染的监测，减少农药、化肥的使用量，加快发展绿色、无公害农产品的生产开发，建立绿色有机农产品生产基地。同时还要强化农产品安全责任，积极推行“出口农产品绿卡行动计划”，建立农产品出口质量可追溯系统，建立完整的出口农产品种植和养殖履历，使农产品在农场、食品原材料供应商、加工商、运输商以及销售商店等环节都能得到质量保障。在此基础上，力争获得国际上权威的产品认证。

4. 加强农产品质量监测体系建设

加强农产品质量监督，大力推行市场准入制度。充实、完善现有国家级、部级质检机构，优先考虑种子及农药、化肥、饲料、农机具等主要生产资料和粮、棉、油等农产品检验需要。完善农业生态环境监测机构，重点监测农业标准生产基地的生态环境指标。加强农药残留量、农机配件等检验手段，以保证人身安全健康和农业生产，对一些重要的农业生产资料市场，要逐步建立商品质量监督机构，以确保农资商品质量。消化吸收国内外有关科研成果，重点加强快速检测方法的研究和快速检测手段的研制，以适应现场快速检验、检测工作需要。

（五）加快农产品外贸管理体制改革步伐，改善农产品检验检疫及通关工作

1. 建立和谐的一体化农业管理体制，加强农业社会化服务体系

借鉴国际经验，需要加强中央对农业统筹协调和宏观调控的职能，理顺中央各有关部门和地方条块分割关系，逐步建立适应新阶段和农业国际化要求的农业一体化管理体制，实现对农产品产前、产中、产后一体化管理，提供各种配套社会化服务。完善农业信息服务体系，逐步建立完善的农产品贸易信息数据库，及时准确地提供国内外农产品市场供需信息及价格变动趋势，提供相关国家的农产品贸易政策法规、相关技术和标准要求，使我国农产品在国际贸易中争取主动。建立农产品预警预报机制，提高国际市场应变能力，对出口可能形成的贸易摩擦、争端包括反倾销等状况进行预测，建立农产品出口预警体系。

2. 加快农产品流通体制改革，建立顺畅的农产品流通体系

一方面，进一步加强市场流通体系的建设，形成一个开放、统一、竞争、有序的农产品流通体系，消除地区封锁，坚决杜绝乱设卡、乱收费、乱罚款、乱摊派现象，建立大宗农产品特别是鲜活农产品销售“绿色通道”，海关、进出口检验检疫、银行、外汇、外经贸等部门要通力合作，加快农产品出口特别是鲜活农产品出口通关速度；另一方面，进一步加强以交通运输为重点的基础设施建设，逐步改善运输装备，提高运输效率和效益，降低流通费用。

3. 建立有效的约束和激励机制，促进农产品出口稳定增长

农产品生产者和出口者双方之间存在信息不对称、利益与风险不平衡问题，导致双方无法形成利益共同体。针对这一问题，可建立一套对农产品生产者和出口者双方都具有约束力，使双方结成利益共同体的约束与激励机制，从根本上改变农产品生产和出口主体分离以及由此带来的双方目标利益不一致问题。在农业产业化基础上，让专业农户、农民合作经济组织和外贸公司参与生产和出口，形成外贸公司、农民合作经济组织和专业农户相互依托的一体化组织，真正做到农产品生产者和出口者之间利益共享、风险共担，避免“道德风险”发生。

4. 调整农产品进口关税结构，建立多边贸易协调机制

目前，我国农产品关税税率设置不合理，小麦、玉米等大宗商品进口数量很大，但关税很低，而一些小商品进口数量较少，关税壁垒却很高。因此，应主动大幅度降低进口量很少的一些小商品税率，提高粮食等大宗重要商品关税税率。另外，还应充分利用 WTO 多边贸易协调机制，加强国际多边协作与交流。在世贸组织的框架内，根据我国农业和农产品竞争力及贸易得利，积极务实地参与谈判，如劳动密集型农产品的市场准入、SPS 和 TBT 标准、特别保障条款的启动条件等，力求争取对我国农产品出口更为公平、公正、合理的国际贸易环境。

（六）充分利用农产品互补性开展产业内贸易，通过多渠道开拓多元化国际农产品市场

从地缘关系的角度看，相近地区由于在地理位置、自然条件、生产传统、技术水平、消费习惯等方面存在相似性，对农产品的需求也趋于一致，贸易结构呈现出很强的互补性，因此，彼此间的农业内合作具有广阔前景。可利用不同国家在农产品生产和需求上的互补性，扬长避短、趋利避害，加强和深化双方农业合作，扩大农产品出口。特别是同周边国家开展区域贸易合作，进行农产品产业内贸易，建立中国同东盟以及中国同日本、韩国和东盟的自由贸易区，帮助我国农产品顺利进

入这些国家的市场。

我国农产品出口在巩固日、韩、东南亚、欧美等传统市场的同时，还应该大力开拓非洲、中东、独联体、拉美、大洋洲等新兴出口市场。目前，一些新的国际市场对农产品需求进一步增加，如非洲、中东以及东南亚等。我国农产品出口企业应该抓住机遇，通过广泛参加各种类型的国际农产品展销会、洽谈会和博览会，积极开展国际营销，在稳定传统市场的基础上重点拓展东盟市场，培育发展俄罗斯、中东、拉美等新兴市场，不断扩大农产品出口，将我国的农产品推销到世界各地，使我国的农产品出口市场实现真正意义上的多元化。在这个过程中，要重点关注两种多元化：一种是农产品出口市场多元化。积极开发新市场，扩大市场的互补性，特别是向亚、非、拉等发展中国家开拓农产品市场，可以分散出口风险。另一种是出口产品多元化，积极主动跟踪目标市场的需求状况，在保持传统农产品出口优势的同时，大力发展名优特、绿色、精深加工农产品出口。

（七）加快建立健全农业保险体系和农产品出口信用保险制度，增强农产品出口企业的风险防范能力

农业保险是一种受自然灾害制约较大的高风险保险业务，具有准公共物品性质。根据国外农业保险的实践经验，我国今后应建立以政府与商业保险公司混合经营、以国家农业保险公司宏观调控来引导农业保险发展方向、以各省农业保险公司的区域性管理为业务主导、以县乡两级农业保险公司为经营主体的政策主导性农业保险体系。同时，根据不同地区农业生产条件和不同农产品品种情况，可考虑由国家牵头投入启动资金，农户和农产品出口企业参与的形式，设立灾害保险补偿金以及农产品价格波动补偿金，在农民收入损失、自然灾害损失等方面给予保险补贴。

充分发挥出口信用保险的作用，针对农产品出口特点，研究开发农产品出口信用保险的新险种，提高农产品出口信用保险的保费扶持比例。建立以出口信贷和出口信用保险为重点的农产品出口金融支持体系，为农产品出口提供金融支持，解决企业融资困难问题，积极扶持农产品出口。具体可以从以下几个方面入手：①启动农产品贸易促进资金。外贸发展基金要向促进农产品出口倾斜，主要用于支持企业研发新产品新技术、开拓国际市场、参与国际认证等。②可考虑设立“国家促进农产品出口基金”，优先安排贷款支持企业扩大农产品出口建设项目和技术改造项目，降低出口信用保险费率，增加农产品出口重点国家和地区的风险限额，切实落实农产品出口退税政策。[①] ③推动出口信用保险与出口融资业务的有机结合，明确一家政策性金融机构，为农产品出口提供政策性金融支持，解决农产品出口企业融资难。④政策性金融机构还应该在贷款利率、资产抵押、贷款担保等方面考虑农产品出口企业特点，给予政策优惠，建立政府信贷担保或财政贴息支持机制。

第三节

完善农产品进出口调控机制

一、入世以来我国农产品进出口调控的主要问题

（一）市场准入门槛低

我国农产品平均关税从 2001 年的 17.9% 降到 2006 年的 15.2%。远低于世界农产品平均关税 62% 的水平，成为世界

① 吕曦旸、戴先强：“充分发挥比较优势，促进农产品出口增长”，《调研世界》，2007 年第 6 期。

上农产品关税水平最低的国家之一。2004 年起，粮食等重点农产品的进口关税配额数量已经达到最高点，2005 年之后仍保持这样的高水平。粮棉油糖等大宗农产品实行的关税配额量大，配额内关税多数是 1%，配额外关税最高只有 65%。我国已成为世界上农产品市场开放度最高的国家之一，从而削弱了我国对农产品贸易的调控能力。

（二）国内支持总量水平不高

一是国家财政用于农业支出的比重不高，投入结构不合理。我国承诺自加入 WTO 起，取消农产品出口补贴，承诺将国内支持中的“黄箱”补贴上限约束在 8.5%，低于其他发展中国家 10% 的水平。2006 年，国家财政支出中农业科技三项费用支出为 21.42 亿元，仅占国家财政“科技三项费用”总额的 2.74%，占农业生产总值的 0.08%。二是财政支农投入结构不合理。财政支农支出中，用于大江大河、水利气象等全社会受益的支出多，直接用于农业综合生产能力建设的少。2006 年国家安排农业生产的基本建设投资，仅占大农业（农、林、水、气）投资的 18.7%，占整个国家基本建设投资的 6.6%；同期安排农业生产的国债投资，占大农业的 19.1%，占整个国债投资的 9.3%。三是与发达国家支持水平相比差距明显。与发达国家对农业的巨额补贴措施相比，我国农业国内支持总量水平还不高；而且与 WTO 规则允许的支持水平也有很大差距，加强农业支持仍有较大的政策空间。

（三）贸易救济能力需要进一步提高

虽然我国已基本建立了贸易救济措施制度和相关法律法规，但由于产业和行业组织发育水平低，组织协调能力差，企业自觉运用法律手段维护自身利益意识薄弱，导致贸易救济措施在维护公平贸易和产业安全中还没有发挥出应有的作用，运用国际通行规则应对贸易摩擦和解决争端的水平和能力需要进一步提高。我国农产品出口正受到日益增多的动植物检疫措施（SPS）、技术性贸易措施（TBT）、环境和社会标准以及反倾销、反补贴和保障措施等限制，这些措施妨碍我国农业比较优势的发挥。

（四）体制与机制不完全适应新的国际竞争环境

随着农业国际化进程加快，现行农业体制与机制中存在的问题表现得仍很突出。一是现行农业管理体制与机构设置还不能对农业发展、农产品市场进行及时、有效和灵活的调控和管理。主要问题表现在农产品生产、加工、流通和对外贸易管理相互脱节，存在地区封锁、行业分割、部门垄断现象。二是现有农业政策、法律、法规体系的目标过分偏重生产环节，而对流通和分配环节重视不够。三是农业经营主体不具备参与农业国际化进程的能力。千家万户小农的分散经营，在农业进入国际化阶段后，无论是在规模、效率，还是在竞争能力上，都不能适应国际竞争日趋激烈的挑战。

二、国外农产品进出口调控的发展方向

随着国际竞争不断加剧，各国尤其是发达国家纷纷采取花样更新和更隐蔽的保护手段维护本国利益，农产品进出口调控的发展方向主要表现为以下三个方面：

（一）利用 WTO 规则实行贸易保护

在 WTO 规则约束下，大多数国家都在向自由贸易方向迈进，但由于现行多边贸易体制并非无懈可击，因而保护主义总是千方百计从中寻找“合法”的生存土壤。WTO 允许成员国利用其有关协议保护本国利益，反击遭到的不公平待遇，这就为各国以“公平贸易”为口实实行贸易保护留下了空间。WTO 规则并不排斥各成员国经济的自主性，保留本国经济自主性的要求不仅来自发达国家，而且还来自发展中国家。因此，采取与 WTO 不直接冲突的各种保护措施，已成为经济全

球化过程中贸易保护主义的普遍形态。

（二）利用区域贸易组织实施产业保护

众多国家积极寻求区域合作，通过不同层次的区域贸易安排，区域贸易协定成员获得了比区域外成员更多的优惠条件。通过内外差异政策等方式，区域一体化协定在为其成员创造更有利的贸易条件的同时，也对非成员构成了歧视。区域一体化组织的排他性特征实际上起到了对成员贸易保护的作用。通过参与双边自贸区建设，尤其是自主贸易安排，既可使本国产品以更加优惠的贸易条件进入缔约方市场，从而拓宽出口渠道、分散市场风险、带动国内经济发展，还可根据需要相互开放更多领域，使双方受益。同时参与自贸区还可使本国在更大的地域范围内实现资源的优化配置，以发挥本国产业的比较优势，提高国家的整体经济实力。

（三）贸易壁垒正在发生结构性变化

关税壁垒对农产品贸易保护作用逐渐减弱，传统的非关税壁垒，如数量限制、差价税等将通过关税化被取消。在这种趋势下，技术壁垒等隐蔽性较强、透明性较低、不易监督和预测的保护措施逐渐发展成为发达国家保护国内市场的主要手段。技术壁垒、绿色壁垒、知识产权保护、劳工标准等贸易壁垒花样翻新，应用范围更加广泛。发达国家利用自身在环保和科技方面的优势，制定更高的环保、技术、商品和劳工标准，以削弱发展中国家凭借低廉劳动力成本而获得的出口竞争力。由于这些新型贸易保护手段具有良好的定向性、隐蔽性和灵活性，其中一些技术和环保方面的要求以提升技术水平、维护消费者利益为出发点，甚至可以视为中性的贸易标准，加之 WTO 对这些贸易措施应用的限制并不统一，因而，其保护效果更为突出，进一步加剧了世界范围内的贸易摩擦。目前技术壁垒的表现形式越来越多，涵盖范围越来越广。从产品角度来说，不仅涉及初级产品，而且还牵涉到所有的中间产品和制成品；从过程来看，涵盖了研究、开发、生产、加工、包装、运输、销售和消费以及处置等整个产品生命周期。从涉及领域来看，已从有形商品扩展到金融、信息等服务贸易以及投资、知识产权和环境保护等各个领域。

三、完善农产品进出口调控机制的政策建议

（一）进口贸易政策

1. 重视合理的关税保护，加强对农产品进口的有效调控

利用当前有限的关税保护手段，结合配额管理等措施，改进和加强农产品尤其是大宗农产品贸易调控。即使国内产需缺口扩大，也不能盲目降税或扩大配额，应在不冲击国内生产和市场的前提下，把握适当时机，通过暂定配额外关税来调节进口，给国内生产的调整和发展留有余地。进口调控的方向、力度、节奏必须与国内农业产业发展现状和需要相一致。坚持主要农产品的供应“立足国内，适当进口”的方针，保持进口大宗产品供需紧平衡，确保国内价格稳中有升，以保护国内农业生产的稳定发展和农民收入的持续增长。强化对国际市场的影响力和主动参与意识，把握农产品进出口的时机和力度，充分考虑我国农产品进口的“大国效应”，正确引导市场价格走势，稳定农产品市场，避免大起大落对国内生产者的影响。

2. 做好多双边贸易谈判，尽可能保留目前十分有限的农产品关税

谈判中要把农业作为保护重点，尽可能争取不做或少做减让，尤其是关系国计民生的大宗产品更是如此。切不能以牺牲农业与农民的利益为代价推动谈判，尤其是在区域或双边贸易谈判中，要实事求是地认识区域或双边贸易自由化的作用，以维护国家长远经济利益为根本原则从整体上把握自贸区谈判，不能为建立自贸区而牺牲入世谈判过程中艰难保留的权利和利益，不能以牺牲国内产业利益为代价，应稳妥地把握谈判进

程，谨防操之过急。

3. 加强产业损害调查和贸易预警工作，及时采取WTO允许的以附加关税为核心的贸易救济措施

建立贸易救济工作专门机构和队伍，加大人才培训力度，加强对主要贸易伙伴边境措施的监测，对贸易给我国农业产业带来的影响进行跟踪、预警。合理运用法律手段，组织参与产业损害调查和对外贸易壁垒调查，维护农业产业安全和农产品出口利益。在我国农业受到威胁和损害时，及时启动农业领域“两反一保”和贸易争端解决机制。建立企业反倾销应诉基金，支持农产品出口企业应对外国“两反一保”诉讼。

（二）出口贸易政策

1. 努力推进出口市场多元化

结合我国农产品比较优势和境外主要农产品市场状况，提出农产品出口市场多元化指导方案，为企业经营者确定、细化目标市场，制定企业营销策略提供基础信息和指导；根据农产品出口市场多元化指导方案和目标市场开发指导方案，对企业目标市场先期开发进行引导、鼓励和资助，包括对企业产品推介、消费群体培育、产品质量标准和环境质量标准认证等市场开发活动的资助。

2. 培育农产品出口示范企业

一是在我国具有比较优势的农产品领域培育一批国际竞争力较强、出口规模大、效益好、带动农民就业、促进农民增收效果明显的农产品出口企业；二是适应农产品国际贸易新形势，选择禽肉、蔬菜、水果等重点出口产品建立健全行业组织和商品协会，支持各地建立特色农产品出口行业组织；三是推动企业在自愿基础上组建行业协会，实行企业自主管理、自我服务和自我监督；四是充分发挥行业组织的作用，提高行业组织化程度，规范农产品出口秩序，积极应对国际贸易纠纷。

3. 加强农产品出口基地和质量安全体系建设

鼓励和支持农产品出口企业建立自有种植、养殖基地，对农产品生产实施全程质量控制。在出口基地严格执行农业投入品使用规定，加强肥料和农药合理使用的监测和管理，加快推进种植、养殖方式转变。鼓励出口基地获得良好农业规范（GAP)、良好生产规范（GMP）和危害分析与关键控制点（HACCP）等与国际要求一致的认证，建立农产品种植、养殖履历和质量可追溯体系，获得国际市场准入通行证。加快以农业标准体系、检验检测体系和认证体系为主要内容的农产品质量安全管理体系建设，并在出口基地率先实施。

4. 完善农产品出口鼓励政策

一是为优势农产品出口建立“绿色通道”，包括完善农产品出口退税制度，对优势农产品实行完全退税和优先退税；改革现行农产品贸易体制，将农产品生产和销售、农产品内贸和外贸统一起来，为农产品出口提供联合服务；加大政府资金支持和免费服务力度，建立专项农产品出口信贷制度，为我国农产品进口商提供国家信贷担保，为农产品出口企业营造良好的融资环境；实行便捷通关，对园艺产品、畜产品等出口企业提供免费产品检验服务，缩短检验检疫、通关等出口环节时间；利用外贸发展基金对出口农产品认证补贴。二是建立农产品出口快速反应基金，应对意外事件发生。采取政府补贴、企业税前提取和农民小额投入等办法，在农产品出口集中地区建立出口农产品风险基金，对遭遇不可抗力的农产品出口企业和农民采取的措施给予一定比例的资金补偿。

5. 加强国家整体公共形象宣传

开展我国重点农产品质量和食品安全标准宣传推广和国际合作，在境外媒体上进行以有机食品、绿色食品和地区特产为内容的农产品整体推介，制作重点产品公益广告。结合当地文化和饮食习惯，开展中国产品周、美食节、文化节等灵活多样、丰富多彩的促销和推广活动，介绍产品知识，宣传产品特点，达到推介产品、引导消费进而实现贸易的目的。政府在产品宣传材料、资料印刷费和光盘翻译制作等方面资助企业。

6. 打造境内有广泛影响力的一流农业国际展览

继续有计划有重点地举办和支持社会效益好、组织运作规范、已基本形成规模、知名度较高的境内国际性农业展览会。打造一流国际性农业展览，将中国国际农产品交易会、中国国际渔业博览会和中国国际水产养殖展览会、中国国际农牧业及食品工业展览会、中国国际植保展览会、中国国际园艺及花卉专用肥料展、中国国际灌溉展览会、中国国际干燥展览会等做大做强。借展览会平台，广泛邀请国际购买商来华参加各种农业展览会及相关贸易洽谈活动，降低国内农业企业建立海外贸易关系的成本，增加国内优势农产品出口机会。举办境内农产品国际年会和专题研讨会，提高我国农产品国际知名度。注重国家整体形象，着力推介集体品牌和地区性品牌，以国家队形式有重点、有选择、有针对性地组织国内农产品加工营销企业和行业协会参加境外综合性和专业性国际农业博览会、展览会；跟踪研究农产品国际展览的推介展示效果，健全展览等级评价体系，建立企业参加国际展会推荐参考指数公布制度，鼓励、引导企业有效参加农业国际展览；加大地方、企业、协会境外参展的支持力度，鼓励企业走出去，积极参与国际市场竞争。资助参展企业场地租金、展品运输、展台搭建、桌椅、照明和公共布展以及政府展团等费用。

7. 加强外经贸信息服务

一是建立有效的农业外经贸信息采集渠道和机制，开展多边双边信息交换，建立信息采集点，培训专业人员；购买各国海关及贸易数据库；跟踪监测重要网站和媒体；采购遥感卫星图片开展全球农业估产。选择农产品出口重点省（市）、农业外贸企业、协会和中介组织作为信息采集点，建立固定信息渠道和快速反应机制，加强农业外贸信息采集工作，扩大信息源，提高信息质量和有效性。二是开展信息分析与研究。重点围绕我国主要贸易伙伴的农产品贸易政策及技术标准和法规、国际市场农产品价格及动态预测、我国农产品出口的目标市场和潜在市场情况、突发事件对我国农产品贸易的影响等展开分析和研究。三是进行有效的信息发布与传播。建立农产品出口信息发布制度。通过网络免费进行 WTO 等国际组织规则普及；国外政策法规和我国出口政策介绍和宣传；国外产品质量卫生标准、检疫检验标准信息、疾病疫情发布；技术壁垒、反倾销、贸易摩擦、谈判贸易动态发布；国际农产品生产与市场信息及趋势预测；展览信息发布及世界农产品进口商名录查阅；建立和运行农产品网上展销厅，对农产品知名企业和知名产品宣传推介提供优惠服务；编制发送信息简报，提供内部决策研究报告。

8. 支持企业“走出去”开发境外资源

对“走出去”战略统一规划、统筹安排、统一领导，继续鼓励国内有经济实力和科技实力的企业到国外投资开发境外资源，从事土地密集型农产品和天然橡胶等资源短缺类产品的种植和加工，确保国内资源供给安全。对“走出去”的企业，给予一定的信贷支持和财政贴息，弥补企业自身资金不足；在增值税征收环节上给予“先征后退”的政策优惠，确保我国农业“走出去”企业与国外企业享有公平的市场待遇。加大与合作国政府协调力度，促进形成良好的投资环境和企业运营环境，降低投资风险，促进共同发展。设立风险保障基金，帮助“走出去”企业规避政治风险。

第四节

外商直接投资进入我国农业与我国农业“走出去”

利用外资促进农业发展是我国农业对外开放的重要内容，我国农业利用国外无偿援助、贷款以及外商直接投资等，在弥补国内农业投入不足、促进农业科技进步、推动农业产业发展以及消除农村贫困等方面发挥了重要作用。

一、外资并购我国农业企业的基本情况

随着我国农业国际化程度不断提高，农业外资利用进入一个新的发展时期，外商直接投资快速增长。截至 2005 年，我国农业已利用外商直接投资协议金额达 329 亿美元。同时，外商直接投资的方式和投向也发生了一系列新变化，外资并购已进入活跃期，呈现出许多新特点。

（一）外资并购成为外资进入我国农业的重要方式

随着我国对外资企业控股比例限制的逐步取消和投资领域进一步开放，外资进入我国农业的速度不断加快，特别是外资并购能以较少的资本迅速进入甚至控制目标市场，成为外资直接进入我国农业的重要方式，尤其是外资并购我国农业类上市公司呈快速发展态势。2000 年 12 月，法国达能亚洲有限公司正式收购上海梅林饮用水 50% 股份，拉开了农业领域外资并购的序幕。此后，外资并购农业类上市公司的交易数量快速增加，截至 2004 年底农业领域的外资并购共发生 11 起，交易金额 3.9 亿美元，占外资并购我国上市公司总交易金额的 6.4%。

（二）资源密集型产业和增长空间大的产业成为跨国并购热点

由于资源密集型产业消费市场大而资源供给相对稀缺，易形成行业垄断，成为跨国并购热点。大豆是我国市场开放度最高的大宗农产品，在跨国粮食贸易商成功控制了南美大豆的生产资源后，我国消费市场自然就成了他们掠取的目标。同时，增长空间大的产业也成为并购的热点，我国乳制品消费近年来快速增长，未来增长空间广阔，已成为我国西部地区农民增收

的支柱产业，这些产业中的龙头企业也是外资追逐的对象。

（三）龙头企业成为外资并购的重点目标

外资并购目标企业锁定在行业地位突出、具有良好经济效益、治理结构优良的上市公司，跨国公司并购农业类上市公司以酿酒、乳业、蔬菜和肉类加工企业居多。高盛准备收购的双汇集团是我国最大的农业产业化龙头企业，达能持股的光明是我国最大的乳制品企业之一，受摩根·士丹利、鼎晖投资和英联投资青睐的蒙牛，也是近年来中国成长速度最快的民营企业。

（四）外资并购方式不断翻新

目前，外资并购除直接收购和间接收购等方式外，还有一些创新方式，如外资通过购买资产管理公司处理的不良资产，以债转股方式直接或间接进入上市公司；以融资方式参与管理者收购，并通过控制上市公司管理者进而控制上市公司。合格境外机构投资者（QFII）机制开始启动，这使得外资通过合格境外机构投资者进入中国资本市场，参与中国A股公司的重组成为可能。

二、我国境外以粮食为代表的农业资源开发选择

（一）境外粮食资源开发理论与选择方法

1. 境外粮食资源开发目标

企业跨国经营的投资动机主要有以下几种：一是市场型投资，主要是为保护投资母国农产品进口市场和渠道的稳定性，或为了绕开产品市场准入限制，开拓国外新市场而进行对外直接投资；二是科技型投资，为了取得和利用国外农业先进技术和信息而进行对外直接投资；三是资源开发型投资，主要是为了获得土地、木材等原材料；四是战略资产增加型，主要是为了获得品牌、种质资源等战略性资产；五是效率追求型，主要

是在基础设施、产业集聚等基础上获取规模经济好处。事实上，这几个投资目标之间既有区别，又有联系。

由于我国境外粮食资源开发的主要目的，在于利用境外农业合作开发粮食产品直接满足国内粮食总量和品种余缺。同时，通过境外开发粮食资源，帮助其他发展中国家提高粮食供给和安全水平。由于境外粮食资源开发的主体是企业，因此境外农业合作开发作为农业“走出去”的重要组成部分，必须坚持统筹国内发展与对外开放，积极调整以适应国民经济发展新形势、农业发展新阶段的要求。境外农业合作开发必须是以满足国内食品和工业品消费为最终目标，以国内短缺的大宗粮食产品为导向。政府要采取各种措施，引导和支持企业的商业化行为，以实现企业商业化目标和政府粮食安全社会目标相统一。

2. 境外粮食资源开发的重点产业选择

国内一些专家提出中国对外直接投资产业选择的三大基准：第一，产业组合区位比较优势基准，强调投资于母国相对于东道国同类产业所具有的比较优势；第二，国内“回流”贸易量基准或“市场内部化率”基准，强调投资对母国产业结构调整即产业技术发展的波及效应；第三，结构高度化同质性基准，强调对外直接投资产业投资方向与国内产业结构高度化发展趋势相耦合①。

从直接调剂国内粮食总量和结构平衡角度来看，境外资源开发的重点品种主要应是国内供不应求，需要依靠国际市场调剂，而且我国现阶段进口量较大或未来进口不断增长的粮食品种。按照进口数量来排序，我国境外粮食资源开发的重点是大豆、木薯、大麦、稻谷、小麦。从帮助解决亚非发展中国家的粮食安全和促进我国粮食出口角度来看，玉米、小麦、稻谷是我国境外粮食资源开发的重点。考虑到我国进口大麦主要用于

① 邢建国，《对外直接投资战略抉择》，经济科学出版社 2003 年版。

啤酒酿造，对口粮安全影响较小，因此，不应作为境外粮食开发的重点。而我国进口木薯主要作为淀粉，对城乡居民食物消费有一定影响，而木薯作为生物质能源的重要原料也具有重要意义，更重要的是木薯在非洲很多国家是重要的口粮，因而可作为境外资源开发重点。

从产业技术发展波及效应以及我国农业科技优劣势来看，我国在杂交水稻、杂交玉米品种及生产技术具有明显的优势。杂交水稻是一项通过杂种优势使水稻产量比现有生产中常规纯系品种增产至少达15%—20%的技术，形成了湖南隆平高科、湖北种子集团、辽宁东亚种业等一批实力很强的科技型龙头企业，目前已有很多科研单位和企业在东南亚具有推广应用杂交水稻的成功经验，并在越南、老挝、菲律宾、马来西亚、印度尼西亚试种成功，取得巨大的社会反响。我国利用玉米杂种优势的技术比较成熟，目前生产上大面积推广的杂交种约有30多个。结合分子育种技术，我国已逐步形成了一套高效育种技术体系，包括杂交选育、品质改良、抗逆鉴定、分子育种、亲本选配、种子生产加工和质量管理等技术。国内形成了山西屯玉种业、山东登海种业等科技企业，在东盟和西亚国家都有推广。此外，我国的杂交水稻、杂交玉米在非洲和南美洲也有一定的推广。

从结构高度化同质性基准和国内农业产业结构升级角度来看，国内对农产品消费需求逐步从数量型向质量型转变，从单一向多元化转变，从而带动国内农业产业结构升级。因此，加快境外种质资源的收集、整理，以便更好地培育新品种，提高国内农产品的产量和质量，也是农业对外直接投资的重要目的之一。随着国内对食用油籽需求的快速增长，我国对大豆的进口急剧增加，为了满足国内市场消费，除了通过采取财政手段刺激国内生产之外，加大境外大豆的开发和生产也是一条重要途径。此外，加快境外粮食产业链延伸，提高粮食加工比重，有利于促进国内粮食产业结构的升级和优化。

3. 境外粮食资源开发的重点区域选择

由于世界各国农业发展水平和投资环境差别较大，在合作伙伴的选择方面，综合考虑上述理论方法和农业投资的实际情况，可采用以下几个基本因素进行评价和筛选。一是政局与社会环境，包括是否有内乱、宗教冲突。二是经济环境，包括基础设施建设、人均 GDP、货币稳定性、外汇储备水平与汇出入管制、粮食进出口关税水平与管理制度、劳务签证、农业利用外资政策等。三是农业资源环境，包括土质、光热、降水情况、农业耕地面积、农田水利设施与灌溉面积、农业劳动力数量与质量、农业科技与推广水平、粮食产量与结构、粮食进出口量与结构、粮食消费量与结构。境外粮食资源开发的国别地区选择思路是，分品种将粮食进出口状况作为一国粮食资源生产条件和供求状况的综合指标，按照净出口进行排序，对于粮食净出口国家，对其政局与社会环境的稳定性以及其经济环境进行进一步筛选，选择最优的，作为境外直接投资以满足我国粮食市场的重点国家；对于粮食净进口国家，同样对其政局与社会环境的稳定性以及其经济环境进行进一步筛选，选择较好的，作为境外直接投资以帮助解决当地粮食供给和安全水平。

（二）境外粮食资源开发的重点品种和重点区域选择

1. 大豆

目前，我国国内大豆需求主要依靠进口满足，我国已成为全球最大的大豆进口国。尤其值得关注的是，自 2004 年大豆危机以来，跨国粮商逐步形成对我国大豆加工行业的垄断局面，使我国大豆行业出现了“拉美化”倾向。豆油及分离品出口前十名的国家是阿根廷、巴西、美国、荷兰、德国、比利时、委内瑞拉、巴拉圭、马来西亚、中国，这些国家豆油及分离品占世界的 93.5%。其中，阿根廷占 47.88%，巴西占 21.11%。目前，巴西农产品种植已高度系统化，ADM 公司、邦吉公司、嘉吉公司、路易达孚公司四大国际粮商与当地种植户都签有长期合同，控制大豆原料，目前已控制了巴西70%—80%的大豆种植。综合考虑上述国家的政治、经济和农业投资环境，可以满足我国大豆需求的境外大豆开发重点国家是阿根廷、巴西、乌克兰和俄罗斯。可以提高当地大豆需求的境外投资开发重点国家是俄罗斯、印度、印度尼西亚、泰国、越南、玻利维亚、乌拉圭、哥伦比亚、尼日利亚、南非、乌干达等国家。

2. 木薯

我国仅广东、广西和海南等省份种植木薯，而且受土地资源限制，总产增长潜力有限，难以满足国内日益增长的需求。木薯主要生产国包括尼日利亚、巴西、泰国、印度尼西亚、民主刚果、加纳、越南、安哥拉、印度和莫桑比克，其中泰国是世界最大的木薯出口国，木薯出口量占世界出口总量的80%以上。我国木薯干进口全部来自泰国、越南和印度尼西亚。综合考虑上述国家的政治、经济和农业投资环境，以泰国、越南和印度尼西亚等亚洲国家为投资开发的重点国家，以非洲的民主刚果、加纳、安哥拉、莫桑比克为重点以提高当地口粮供给。

3. 水稻

我国是世界重要的大米进出口国，大米主要出口到韩国、日本、俄罗斯等周边传统市场。进口品种主要是泰国和越南香米，用于品种调剂，集中在南方沿海地区和大城市。目前，亚洲、非洲和拉丁美洲许多国家对稻米需求的增长，已经超过了其水稻生产能力。联合国粮农组织报告指出，全球水稻生产需求增加，但土地、水资源却在减少，生产成本增加。因此，许多水稻生产国和地区希望引进中国杂交稻技术以保障粮食安全。这一世界性的消费需求为我国水稻育种技术和良种出口提供了巨大的市场，可考虑在孟加拉国、缅甸、菲律宾、柬埔寨、越南、巴基斯坦、尼泊尔、几内亚、尼日利亚等国家开展水稻种植。

4. 小麦

小麦是我国的基本口粮作物，在粮食安全、生态环境保护中作用突出。由于我国优质专用品种小麦比重偏低，高档强筋小麦和弱筋小麦仍需从国际市场进口。随着消费需求刚性增长，加之受资源约束趋紧影响，确保小麦基本自给、满足优质化需求难度依然较大。据《国家粮食安全中长期规划纲要》估计，2020年我国小麦消费量将达到980亿千克。按照总产量排序，中国、印度、美国、俄罗斯、法国、巴基斯坦、德国、加拿大、土耳其、哈萨克斯坦的小麦总产量据世界前十名，世界小麦主要出口国是美国、加拿大、法国、澳大利亚、阿根廷、俄罗斯、德国、哈萨克斯坦、英国和比利时，小麦进口国主要是在意大利、印度、日本、巴西、阿尔及利亚、西班牙、荷兰、墨西哥、韩国、比利时。考虑到美国、法国等发达国家家庭农场的经营模式与中国不同，而且欧盟等企业实力强、科技交流控制比较严格，我国境外小麦资源开发重点是俄罗斯、乌兹别克斯坦、阿根廷、埃塞俄比亚等国家，小麦种质资源的开发则集中在波兰、捷克、匈牙利、罗马尼亚、塞尔维亚等国家。

5. 玉米

我国玉米受到优良品种相对较少、区域性适用技术普及率低、机械化收获技术尚未普及以及农田基础设施落后等因素的制约，增产幅度难以跟上消费增长速度，实现玉米供求平衡任务艰巨。玉米境外资源开发以巴西、阿根廷和俄罗斯为主，以东南亚和非洲部分国家为辅。巴西农产品种植已高度系统化，国际上的主要粮商与当地种植户有长期合同关系，在一定程度上控制了巴西的玉米种植，具体做法主要采用订单农业模式。巴西政府欢迎外资进入本国市场，并实行国民待遇。除此之外，巴西还有下列优惠政策：外资企业在巴西境内生产的产品，如向第三国出口，可向巴西政府申请出口信贷和保险。除联邦政府视需要给予外国投资者税收优惠外，巴西各州、市也有不同税收优惠措施，如以优惠条件提供土地、厂房等基础设施以及水、电等，减免商品流通服务税，提供低息贷款等。对在巴西边远、贫困地区的外资企业，有关州、市提供更多的优惠条件。为鼓励开发巴西北部和东北部地区，巴西联邦政府和地方政府对外国投资（必须是合资形式，而且巴西投资要占大股）实行免征10年企业所得税，从第11年起的5年内减征50%；免征或减征进口税及工业制成品税；免征或减征商品流通服务税等地方税。

俄罗斯出台鼓励政策，为农业合作创造有利条件，采取多项鼓励措施发展农业生产，每年拨款60亿卢布保护粮价；部分地方政府实行土地租金优惠政策，租赁期最长可至49年；从2006年4月起对部分农业机械设备实行零关税进口等。上述措施为我国在俄罗斯开展农业合作提供了有利条件。

三、促进农业境外开发的政策建议

1. 设立专门的境外农业资源开发合作工作机构

与农业对外开放的整体形势相比，农业“走出去”还明显滞后，境外粮食资源开发合作仍处于探索阶段。农业部是农业农村经济的行业主管部门，又是境外农业资源开发合作部际工作机制的牵头单位之一，建议在农业部设立境外农业资源合作开发的专门机构，明确工作职能，围绕部际工作机制，加大相关工作推动力度。一是开展基础研究，建立为政府和企业服务的信息网站，实现信息交流和共享；二是协调相关职能部门，制定和完善支持企业进行境外农业开发政策；三是加大部门间的沟通和协调力度，共同研究重大问题和项目，并根据重点品种和区域制定境外开发规划；四是建立健全突发事件应急管理机制。

2. 加强相关调查研究

一是对重点国家和地区粮食资源状况及环境条件开展专题研究，系统地研究重点地区粮食资源开发状况及相关政策动态，发布国别调查报告，供政府和企业决策参考。二是对我国开展境外粮食资源开发合作项目的进展情况及其投资经营过程中涉及的各方面情况进行专项调查，以找出问题，总结经验。三是调研我国优势农业技术，包括农作物杂交生产技术、动植物保护技术、设施园艺技术、农业机械化技术和农村能源技术等究竟适合哪些国家推广和应用，有何比较优势，如何才能进入当地市场并推动海外粮食资源开发合作。四是研究境外粮食资源开发合作的国际经验，主要收集、整理和总结其他国家境外资源开发的案例和国际经验，如英国、法国、德国等在中东欧、非洲地区粮食和农业开发，日本在拉美、东南亚等地区粮食开发，美国在中南美洲粮食开发的国际经验等。

3. 研究制订境外粮食资源合作开发规划

国家有关主管部门要加强宏观指导，可考虑研究和制订“境外粮食资源开发合作规划”，按照统筹国内发展与对外开放，充分利用国际国内两种资源、两个市场的总体要求，将境外粮食资源开发合作列入国家农业农村经济总体发展规划中，加快编制境外粮食资源开发合作产业指导目录，对投资国别、重点品种、重点区域和支持方向等予以明确。

4. 建立健全政策支持体系

从财政支持角度，设立境外农业资源开发合作补贴基金，向企业提供项目前期境外投资考察和可行性研究经费，以及项目运行期间的低息贷款，鼓励有实力、守信誉、管理规范的企业到境外开发我国紧缺的农业资源产品。在对企业进行严格审查的基础上，如生产产品运回国内，将国内的良种补贴、农机具购置补贴和农业生产资料综合直补等惠农政策延伸到境外粮食生产基地。在税收方面，对境外开发所需农资、农机出口要减免相关税费；对确属我国企业在境外生产的战略性资源产品，返销国内时减免进口关税和增值税。对于农粮企业海外建设种植基地、开发物流基础设施项目，允许将投资的部分金额计入“投资损失准备金”内，免缴企业所得税，如投资受损则可从"投资损失准备金"中得到补偿。在保险方面，设立农业对外投资险种，并将境外农业资源开发保险列入国家财政补贴支持体系中，主要补贴承保企业在境外农业投资之后可能发生的财产使用和所有权被剥夺险、战争险、不可抗力险、经营险等非常态风险。

5. 选派农业外交官到重点的境外农业资源开发国开展工作

农业外交官要研究重点国家或地区的投资环境、法律法规和境外农业资源开发项目可行性等；同时关注项目的执行情况，研究项目实施中遇到的新情况、新问题，及时帮助解决，为项目实施单位提供优质服务，确保全面实现项目目标。

第五节

加强中国欧盟农业合作

二十多年来，中国和欧盟国家根据各自需求和优势，在农业领域开展了广泛合作，取得了显著成果。中国和欧盟各国都十分重视，双方高层互访频繁，增强了相互了解，推动了双方农业合作。

一、中国欧盟农业合作主要特点

（一）政府在农业合作中起到了重要的推动作用

一是建立了政府间各种层次的合作和对话机制，通过这些合作机制来广泛交流新农村建设和农村发展的有关政策和经验，协调和解决农业国际合作中出现的问题，优化和提高国际合作的效果和效率；二是采取有效措施，促进农业经贸合作全面发展，开展多种形式的商业促进活动是中欧政府农业部门工作重点之一，如论坛、圆桌会议等商业促进活动极大地促进了中欧之间农产品贸易；三是欧盟及其成员的对华无偿援助项目是通过双方政府达成意向并由政府管理实施的；四是中欧双方政府致力于热点和重要问题研究，确定双方合作的重点领域，从而为农业合作提供了理论和政策指导。

（二）中欧发展援助框架下的农业合作是中欧之间农业合作的重要方式

德国、意大利、英国、荷兰、挪威、瑞典等成员国对我国提供的各种形式的无偿援助涉及多个领域，涵盖了我国农业和农村发展的多个方面，这些合作项目不仅弥补了国内资金不足，改善了农业生产条件，还促进了农业技术进步，推动了农业产业升级，加快了农牧民脱贫进程，成为中欧间农业合作的重要方式。

（三）欧盟东扩为中欧农业经贸关系带来了更大发展空间

欧盟东扩过程中把中国致力于开拓的中东欧新兴市场转变为欧盟市场的一部分，我国农产品只要打入其中一个国家，就进入一个由多国构成的自由化市场。我国也可以在欧盟任何一个成员国进行直接或间接投资，生产的产品只要增值 40%，就可获得当地国家原产地证明书，这样产品便可在大市场内自由流动，不受各种贸易壁垒的阻挠，从而可以遏止欧盟对我国实行的配额限制以及其他形式的贸易保护措施。

（四）中国与欧盟农业合作潜力大

中国与欧盟各国之间既有地理、气候条件形成的资源性差异，又有经济发展阶段不同造成的技术性差异。欧盟农业技术较为先进，农业机械装备水平高，值得学习借鉴，而我国一些农业技术已达到了世界先进水平，如杂交水稻技术等，双方农业技术交流与合作前景广阔。

二、中国欧盟农业合作重点领域

（一）种植业合作重点

1. 种植业管理技术合作

中欧种植业管理技术方面的交流与合作应侧重以下领域：一是农业行政管理机构、农业行业协会和农业合作组织的设立、职能界定、运作方式、协调及为农民服务的经验。二是交流和借鉴双方在农业立法、执法和惠农政策制定、实施方面的经验。三是交流和借鉴双方农产品生产、加工、储藏标准制定、实施方面的经验。四是交流和借鉴双方农产品质量标准建设和农产品质量安全体系建设的经验。五是交流和借鉴双方在农产品流通体制及运营方式方面的经验。六是交流和借鉴双方在种植业行业管理人员及农户素质提高、农场管理和经营等方面的经验。

2. 种植业科研与技术推广合作

加强科研管理方面合作，共享科研机构、人员、项目、成果、信息管理等多方面经验。加强农业高新技术研究领域合作，共享农业生物技术、信息技术、自动化技术、工程技术方面的最新成果。加强农业应用技术领域合作，共享在病虫害预测预报技术、病虫防治技术、药械及农机技术、肥料施用技术、旱作节水技术、设施栽培技术、土肥及种子检验检测技术、育种技术、农业环保及可持续发展方面的经验。加强与欧盟国家在农业技术推广方面的合作，交流共享农业推广体系建设、运行、项目管理、评估、推广方式方法等方面的经验。

（二）畜牧业合作重点

1. 畜牧业科技交流与合作

以提高畜禽生产效率、改善产品品质、保证产品安全、保持环境友好、维护动物福利为目标，在畜牧科技领域开展广泛、系统、深入的科学技术交流与合作。未来5—10年内中欧开展畜牧科技交流与合作的主要内容包括：畜禽品种多样性和品种资源保护技术，畜禽品种特别是优良地方品种长效和可持续发展的利用技术，畜禽品种选育新技术，畜禽高效繁殖及其调控技术，畜禽生产过程安全性溯源技术，畜禽良好生产（GAP）过程，关键控制点关键技术，畜禽生产环境污染控制技术，畜禽高效生产营养与饲料新技术，饲料和饲料添加剂质量监测和安全评价技术，畜禽性能测定和产品品质评价技术，畜禽产品质量监测和安全评价技术，畜禽生产、健康科学与技术研究机构设置与管理模式。

2. 种畜禽与畜禽产品贸易合作

中国和欧盟成员国具有丰富的畜禽种质资源，都是世界主要畜禽生产地区和畜禽产品主要消费市场，在畜禽种质资源高效生产利用和畜产品贸易方面具有广阔的合作前景。欧盟成员国德国、法国、英国、波兰、意大利和荷兰奶牛品种优良，法国、德国、西班牙、意大利和荷兰的优良蛋鸡品种丰富，法国、意大利、德国、英国和西班牙具有肉牛品种资源和生产优势，德国、西班牙、法国、波兰和丹麦具有优良猪品种资源和生产优势，英国、西班牙、法国、希腊和爱尔兰拥有肉用山羊和绵羊生产与品种资源优势，西班牙、英国、法国、波兰和意大利具备肉鸡生产和品种资源优势，法国、匈牙利、德国、英国和波兰火鸡生产领先，意大利奶水牛性能优良。在畜产品贸易方面，欧盟国家鸡肉和牛肉消费需求高于现有生产能力，在该领域，中国和欧盟各成员国之间具有长期贸易合作的广阔前景。

3. 畜禽生产与健康管理合作

结合各自畜牧业生产特点和未来发展，中国和欧盟及其成员国之间在畜禽的生产和健康管理方面可开展合作，包括畜禽生产、动物健康、饲料安全、动物福利等方面的法律、法规、政策、制度、标准和行动指南的制订、实施和监督，畜禽生产和健康行业管理与监督机构设置、功能和运作机制，畜禽生产和流通行业组织及运行模式，畜牧、兽医教育与技术推广体系，动物健康与兽医管理体系、模式与运作机制，畜禽产品生产安全控制、监督和可追溯管理机制。

4. 动物防疫管理领域合作

欧盟各国在动物防疫和兽医工作方面都有相当详细的动物防疫法和兽医法，依据这些法律法规，兽医管理权限覆盖了动物及其产品、肉食品防疫和检疫的全过程。我国可借鉴欧盟国家在农产品质量与食品安全和食品卫生管理方面做法，采取由一个部门进行食品安全全程监管的统一管理制度。针对中国畜牧业发展和动物疫病流行规律，组建中国区域性兽医管理中心，统一管理辖区内各省动物防疫和兽医工作，建立中国官方兽医制度，执法管理和经营分离，规范兽医与兽医诊疗服务。借鉴欧盟国家动物疫病预防与控制经验，根据疫病防治的一般规律，提出未来我国动物疫病防治的总体规划，设立对畜牧业和人民身体健康有重大影响的重大动物疫病专项扑灭计划，进一步明确各类动物疫病防治的技术路线。

5. 全程化畜产品质量安全监控技术合作

借鉴欧盟国家在畜产品质量安全控制方面的经验和技术，建立和完善畜牧业投入品的禁用、限用制度，教育并指导养殖户科学用料、用药。通过产、加、销一体化等形式，采取商品畜禽集中屠宰、主产区就近加工的方式，尽量减少活畜禽流通。发展多种形式的专业批发市场和规范活畜交易市场，实行市场准入制度，严格淘汰条件不符的企业和不合格产品。建立质量追溯制度，实施畜禽免疫标识制度，建立牲畜信息档案，在出现重大畜产品安全事故的情况下，要对生产经营责任人与产品质量检疫和检验人员进行准确追踪。加强检疫检测系统和制度建设，实现质量检测工作的常规化和制度化，对畜产品、畜牧业投入用品和畜牧业生态环境进行全面监测，逐步建立和推行 GAP、GMP、HACCP 等质量管理规范。

（三）渔业合作重点

1. 渔业管理

中欧在渔业行业管理技术方面的交流与合作可在以下领域重点开展：一是交流和学习渔业行政管理机构、行业协会、渔业合作组织的制度设定、运作方式经验。二是跟踪研究欧盟共同渔业政策等政策性法规内容，及时掌握最新发展动态。三是沟通和交流渔业产品生产和加工标准、规范，了解 EURGAP 认证制度、运行模式和发展方向。四是着重了解欧盟在水产品质量安全管理方面的发展趋势和开展的系列措施。

2. 渔业科研

学习和借鉴欧盟国家的先进加工技术和企业管理经验，在一些渔业应用技术领域开展进一步合作，如水产疫苗的开发与应用；渔业水域环境养护与资源可持续利用；水产品可追溯体系开发。

3. 渔产品贸易

重点在以下几方面取得突破：一是重视欧盟东扩对我国水产品贸易的影响，采取相应措施来拓展欧盟东扩后的贸易；二是贝类养殖水域和环境，拓宽我输欧水产品的品种和类别；三是开发大西洋鲑鱼等冷水鱼类的消费需求，提升我国居民消费档次。

（四）生态农业合作重点

一是引进欧盟国家先进的农业环境保护、生态建设技术设备以及管理经验。二是联合开展生态农业发展战略研究，借鉴欧盟国家经验，根据我国生态农业调查和评估情况，制定生态农业政策。三是开展农业环境的监测及预警系统方面的合作研究，包括农业资源污染，农药、化肥、农膜、重金属污染检测，及其农产品残留的快速监测等。四是利用技术援助共同开展农业可持续发展领域能力建设和交流，包括人力资源培训、信息传播体系建设、技术交流和研讨活动以及科普宣传等。借鉴欧盟国家农村经济社会协调发展的成功理念和实践经验，在注重农村经济发展的同时，兼顾生态环境的保护，走可持续发展之路，促进农村社会的整体发展。

在种植业行业领域，推广综合作物管理（Integrated Crop Management），保护生态系统内生物多样性，如按土壤类型测土和精准施肥，普及轮作、套种、秸秆还田技术，采用生物防治方法防治病虫害等。在畜牧业领域，借鉴欧盟在草地、牧场管理方面的经验，严格规定草地载畜率；借鉴畜禽养殖污染控制方面经验，控制养殖废弃物、有害气体的处理和排放等。在渔业资源管理方面，借鉴欧盟最大可捕限量（TAC）及其配额管理制度，以促进渔业资源恢复和渔业行业可持续发展为目标。

（五）农业机械合作重点

在种植业领域，欧盟一些国家的大田作物整地、播种、收获、运输等生产环节已全面实现了机械化，不少农业机械还装备了 GPS 系统进行精确农业作业，可学习借鉴欧盟的先进机械技术，适当推广田间机械，如耕作、施肥、喷药、灌排、收割等农机。在畜牧业领域，引进青饲料收获装卸加工机械、堆肥处理机械、肥料加工机械、挤奶器等机械。在渔业领域，开展捕鱼机、增氧机、鱼类产品和饲料加工机械等方面的技术交流；引进水下监测用电视系统、深水抗风浪网箱、渔业船舶船位检测系统、地理信息系统等先进渔业机械，大力发展包装、预冷、运输、传感等方面的高科技农业机械。

（六）农村改革合作重点

1. 农村行政管理体制

借鉴吸收欧盟国家在农村高效治理方面的先进理念和成果，改革完善与市场经济相适应的农村行政管理体制与运行机制，加强农村基层政府行为的规范化、法制化。

2. 农村经济管理体制

借鉴吸收欧盟国家在农村经济管理方面的成功经验，改革和完善我国农村经济管理体制，深化农村财税和金融体制改革，完善农村土地制度，改革城乡分割的就业制度。

3. 农民合作经济组织

借鉴欧盟国家农民合作经济组织的模式和运行机制，构建我国各种新型的农民专业合作经济组织，为农民提供科技、信息、资金、技术培训和推广、标准化生产和质量安全控制、物资和产品销售等服务，创新我国农业经营体制。

第四章

完善种植业宏观调控对策[①]

我国是农产品生产与消费的大国，需求的农产品种类多、数量大，不论哪种农产品供需出现问题，都会对市场正常运行带来较大影响，正确而适度的宏观调控将对农产品市场产生积极效果。本章围绕种植业中的粮食、棉花、油料、蔬菜和水果等重要农产品，分门别类地采取有效措施解决各产业发展面临的突出问题。优化粮食市场运行，要积极转换粮食政策调控方式和手段；推进棉花产业健康发展，关键是建立确保棉花产业

① 本章内容节选自如下农业部软科学课题："粮食市场调控的方式、手段和效果分析"（课题编号 200406），课题主持人：朱信凯、李萌；"完善棉花进出口调控机制问题研究"（课题编号 200909），课题主持人：郭作玉；"我国棉花产业发展与政策研究"（课题编号 200608），课题主持人：范小建；"棉花生产、流通产业政策研究"（课题编号 200608 -2），课题主持人：关锐捷；"油料产业发展研究"（课题编号 200805），课题主持人：陈永福；"提高蔬菜、水果业国际竞争力对策研究"（课题编号 200809），课题主持人：魏启文。

快速发展的长效机制；积极促进我国油料产业发展，主要是稳定国内油料生产综合能力，培育完善的运输网络，实施进口多样化、多元化战略；提高我国蔬菜与水果业国际竞争力，重点是发挥企业的主体作用、市场的引导作用、政府的调控作用，采取综合措施应对。

第一节 加强粮食市场宏观调控

发达国家在对粮食市场进行宏观调控方面，取得了明显成效，积累了许多成功经验，我们主要选取美国、日本和欧盟等粮食市场宏观调控体系相对完善和健全的国家和地区，试图通过对它们粮食市场宏观调控特点的总结和归纳，找出有益于我们的经验和启示。

一、发达国家粮食市场宏观调控的经验

发达国家对粮食市场宏观调控除了采取包括粮食在内的综合性的农业宏观调控措施外，最直接调控粮食市场的手段就是范围广泛、环节全面、针对性强、重点突出的专项补贴。欧盟、美国和日本十分明确地把政府发展粮食生产、保护生产者利益的意图融合在一起并体现出来，其中价格干预成为政府调控粮食的首要武器，门槛价格和目标价格在不同时期、不同阶段发挥出重要调控作用，基本实现了政府各项意图。粮食补贴则成为各国政府广泛应用的又一重要调控手段，如粮食进出口贸易补贴，根据价格高低实行价差补贴，维护国内市场稳定，保护生产者利益，鼓励出口；购销价格倒挂补贴，提升市场购买力，扩张粮食需求；实施粮食生产资料价格补贴和粮食资金

利息补贴。此外，还有各种间接补贴，如休耕、转耕及拖欠性停耕补贴、自然灾害补贴、科技推广及农业基础设施建设补贴等。

二、WTO 框架下粮食市场调控体系构建

我国粮食流通体制改革的最终目标是要建立以市场机制为主导，政府通过灵活有效的手段对粮食市场进行宏观调控的现代粮食流通格局。只有健全的市场体系，完备的市场主体，良性的市场运行机制，各种宏观政策才能发挥有效作用。在此基础上，课题组试图构建我国短期和中长期粮食市场宏观调控体系，选择 WTO 框架下我国粮食市场调控的政策。

（一）短期我国粮食市场调控体系构建

目前我国粮食口粮方面基本上供过于求，粮食问题主要出在饲料粮方面。随着人民生活水平提高，食品需求结构也会相应发生一些变化，主要表现为对直接口粮的需求减少，而对畜产品、奶类产品、蛋产品以及水产品等的需求增大，从而使间接用粮需求量大大增加。针对此种趋势，应把直接用粮与间接用粮予以分别考虑。

1. 短期我国粮食政策的基本目标

目标一：为全体国民提供数量充足并且价格合理的粮食。最近几年，我国大力推行退耕还林、还草、还湖，减少了大量粮食耕种面积，因此短期内绝不能忽视粮食生产，仍然要把粮食安全放在第一位，保证较高的自给率。在保证粮食有效供给的同时，力求保证粮价平稳，这是关系到社会稳定的大问题；反过来，平稳的粮价也是对粮食生产的支持。

目标二：根据粮食需求进行粮食生产结构调整。鉴于当前我国的粮食问题主要是饲料粮问题，在进行结构调整时，可以适当缩减稻谷、小麦等口粮种植面积，增加大豆、玉米等种植面积，以满足国民日益增长的间接粮食需求。

目标三：培育一个健全的粮食流通体系和稳定、健康、繁荣的经济环境。目前，我国粮食流通体系还很不健全，农产品批发市场虽已有一定的规模，在管理和服务上却还很落后；绿色通道也没有发挥应有的作用；粮食等农产品期货市场不成熟、不完善；大宗粮食的市场化程度很低，政府控制过严。今后几年内，应该大力发展农产品批发市场，促进大宗粮食进入批发市场交易，为粮食从业人员和企业培育一个稳定、健康、繁荣的经济环境。

目标四：加大粮食生产的科技含量，减少粮食种植从业人口。根据条件适当加大粮食生产中的科技含量，如粮食生产中扩大农机使用、推广育种技术，以提供高产、优质的粮食产品。农业科技化将会带来农业劳动力的分化，而农业人口减少是农业现代化的另一显著标志。

目标五：积极参与国际市场，增加粮食对外贸易。我国已经加入 WTO，按照承诺要逐步放开农产品市场，这意味着我国的粮食市场将进一步受到国际市场冲击。我国要在 WTO 框架下，充分利用贸易规则，积极参与到国际市场中，增加粮食对外贸易。

2. 短期我国粮食政策的调控范围与调控内容

我国已经正式加入世贸组织，要按照 WTO 的要求逐步改变过去许多计划经济体制下的做法，短期内粮食政策的调控范围与调控内容主要从以下几个方面着手：

(1) 粮食价格

进一步建立宏观调控下以市场为导向的粮食定价机制，逐步缩小保护价格范围，使保护价格只在市场粮价大幅度下滑、跌近成本价格时才发挥作用，这也顺应了 WTO 原则与趋势。但是，粮食价格绝不能在短期内完全放开。1996 年美国农业法案中，粮食市场化进程进行得过快过激，以至于 2002 年新农业法案中又加大了对农业的保护，又重新采用了一些价格支持政策。日本能保证大米的高度自给，也得益于国内对稻米生产、价格的高度保护。

（2）粮食储备

短期内，我国应该根据粮食生产阶段性过剩的实际状况，在全国有计划、分步骤地兴建一批粮食储备库。目前，有些粮食储备企业为获取眼前利益，在粮价波动时，不但不适当吞吐以平稳粮价，反而推波助澜，放大波动幅度，对粮食市场进一步造成振荡。政府要加强对粮食储备企业的监督，打压粮食市场上的投机交易行为，牢牢地把握住粮食市场走向。

（3）粮食播种

目前，我国粮食在口粮（直接用粮）方面基本可以自给，因此短期内，要继续执行退耕还林、还草、还湖政策，以维护生态平衡，实现农业可持续发展。同时，可依靠科学技术的广泛应用与推广来提高粮食产量。此外，农用土地不得随意占用，征用土地可实行租赁制，基本建设用地可实行股份制。

（4）粮食的种植结构调整

今后几年，我国的粮食问题将突出表现在饲料用粮。直接用粮方面，低品质的粮食有过剩之势，高品质的粮食则供不应求。也就是说，我国粮食是结构性过剩，因此，粮食种植结构的调整是当务之急。种植业结构调整，重点是在总量平衡的基础上，引导农民大力调整、优化粮食品质结构，压缩低劣粮食产品生产，扩充名优和专用性产品生产，使种植产品与市场接轨。对劣质粮食，可对其采取退出国家保护价范围的做法；对优质粮食，可采取优质优价政策，大幅度拉开粮食的品质差价，调动粮农种植优质粮食的积极性。

（5）市场流通体系改革与建设

短期内要继续按照现代企业制度改革、改组、改造国有粮企，进一步加快粮食购销市场化进程，逐步全面放开粮食市场和粮食购销。今后，应尽快过渡到主要依靠市场机制来形成粮食价格，用真实的价格信号来引导粮食生产。目前，虽然各地都建有批发市场，但批发市场的规模普遍偏小，还没有形成结算、信息中心。政府要大力扶植、培育农产品批发市场，引入拍卖制，促进农产品批发市场成为供求和价格的信息中心，形成统一、开放、竞争有序的全国粮食市场体系，并鼓励和支持农产品期货市场建设。

(6) 外贸支持

加入WTO意味着我们可以在更广泛的范围内享受一系列平等待遇，根据WTO原则和我国所做的承诺，逐步放开包括粮食在内的农产品市场。因此，在WTO允许的范围内，给粮食以适当补贴，是短期内宏观调控的主要内容之一。

(二) 中长期我国粮食市场调控体系构建

中长期我国粮食市场调控体系的构建要综合考虑未来国情和国际环境变化，中长期我国粮食政策的基本目标如下：

1. 中长期我国粮食政策基本目标

目标一：为全体国民提供数量充足并且价格合理的健康、营养粮食。从长远来看，我国粮食需求将随着人口增加而增长。相对于短期，我国中长期的粮食生产不应单纯提高总产量，而要更进一步根据国民需求，不仅提供数量充足、价格合理的口粮，提供国民消费所需要的间接用粮，更要重视粮食对人们提供的健康与营养，即食物的安全性和高质量。此时，粮食供求矛盾更多地表现为品种和品质不适宜而形成的阶段性、结构性矛盾。这既是粮食生产结构进行战略性调整的一大背景，也是我们在粮食问题上不能再单纯强调总量增长目标，而应强调粮食总量与质量并重，粮食品质结构合理，卫生健康、营养达标的原因。

目标二：进一步完善粮食流通体系，培育一个更加稳定、健康、繁荣的经济环境。从中长期看，应该继续完善农产品批发市场，并从交易主体、交易品种等方面着手，培育一个更加规范的农产品期货市场。

目标三：大力增加粮食生产中的科技含量，加强农业基础设施建设。相对于短期，需要大力增加科学技术在粮食生产和流通中的应用，增加粮食产量，提高粮食品质，增加粮食附加值。中长期调控的另一个重要方面是大力加强基础建设尤其是水利基本建设和公路建设，这对还处于并且将长期处于小农经济的中国尤为重要。

目标四：大量减少粮食从业人口，增加农民收入。减少粮食从业人口，加大粮农分化，减轻农民负担，保障农民收入，在保证广大农民基本的生存条件和各种生活权利的基础上，为农民创造一个良好的生活环境，提高农民生活质量。

目标五：积极参与国际市场，增加粮食对外贸易。从中长期来看，作为一个发展中大国，我国不能仅仅被动地按照 WTO 的原则与要求行事，更要积极利用 WTO 的公平待遇和各种条款如反倾销条款等，维护和争取我们应得的利益。

目标六：继续创造一个良好的自然与生态环境，实现粮食与农业的可持续发展。随着退耕还林、还草、还湖政策的深入实施，我国农业的自然环境与生态环境将会逐步好转。继续创造一个良好的自然与生态环境，实现粮食与农业的可持续发展，应作为我国的长期目标。

2. 中长期我国粮食政策的调控范围与调控内容

（1）建立健全粮食价格与市场流通体系

理顺粮食价格机制，充分发挥市场机制在配置粮食资源中的基础性作用。从中长期看，粮食市场化是不可避免的，这也是 WTO 对各成员国的要求。要在已有市场流通体系的基础上，进一步加强粮食流通市场的建设与完善；要进一步放开粮食市场，促进经营主体多元化；进一步规范粮食批发市场。大力发展现代粮食流通方式和手段，积极引导粮食期货市场发展，发挥粮食期货市场的价格发现功能。

（2）完善粮食储备制度

从中长期看，粮食储备不仅仅是粮储企业改革，而且还应该进入市场，在市场中发挥出应有功能。今后几年内，粮食主要品种都将会逐步进入农产品期货市场，粮储企业可以逐步尝试着进入期货市场，一方面可以大大提高粮食储备吞吐与轮换的效率，另一方面不管是从交易主体还是从形成价格来说，都是对农产品期货市场的完善。

（3）建立与保护粮食基地

在建设开发新老商品粮基地时，必须统筹规划，保持适度规模，使商品粮基地的规模和生产能力与未来的粮食需求相适应，确保粮食供求基本平衡；必须以市场为导向，优化粮食品种结构和区域布局，提高粮食质量和种粮效益；必须强化国家支持力度，对商品粮基地增加财政和金融信贷投入，支持和帮助农民增加建设投资，提高商品粮基地质量；同时，还要尽快建立有机农业生产服务体系，将科研、服务、生产、贸易一体化，采取措施扩大有机农产品生产规模，建立出口生产基地，树立知名品牌。

（4）加强科技与基础设施建设

加大粮食科技支持力度，通过设立专项育种科研支持基金，加快粮食优质品种选育，缩小与国外粮食的品质差距。加强粮食质量标准体系、质量检测检验体系、市场信息体系、病虫害防疫防治体系建设，全面提升粮食竞争力。

（5）引导并培养粮食协会、粮食行会等民间组织

借鉴日本经验，在小农经济中鼓励组建半官方、半民间化的粮食协会和行会，促进粮食生产、流通、加工及外贸一体化管理。

（6）强化外贸支持

从中长期来看，要在完善农产品出口退税制度基础上，加强应诉国外反倾销反补贴工作，大力发展有机安全粮食（绿色食品）出口。根据下一轮 WTO 农业谈判的结果，及时调整我国进出口外贸政策。

三、我国粮食市场调控的对策与建议

（一）WTO 框架下我国粮食政策的调控方式和手段转换

加入 WTO 要求我国粮食定位要立足国际，而我国目前农业管理大都还是沿袭过去的计划经济管理方式，许多做法并不适应 WTO 要求，因此，我国粮食政策的调控方式和手段要在以下几个方面转换：

1. 改革管理体制

目前政府对粮食等农业管理机构的设置很不合理，一方面管理环节过多，管理部门职能重叠；另一方面，部门分割、行业垄断的情况严重，存在着管理真空，使粮食等农业资源得不到有效配置。要抓紧改革目前这种部门分割、行业垄断和地方保护的局面，参照国外成功经验，统一设计和部署包括粮食在内的农业管理体制。在明确界定政府职能的基础上，加强中央统筹协调和宏观调控职能，逐步形成粮食生产、加工、销售、对外贸易一体化管理体制。

2. 制定产业政策

根据入世后的新情况、新特点制定和完善粮食产业政策，推动粮食产业不断发展与升级。扶植、培育一批粮食龙头企业，通过“公司＋农户”等多种形式，将分散的农户组织起来，统一组织生产与经营，发挥规模效应，发展订单粮食，实行“风险共担、利益均沾”，保护农户种粮积极性，共同提高粮农和粮食企业的收益，促进粮食产业优化升级。

3. 以法律手段取代行政手段

发达国家的粮食保护手段背后都有法律支撑，而我国粮食立法过于落后。过去粮食立法基本上把发展粮食生产、增加粮食供给作为唯一目标，这显然无法适应当前粮食的多功能性和世贸组织要求。粮食立法必须把粮食发展与粮农问题、农村发展和农业环境联系起来。当前，要抓紧制定和修改关于批发市场管理、品质安全、投资与保险、受灾补助、粮食补贴、粮食协会管理等方面的法律法规。

4. 加大财政与金融支持

继续实施积极的财政政策，加大财政、金融、保险部门对粮食产业的支持力度。目前对粮食有限的补贴大多属于限制使用的“黄箱”补贴政策范围，需要稳妥研究改进办法，充分利用“绿箱”政策，将这些资金用于农业基础设施建设、农业科学技术、农村教育、建立健全农产品市场体系等环节。从粮食金融支持政策看，随着粮食市场化改革的深入，各商业银行通过利率支持逐步提高农业贷款存量占国家信贷总存量的比重，大有取代中国农业发展银行的趋势。

5. 积极采取外贸手段

可采取的贸易政策主要有三种：一是关税政策。世界贸易组织《农业协定》对关税化农产品设置了“特殊保障条款”，世贸组织还有一些配套的保障措施，如反倾销、反补贴条款等。今后当某一个粮食产品或者产业遇到国外产品冲击时，应充分利用世贸组织的这些保障措施来维护我国的合理权益。二是关税配额管理。关系到国计民生的粮食等重点农产品须实施关税配额管理。三是技术性贸易壁垒（TBT），主要包括动植物检疫（SPS）、质量标准等措施。在世贸组织的框架之内，如果别国产品不符合我国标准，就不允许其进入国内市场。

（二）WTO 框架下我国粮食市场调控的政策建议

1. 认真保护粮食耕地资源，巩固粮食生产持续发展的基础

要像建立“米袋子”省长负责制一样，建立耕地资源保护省长负责制，对耕地资源进行行政、政策保护，并让传统文化观念在耕地保护责任制中深入。我国的传统文化观念在边境、区界问题上寸土不让，是每一个执政者最根本的职责，如果我们把丢失了耕地的责任视为与丢失了疆土一样耻辱，

则每一个执政者必然会努力保护耕地，使耕地保护获得最直接的动力。通过科技投入、价格调控和保护等措施，提高农业生产，特别是粮食生产的比较效益，对耕地资源进行经济保护。

2. 调整和优化粮食种植结构和区域布局结构

粮食生产要逐渐压缩高水分含量玉米、春小麦、南方小麦、劣质早籼稻的生产面积，增加国内市场需要的硬粒小麦、特种玉米、饲料稻、优质早籼稻和小杂粮生产。同时，大力发展粮食产品加工业，提高粮食产品附加值，因地制宜地形成农业的专业化、区域化生产布局。

加入WTO，粮食产业发展的外在条件（主要是市场条件）发生了很大改变。这要求我国应结合粮食发展新阶段的特点和发展目标，充分利用国际国内两个市场，发挥区域比较优势，在更大范围内合理配置生产要素，提高资源利用水平和配置效率。在政策调整上，对不同区域采取不同的政策导向，东部沿海发达地区适当调减没有比较优势的粮食生产，增加资金和技术密集、附加值高的农产品生产，发展创汇农业和现代化农业，扩大优势农产品出口；中部和粮食主产地区应在稳定粮食生产优势的基础上，进一步发展粮食加工业，推进农业产业化经营；西部地区在建设粮食基地的同时，继续实施退耕还林、还湖、还草政策，恢复和加强农业生态建设。

3. 坚持开发利用与节约增效并重，消除粮食持续增长的关键制约因素

我国农业灌溉发展缓慢、水资源利用效率低。这就要求我们一方面加强水资源开发利用，在有条件的地方尽量扩大灌溉地面积，使灌溉面积随着人口增长而扩大；另一方面要加强水资源管理，建立国家对水资源的宏观调控体系，协调好区域间、流域的上中下游间、工农业间和城乡间用水关系，保护农业水资源。同时，推广滴灌、渗灌、亏缺灌溉等用水新技术，最大限度节约用水和提高水利用效率。

4. 逐步建立退耕还林与粮食安全的协调机制

为尽量避免退耕还林过程中耕地面积减少而引发粮食问题，应逐步建立退耕还林与粮食安全的协调机制，主要包括合理的退耕还林补偿机制、粮食生产的自律机制、粮食安全预警机制，以及国家、地方政府及农户的利益协调机制。第一，退耕还林政策有效运行的焦点在于如何建立合理的补偿机制。国家和地方政府应充分考虑到退耕还林与当地农民传统生产生活方式的冲突，制定合理的退耕还林补偿机制。第二，退耕后区域性粮食供需矛盾将日益尖锐，退耕区只有通过粮食生产的自律机制才能逐步建立区域平衡与协调的粮食安全体系，从而解决退耕还林所造成的粮食缺口。粮食生产自律机制主要是充分利用现有耕地，提高复种指数等方法。第三，建立退耕区粮食安全的预警机制。粮食安全预警就是以粮食供求波动呈现出的规律性特征为出发点，建立在粮食生产供给与需求平衡理论的基础之上，着重对粮食供求状况进行动态监测、力度测量与警情预报。建立退耕区粮食安全预警系统和健全粮食安全预警机制，可使退耕区的粮食主管部门能够对粮食生产状况及时预测、监测和报警、排警，起到宏观管理与调控的作用。第四，退耕还林是一项典型的正外部性经济活动，国家、地方、农户在粮食安全及生态保护的两难选择上，不同的动机及利益会导致相互依存与冲突。建立国家、地方政府及农户的利益协调机制，要求国家能从地方的实际出发，制定合理的政策，地方政府在实施政策的过程中又要充分为农户考虑，及时发放口粮或补偿金。

5. 不断完善粮食进出口贸易政策

我国粮食等大宗进口农产品关税很低，小宗进口产品的关税却很高。这种关税结构使我国算术平均税率很高，但有效保护率很低。今后关税设置应重点保护关系到国计民生的重要物资，在对粮食等敏感农产品实施有效保护的前提下，适当开放我方具有竞争力且进口较少的农产品，逐步降低其他农产品的进口关税。调整和优化非关税措施，包括完善粮食质量标准体系、粮食质量检测检验体系等。在粮食出口方面，重点扶持优势粮食的生产和加工，提高粮食质量，扩大粮食出口；改革农产品贸易体制，取消对大豆、大米、玉米、棉花的出口限制；支持农民建立行业联合会，形成多元化的贸易格局；提高出口退税，对粮食等初级农产品的出口和出口粮食加工企业实行税费优惠政策；加强政府服务，为国内粮食生产经营者提供国际粮食贸易信息服务。

6. 引导与扩大粮食消费政策

可借鉴美国经验，对内开展国内食品补助。与社会保障体系建设相结合，考虑利用过剩粮食，实行对低收入特殊阶层的食物补助，如食物券计划等。对外实行“走出去”战略，大力宣传中国文化与中国食品。

第二节 推进棉花产业健康发展

我国是世界上棉花生产第一大国，也是头号消费国和进口国。棉花是纺织产业的重要原料，占纱布成本的70%，因此棉花政策的任何细微变化都会对我国纺织企业产生极大影响。2009年中央1号文件指出，要“把握好主要农产品进出口时机和节奏，支持优势农产品出口，防止部分品种过度进口冲击国内市场。”本节对入世以来我国棉花滑准税、进口配额等政策对国内棉花市场和棉农收入的影响进行理论研究和实证分析，重点考察当前滑准税、进口配额等政策的有效性，查找国家进出口调控中存在的不足，提出有利于国内棉花产业发展壮大的进出口调控政策建议。

第四章

完善种植业宏观调控对策

一、我国棉花进出口贸易政策演变

棉花进出口贸易是调节棉花供需的重要手段和杠杆，对于稳定纺织工业生产、保障人民消费需求、扩大我国纺织品出口创汇均具有十分重要的意义。入世后，我国积极履行承诺，按照 WTO 贸易协议的有关规定，作出扩大棉花市场准入、取消出口补贴、放弃特殊保障机制等相关让步，并与世界多个国家和地区进行了双边和多边自由贸易谈判，我国棉花进出口政策及调控机制在不断发展变化并日趋完善。

（一）入世时我国政府对棉花所作的承诺

入世协议中我国政府对棉花贸易做了以下承诺：一是扩大棉花的市场准入，承诺棉花实施关税配额管理，对配额内部分进口实行低关税，将原来棉花进口关税的 3% 降到 1%。2001—2004 年期间，关税进口棉花的配额数量逐年增加，四年分别为 78.1 万吨、81.9 万吨、85.6 万吨和 89.4 万吨。2005—2008 年期间，配额内进口棉花一直保持在 89.4 万吨。对配额外进口的部分棉花根据农业协议也相应予以减让和约束，到 2004 年这一部分关税从原来的 76% 减至 40%。但在实际操作中，当国内棉花供不应求时，国家主动增加进口配额，对于新增配额在 2005 年以前按照关税内配额 1% 税率执行，在 2005 年 4 月我国政府出台了关税配额外暂定优惠关税税率以滑准税方式征收，税率滑动范围为 5%—40%。二是对配额内进口棉花实行比例分配，其中 33% 分配给国有贸易企业经营，67% 分配给非国有贸易企业经营。如果那些分配给国有贸易企业的进口配额在当年度的 10 月底前没有签订合同，有关管理部门将会重新分配给非国营贸易企业。三是在中美协议中承诺，三年后取消棉花专营权，取消农产品出口补贴，对国内棉花生产流通补贴也要逐步取消，减少贸易扭曲。四是逐步允许外国企业从事棉花流通服务，到 2007 年允许外国企业从事全方位的流通服务，享受国民待遇。

（二）我国棉花进出口政策的调整与发展

1. 棉花进出口流通体制改革

棉花流通体制改革以前，有关棉花的进出口由对外经济贸易部下属的纺织品进出口总公司管理，进出口棉花按国家规定的统一价格结算，实行统一经营，统负盈亏。1994 年后，国家进口经营代理单位由中国纺织品进出口公司一家扩展为中国纺织品进出口公司、北京纺织品进出口总公司、上海纺织品进出口总公司和天津纺织品进出口总公司四家，每年根据棉花供需状况决定进出口安排。

为适应棉花进口配额管理需要，我国适时改进棉花进出口体制，建立和完善了棉花进出口贸易管理制度及关税配额管理制度。2003 年 9 月，国家出台了《农产品进口关税配额管理暂行办法》，将原来国家进出口经营代理改变为配额管理。规定棉花进口关税配额由国家发展和改革委员会同商务部分配。棉花进口关税配额分为国营贸易配额和非国营贸易配额。国营贸易配额须通过国营贸易企业进口；非国营贸易配额通过有贸易权的企业进口，有贸易权的最终用户也可以自行进口。每年年初按照国家发展和改革委员会公布的《粮食、棉花进口关税配额数量、申请条件和分配原则》中的规定，由国家发展和改革委员会公布棉花进口关税配额数量、国营贸易比例、申请条件和分配原则。可以说，入世后我国棉花的进出口经营体制已经由完全的垄断经营体制进入到市场准入体制，只要符合国家有关规定的任何企业都可以经营棉花进出口业务，因此，入世后我国棉花进出口经营企业已经拥有了较大的自主权，我国棉花的进出口贸易也基本走向了以价格为导向的市场经济。

2001 年《国务院关于进一步深化棉花流通体制改革的意见》（国发〔2001〕27 号）明确提出，对现行的国家储备棉管理体制进行改革，实现储备与经营分开，组建中国储备棉管理总公司（以下简称中储棉公司）。2003 年 3 月，中储棉公司正式挂牌成立。中储棉公司是经营管理国家储备棉的政策性企业，下设 19 个分支机构，即 18 个直属棉花储备库（其中待建 3 个）和 1 个中储棉花信息中心。中储棉公司作为国内棉花市场和棉花进出口业务上具有垄断地位的国有独资企业，其成立是我国进出口流通体制改革的重要一笔。中储棉公司主营业务包括棉花仓储、贸易及物流，棉花仓储技术研究和服务，一方面它对棉花进口贸易存在相当程度的垄断，承担着国家宏观调控的功能；另一方面它又被赋予了“自主经营、自负盈亏”的市场主体性质。2006 年 9 月，完成 50 万吨进口棉入储任务。经过多年的艰难探索，中储棉公司经受住了市场竞争的严峻考验，在市场竞争中不断发展壮大，逐步成为政府调控棉花市场的重要力量。

2. 滑准税政策①

加入 WTO 前，我国对棉花进口采取关税配额措施，配额内关税税率为 3%，配额外优惠关税税率为 90%，配额外普通关税税率为 125%。入世后我国纺织业飞速发展，棉花消费逐年增加，国内棉花产需缺口不断加大，因而我国自 2003 年下半年开始增发配额，增发配额部分的关税大致划分为两个阶段。2002 年 1 月—2005 年 5 月 1 日，增发配额部分的关税基本上按照配额内 1% 的关税征收，棉花进口出现超配额低关税现象，是缘于加入 WTO 后我国纺织品强劲的出口态势所引致的棉花需求迅猛增长。但部分发达国家巨额补贴支持下的低成本棉花的大量进口从直观上形成了对我国

① 滑准税也称为滑动税（sliding duty），是一种关税税率随进口商品价格由高到低而由低至高设置计征关税的方法。征收滑准税使进口商品价格越高，其进口关税税率越低；进口商品的价格越低，其进口关税税率越高。其主要特点是可保持滑准税商品的国内市场价格的相对稳定，尽可能减少国际市场价格波动的影响。我国滑准税税率滑动的基本范围为 5%—40%，在大量棉花进口情况下，减少进口棉对国内棉花市场的冲击，确保棉农收益。这相当于为进口棉花价格设置了底限，因此对国内棉花市场价格形成支撑。

棉花产业的冲击，造成国内棉花市场大幅震荡。为了保护国内棉农收益，同时又满足国内高涨的用棉需求，2005 年 5 月 1 日对超配额进口棉花实行了滑准税制度，即根据不同的价格，征收 5%—40% 的关税，试图通过这种较为灵活的关税制度，锁定进口棉花的国内销售价格，避免低价棉对国内棉花产业的冲击。

3. 关税配额制度

棉花配额政策是基于保护棉农利益而产生的。为了控制国际棉进口量以减少对国内棉农的冲击，尽量让企业使用国产棉。对于棉纺企业，当国内棉花供给不足或因产品品种要求必须使用进口棉时，则利用配额进口国际棉，以满足国内棉纺企业的需求。配额管理是为了控制国际棉的进口量以减少对国内棉农的冲击。关税配额管理制度的主要内容为：一是对棉花实施关税配额管理，并实行关税减让。配额内进口关税税率由 2001 年的 3% 降到 1%；配额外进口关税税率按 76% 计征，2004 年配额外进口关税税率减少至 40%。二是逐年扩大配额内棉花准入量。从 2002 年后，逐年增加配额内关税进口棉花数量，至 2004 年增到 89.4 万吨。三是对配额内进口棉花实行比例分配，其中 33% 分配给国营贸易企业经营，67% 分配给非国营贸易企业经营。四是取消棉花出口补贴，逐步取消对国内棉花生产流通的补贴。

二、棉花进出口调控机制的实证分析

当前棉花进出口调控机制的主要矛盾和热点集中在棉花滑准税和配额制度上。下面笔者着重对我国当前棉花滑准税、进口配额制度等对国内棉花市场和棉农收入的影响做进一步计量分析。

（一）滑准税对国内外棉价波动及进口量波动的影响

近年来，国内棉花市场经历了全面放开棉花价格和入世等重要事件，棉花价格波动剧烈。国际棉价受多种因素影响，价格波动较国内价格更为剧烈。表 4－1 显示国内棉花价格与国际棉花价格在入世前后都具有显著的波动特征，入世后国内棉花价格与国际棉花价格在走势上更趋一致，且国内棉价远远高于国际棉价。

表 4－1　　国内与国际棉价的波动特性

时期	328 级棉花			Cotlook A 指数		
	均值	标准差	波动系数%	均值	标准差	波动系数%
2002 年 1 月—2005 年 4 月	12504.90	2298.74	18.38	10110.57	1510.29	14.94
2005 年 5 月—2008 年 12 月	13482.44	1321.35	9.80	10478.69	793.67	7.57

数据来源：根据中国棉花信息网和农业部信息中心数据计算。

下面我们来考察滑准税政策对国内外棉价及进口量波动的影响。国际棉价采用 Cotlook A 指数①，为了剔除汇率影响，将其转换为以人民币为单位。这里采用变异系数法来计算不同时期的国内外棉花价格波动系数。变异系数法是采用棉花价格变化指标计算棉花价格波动的绝对幅度和相对幅度，绝对幅度是指区间 t 内样本的标准偏差，相对幅度是样本标准偏差和样本均值的百分比，波动系数是相对幅度，反映一定时期内棉花价格变化偏离平均值的程度，其计算公式如下：

$$\delta = \frac{s}{y} = \frac{\sqrt{\frac{1}{n}\sum_{i=1}^{n}(y_t - \overline{y})^2}}{\frac{1}{n}\sum_{i=1}^{n} y_t} \times 100\%$$

① Cotlook A 棉价指数（单位：美分/磅）是反映国际市场棉花现货价格水平的一个指标，由英国考特鲁克公司（Cotlook）发布。Cotlook A 指数是指参与国际陆地棉贸易的 15 个国家中 5 个价格最低的北欧国家进口棉花现货到岸价的平均值。A 指数的基准质量标准是 M 级，相当于中国三级，即棉绒长度为 27.8 毫米。

主要考察入世以来，受进口滑准税影响前后国内棉价与国际棉价的波动，因此将时间以 2005 年 5 月为界划分为两个时间段。采用月度数据，用变异系数法计算国内外不同时期棉花价格的波动系数，结果见表 4-1。

2002 年 1 月—2008 年 12 月，国内 CCIndex328 价格指数平均值从 12505 元/吨上涨到 13482 元/吨，这一政策明显地提高了国内市场棉花价格；同时，CCIndex328 价格指数波动系数从 18.38% 下降至 9.80%，下降了 8.58 个百分点，这很明确地显示国内市场棉花价格波动幅度变得更加窄小。滑准税实施之前，CCIndex328 价格指数最小值分别为 7993 元/吨和 17573 元/吨，而对应指标在滑准税实施之后分别为 10830 元/吨和 14438 元/吨，这也直观地表明滑准税在很大程度上起到了平抑国内市场棉价的波动。Cotlook A（FE）价格指数的平均水平从 10111 元/吨上涨到 10477 元/吨，波动系数从 14.94% 下降到 7.57%，下降了 7.37 个百分点。由此看出，滑准税的实施不但起到了稳定国内棉花价格的作用，同时对国际棉花价格指数的波动也起到了明显的熨平作用，达到了政策设计的预期效果。

国内外棉花价格的相对稳定，保护了棉农种植棉花的积极性，有力地促进了国内棉花生产稳定。2005—2008 年，我国棉花生产量分别为 652 万吨、690 万吨、780 万吨和 783 万吨，保证了我国纺织工业的原料供应。

再进一步检验滑准税对我国棉花进口量的影响。2002 年后国内外棉花价差与进口量的正相关系数在 2002 年以后非常显著。2002 年 1 月—2005 年 4 月，棉花进口量波动系数为 78.85%；2005 年 5 月—2008 年 12 月，棉花进口量波动系数为 33.35%，波动系数下降了 45.5 个百分点，实行滑准税对我国棉花进口量也起到了显著的平抑作用。入世后，我国纺织工业迅猛发展，对原料需求急剧膨胀，滑准税制度将进口棉价格调整到一定范围内，避免了进口棉数量大起大落。

（二）滑准税对国内棉花市场价格影响的实证分析

选取 2002 年 1 月—2008 年 12 月的 CotlookA（FE）与 CCIndex 328 的月度价格数据，对入世以来，滑准税政策的作用进行进一步计量分析。

1. 单位根检验（Unit Root Test）

只有平稳序列才能进行格兰杰检验（Granger Gausality Test），若随机变量是非平稳的，进行 Granger 因果检验时会出现伪回归（spurious regression）的现象。因此，进行格兰杰因果检验之前必须先进行单位根检验（见表 4－2），若变量是非平稳序列，则对随机变量进行差分或取对数，直到变成平稳序列为止。

表 4－2　　单位根检验结果

检验变量	ADF 检验值	检验形式	1%显著水平临界值	5%显著水平临界值	10%显著性水平临界值
CCindex	－2.2378	（C，N，0）	－3.5112	－2.8967	－2.5856
DCCindex***	－6.1962	（C，T，1）	－4.0738	－3.4655	－3.1593
Cotlook	－1.8899	（C，N，0）	－3.5113	－2.8968	－2.5856
DCotlook***	－6.5704	（C，T，1）	－4.0739	－3.4655	－3.1594

注：*** 表示在 1%的显著水平上拒绝原假设，即时间序列是平稳的。

2. 国内外棉价的格兰杰（Granger）因果检验

由于国内外棉价均为一阶单整的，即差分一次后时间序列均是平稳，因此继续进行国内外棉价的格兰杰因果检验，考察国内市场棉花价格波动与国际市场棉花价格波动，究竟谁是始作俑者。根据研究目的，设定公式：

$$\Delta Cotlook = \delta_0 + \delta_1 \Delta Cotlook_{(-1)} + \delta_2 \Delta CCIndex_{(-1)} + \varepsilon$$

$$\Delta CCIndex = \gamma_0 + \gamma_1 \Delta Cotlook_{(-1)} + \gamma_2 \Delta CCIndex_{(-1)} + \mu \quad (1)$$

由公式（1）可知：若 δ_2 显著，则国内棉价波动就是国际棉价波动的原因；若 γ_1 显著，则国际棉价波动就是国内棉价波动的原因；若 δ_2、γ_1 都显著，则国内棉价波动与国际棉价波动具有相互反馈作用，结果见表 4－3。

表 4－3　　Granger 因果检验结果

	DCotlook		DCCindex	
	系数	T 值	系数	T 值
DCotlook（－1）	0.0261	0.2291	0.0643	0.2674
DCCindex（－1）	0.5075***	6.6359	0.3662**	2.2634
F 值	26.9992		3.1226	
概率	0.0000		0.0407	

注：***、** 分别表示在 1%、5% 的显著水平上拒绝原假设。

由表 4－3 可知，国内市场棉花价格（CCIndex）波动引起了国际市场棉花价格（Cotlook）的波动，这一结论与胡冰川、程国强（2008）的实证结论相反，这可能是由于选取的样本点区间不一致导致的。国际市场棉花价格对国内市场棉花价格的影响并不显著，这也再次验证了谭砚文（2004）的结论：中国在棉花进口方面，呈现出典型的“大国效应”。

下面我们再来进一步分析滑准税对国内市场棉花价格指数的具体影响。从上面的分析可知，CCIndex 是非平稳的时间序列，$\Delta CCIndex$ 的自相关系数和偏自相关系数及 Q 统计量受国际棉价影响不显著，但受前一期棉价的影响。因此，对 2002 年 1 月至 2008 年 12 月的 CCIndex328 级棉花价格指数建立自回归移动平均 ARIMA（1，1，1）模型。

$$\Delta CCIndex = c + \alpha_1 \Delta CCIndex_{t-1} + \alpha_2 D + \varepsilon_1 + \theta_1 \varepsilon_{t-1}$$

上式中，$\Delta CCIndex$ 是国内市场 CCIndex328 级棉花价格指数一次差分后的平稳序列；c 为常数项；D 为时间虚拟变量。

通过这一模型设计可以分析变量滞后一期对自身的影响，并判断滑准税前后，CCIndex328 级棉花价格是否有显著差异。模型结果如下：

$$\Delta CCIndex = 0.7451\Delta CCIndex_{t-1} + 6210.955D + \varepsilon_1 - 0.9759\varepsilon_{t-1}$$
$$(9.88)^{***} \qquad (2.17)^{**} \qquad (-54.59)^{***}$$

方程的 F 值为 11.95，方程总体非常显著。虚拟变量在 5% 的水平下是显著的，说明滑准税对国内市场棉花价格是有显著影响的，且有提高棉花价格的作用。

（三）滑准税对纺织业影响的实证分析

我国纺织企业年用棉量约 1200 万吨左右，每年大约有 400 万吨缺口，市场全球化的中国纺织业本可以在国际市场上配置资源，然而棉花进口滑准税的实施给国内纺织业套上了紧箍咒，使我国纺织业不得不付出比竞争对手高得多的成本。根据有关滑准税计算公式推算出自 2005 年 5 月 1 日征收滑准税以来各年的平均税率参见表 4－4。式中 P_i 为关税前价格，即到岸价格 CIF 价格，2004 年 8 月 1 日起将 Cotlook 棉价指数的内涵定义为 CIF 亚洲到岸价，因此采用 2005 年 5 月 1 日至 2008 年 12 月 31 日的 Cotlook A（FE）价格换算。

表 4－4　　2005—2008 年各年平均滑准税率

年份	Pt（元/吨）	E	P_i（元/吨）	α	R_i（%）
2005	10530	8.0966	1206	—	7.85
2006	11283	7.9735	1266	—	11.79
2007	8800	7.6071	1395	2.526%	9.77
2008	8686	6.9480	1574	2.526%	7.11

注：R_i 是各年平均的滑准税率；E 为平均的美元汇率；P_i 为关税前价格，即采用 Cotlook A（FE）换算成元/吨；P_t 为常数；2007 年和 2008 年的计算公式中添加了 α 常数。

从表 4－4 可以看出，2005 年 5 月 1 日刚开始征收进口滑准税，实施当年税率平均水平并不是太高，只有 7.85%；2006 年由于进口棉完税价格从 10029 元/吨提高到 10746 元/吨，因此平均税率大大提高，为 11.79%；2007 年实行 6%—40% 的滑准税率，同时降低了常数项的值并调整了关税税率计算公式，平均的税率水平有所下降，为9.77%；2008年进一步调低常数项，加之汇率不断降低，平均滑准税率降至7.11%。从实施滑准税对纺织企业用棉成本来看，这一政策使2005年、2006年、2007年、2008年纺织企业全年进口棉价每吨要多增加767元、1190元、1037元、777元的滑准税。2007年下半年以来，国际棉价一路上涨，2008年按5%—40%滑准税率计算，要比国内每吨平均高出688元。滑准税本来是要保持进口棉价与国内棉价持平，而目前进口棉花征滑准税后反而大大高于国内棉价，不能给企业带来原有的价差利润。由于国内棉花的硬缺口，纺织企业不得不承受进口高棉价的压力，使纺织业在外需下降的背景下，利润进一步降低，原有的竞争优势大大削减。

（四）滑准税对棉农收入影响的实证分析

实施滑准税的目的在于通过稳定国内棉花市场价格来保护棉农经济收益，其暗含的前提是市场销售价格与收购价格变化方向一致或者对收购价格有显著影响，因此，通过比较国内棉花收购价格指数与市场价格指数来分析滑准税是否保护了棉农收益。这里选取实施滑准税以来，2005年5月至2008年12月的棉花收购价格月度时间序列数据及相对应的国内328级棉花价格指数月度时间序列数据。计算328级棉花价格指数与收购价格指数的相关系数，发现相关度并不高，相关系数为0.5962。棉花收购价格指数和328级棉花价格指数经ADF检验均为一阶单整，可以进行格兰杰因果检验。检验结果表明，棉花收购价格指数变动既不是328级棉花价格指数变动的原因，328级棉花价格指数变动也不是棉花收购价格指数变动的原因。而且进一步分别采用滞后一期328级棉花市场价格和棉花收购价格进行检验，仍然不是棉花收购价格变动和328级棉花市场价格的原因。无论从当期对当期还是前一期对下一期的原因分析来看，两者均没有显著的因果关系，这意味着实施进口滑准税并没有通过稳定市场价格达到稳定收购价格的目的。

从实证分析结果来看，实施滑准税对于保护棉农收益并不显著，棉花收购价格与棉花市场价格之间的传导机制并不通畅。从现实解释来看，每年在发放棉花滑准税配额之前，棉农手中的棉花早已销完，棉农并不能从迅速上涨的棉价中受益。从前面分析看，实施滑准税政策对于稳定国内棉花价格起到了积极作用，对我国棉花进口量甚至国际棉花价格指数波动也起到了一定的抑制作用，但在保护棉农利益方面却收效甚微。

（五）棉花进口配额对棉花消费影响的实证分析

进口棉作为国内棉花供需不平衡时的杠杆，是弥补国内用棉缺口最有效的方式，并且它已经由过去的少量补充、调剂转变为必要支撑，国内对进口棉的依赖使配额比以往任何时候都更重要。配额发放主要是为了弥补国内棉花产需缺口，这里来分析一下近几年配额与国内棉花消费的关系。表 4－5 是 2000 年以来我国配额数量及棉花消费情况，其中棉花消费量用全国纺纱量来替代，主要考察两者的趋势与相互关系。

表 4－5　　2000—2008 年我国棉花配额量与消费量（纺纱量）

年份	2000	2001	2002	2003	2004	2005	2006	2007	2008
配额量（万吨）	74	78	82	136	189	229	359	349	349
纺纱量（万吨）	676	765	888	1003	1263	1374	1717	1983	2149

数据来源：中国棉花信息网。

计算棉花配额与消费量（纺纱量）的相关系数，发现两者高度相关，相关系数为 0.9702。棉花配额及消费量在一次差分后，时间序列均是平稳的，再进一步进行格兰杰因果检验，可知配额是引起棉花消费的格兰杰原因，而棉花消费不是引起配额变动的格兰杰原因。因此，制定和出台配额政策应考虑到国内棉花的消费能力。

再从经济学角度比较配额与常规关税的效率。图 4－1 是国际贸易常规分析框架来对配额与关税管制的交率进行比较分析。其中S和D分别表对棉花的国内总供给和总需求线。在自由贸易体制下国际市场价格为P_w，在这一价格下，国内需求和供给分别为OQ_D和OQ_s，国内需求大于国内供给部分为进口数量，这时国内消费者剩余最大（$D_1D_0P_w$）而生产者剩余较小（$P_wS_1S_0$）。如果征收税率为t的关税，那么进口将从Q_sQ_D减少为$Q'_sQ'_D$，导致生产者剩余增加A，消费者剩余减少"A+B+C+D"，其中A转移为生产者剩余，D转移为国家关税收入，B和C是剩余绝对减少，又称"福利净损失"。

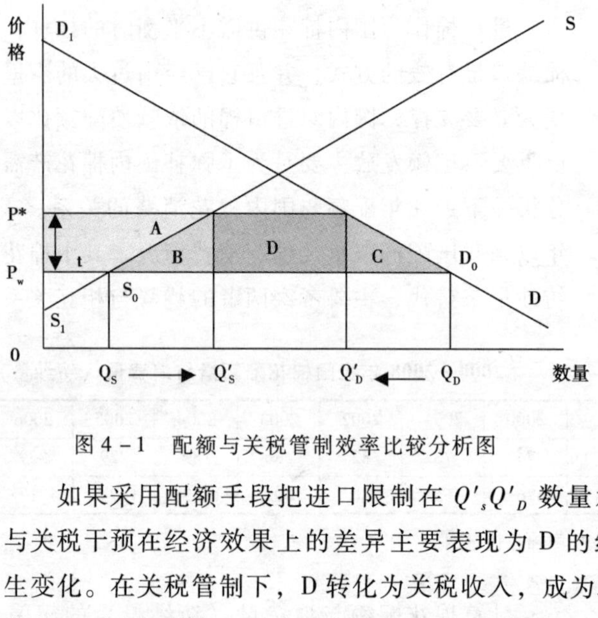

图4-1 配额与关税管制效率比较分析图

如果采用配额手段把进口限制在$Q'_sQ'_D$数量水平上，它与关税干预在经济效果上的差异主要表现为D的经济含义发生变化。在关税管制下，D转化为关税收入，成为政府提供公共品和再分配的资源，在配额条件下，D则成为获得配额厂商（贸易商）的超额利润。这里超额利润含义在于，国外棉花供应商本来愿意在P_w这一较低价格下提供相当于$Q'_sQ'_D$数量进口棉花，配额管制后进口数量减少，然而仍能获得配额进口权的厂商获得较高销售价格P^*，因而获得超额利润。D成为配额创造的"租"，由此派生的资源耗散具有负面效率含义，既不能成为国家税收，又提高了进口棉价格，是一种低效率手段，而且还容易导致企业和政府的寻租行为。

入世时，设置配额管制有其合理性，当时若农业进口全部放开可能会严重冲击国内农业发展，但同时入世又要求农业开放承诺，因此牺牲效率是当时选择的一种折衷手法。但从近几年棉花进口实际情况来看，棉花进口超过配额上限并没有带来灾难性影响，而是对我国经济增长包括增加农民就业和收入作出了显著贡献。但是若结合国内外棉花竞争力现状考察，各国棉花补贴力度相差很大，其中美国补贴力度最大，而补贴政策将直接影响各国棉花进出口政策的竞争力。从长远来看，无论从效率层面来讲还是从操作层面来讲，配额管制均有必要进行重新评估和改革。但现阶段，结合我国纺织企业现状，完全放开配额必然导致低价棉大量进口，从而冲击国内棉花生产，这将使棉花有可能重蹈大豆覆辙。因而从短期来看，应在坚持滑准税政策的前提下，尽量对其加以修正完善，使之更好地发挥稳定棉价的作用。

三、棉花流通环节存在的主要问题

（一）棉花加工环节问题

1. 加工企业数量过多秩序混乱

2005 年年底，全国标准型轧花厂总数已超过 15000 家，加工能力在 3000 万—4000 万吨，相当于全国棉花总产量的 5—8 倍，无照经营的加工企业至少有 3000 多家。加工能力严重超过了生产能力，造成设备闲置率较高，加工企业秩序混乱。

2. 加工企业市场机会不对等

一些大型企业或者棉麻公司企业能够得到中国农业发展银行优惠贷款，而私营加工企业或者规模较小的企业则只能依靠自有资金或者商业银行资金，资金成本较大，存在市场竞争的不对等。

3. 加工企业市场投机性太强

加工企业本身技术含量不高，并不产生高附加值产品，在成熟的市场经济下，只有依靠扩大规模，加强管理，才能获得较高的收益。依靠市场的不成熟套取利润往往只是短期行为。但我国很大一部分加工企业投机心理太强，不能严格遵守市场规则，往往在市场状况较好时进入市场争抢资源，市场低迷时迅速退出，进一步加剧了市场波动。

4. 加工环节利润波动过大

棉花加工企业利润水平极其不稳定，高时可以达到整个产业链条的20%以上，低时亏损达到每吨300—1200元不等，加工利润波动大是我国棉花市场不稳定和加工企业快速扩张的主要原因。

（二）棉花期货市场问题

1. 涉棉企业进入期货市场还存在一定障碍

由于中国农业发展银行规定使用中国农业发展银行资金的涉棉企业一律不允许进入期货市场，不允许进行套期保值，致使期货市场参与主体数量不足。

2. 期货市场与现货市场存在一定的不相融性

根据调查，造成期货市场与现货市场不相融的原因主要有以下几个方面：一是包装不合格。包括包装物（包布、铅丝）质量不达标和包装不符合交割标准。二是没有主体品级。三是马克隆值、回潮率、纤维长度、异性纤维等指标不合格。这些都是我国多年来棉花现货的固有问题，很难符合棉花期货交割标准的严格要求。

3. 还没有开展期权交易

商品期货期权最重要的功能是能够通过组合交易，对期货交易进行保值，把风险控制到最低，使用“期货+期权”对现货进行保值已成为目前国外市场上最通用的做法。但我国目前还没有开展棉花期权交易，棉花的一部分市场风险还不能很好规避，从而影响了棉花期货市场规避风险功能的发挥和涉棉企业参与期货市场的热情。

（三）棉花标准执行问题

为了适应纺织行业国际化发展，配合棉花质量检验体制改革，我国棉花标准也在进一步完善。但从我国棉花标准执行状况看，存在严重的有规不行问题。由于加工企业数量过多，无序竞争，级别“一脚踢”、价格“一口清”现象在基层收购单位十分普遍，大多都没有严格按照国家制定的行业标准管理和控制工艺流程。这种状况造成我国棉花市场质量标准模糊，等级下降，严重降低了国产棉的质量，如“三丝”问题（色绒丝、毛发丝、纤维丝）已成为我国棉花质量的软肋。根据农业部1998—2001年对国内原棉的各项物理性能指标和美棉、乌斯特公报比较分析表明，从棉花的内在品质分析，我国原棉质量水平处于国际中上等水平。国产棉在长度、长度整齐度、色泽、杂质含量、叶屑面积等方面具有一定优势。但由于国内外在棉花生产、加工、流通以及棉花标准之间存在差异，最终的商品棉质量有很大不同，影响了我国棉花产业发展。具体分析，有以下两方面的不利影响：

一是我国不具有制定世界棉花价格的主动性。目前国际棉花贸易中，最权威的两个价格：纽约期货交易所的棉花期货价格和英国利物浦棉花展望公司整理的CotlookA、CotlookB指数。它们之所以具有权威性，除了历史悠久之外，一个重要原因就是所标价的棉花质量标准清晰明确，并且在流通中被严格执行。因此在这种状况下，要想提高我国目前在国际市场上的主动性，首先必须建立严格的棉花质量标准体系和监督体系。

二是会导致我国棉花产业萎缩。纺织企业普遍反映国产棉在一致性、异性纤维等方面不如外棉，严重影响了纺织企业成品质量和信誉，如世界最大的纺织企业——山东魏桥集团因“三丝”问题，每年都要遭受几百万元索赔。越来越多的纺织企业都倾向于使用进口棉，棉花标准体系的完善程度和执行状况从一定意义上左右着我国棉花产业。如果标准完善、执行有力，会促进棉花产业发展。如果继续这种状况，生产、加工、流通环节漠视质量，最终会将棉花市场拱手让人，我国棉花产业会逐步萎缩。

（四）宏观调控问题

1. 市场调控不力，价格波动过大

根据全国农产品成本调查表，1999—2005年，我国每50千克皮棉出售价格分别为381.20元、517.52元、378.55元、746.92元、545.32元和653.54元，增减幅度在-26.9%—56.1%间。主产区河南省籽棉价格最高时曾达到7元/千克，最低时不足3.8元/千克，高低价位相差近一倍，有时棉价在一年内出现多次大幅波动。棉花价格的大起大落，是造成我国棉花生产较大波动的直接原因。

2. 进口环节调控能力不强，进口棉花对国内市场冲击明显

一是配额发放规模过大。我国不仅完全使用了世贸组织规定的89.4万吨配额，还主动增发了大量配额。2005/2006棉花年度进口棉花413万吨，占同期国内消费量的43.9%。2006年1—8月份进口棉花314万吨，同比增长1.06倍。配额发放数量过大直接打压了国内棉花价格，助长了企业观望心理，采用国产棉积极性不高。二是进口税率过低。根据世贸组织规定，89.4万吨棉花配额内关税为1%，配额外进口棉花实行40%的税率。我国配额外进口棉花原则上实行5%—40%的滑准税，但在实际执行时都采用5%的税率，目前我国已成为世界上棉花进口实施关税最低的国家之一。三是进口时机把握不好。从这几年情况看，我国大量增发棉花进口配额，往往与棉花当年丰收碰头。棉花收购旺季与棉花大量进口碰头，严重影响了国内棉花价格合理稳定。

四、完善我国棉花进出口调控的政策建议

棉花产业安全是着眼于整个棉花产业，而不是其中的一个环节。在新形势下，保障我国棉花产业安全的基本目标是：第一，确保我国纺织工业的用棉需求。纺织业健康稳定发展，对于我国出口创汇和提供就业，具有重要意义。第二，确保我国棉农的利益不受到损害。这是解决“三农”问题的要求，是稳定边疆社会的要求，也是纺织工业长期健康发展的基础。第三，确保国内棉花价格不发生剧烈波动。价格的一定波动，是市场机制发挥作用的基础，但过于剧烈的波动，对于棉花的生产者、使用者和经营者都是不利的，对整个国民经济效益也是损失。建议中央政府像重视国家粮食安全一样重视国家棉花产业安全，设计大工程、实施大项目、突破大政策，力争在棉花基础性投入、政策性保障等措施取得重大突破，抓紧出台保障棉花产业快速发展和农民稳步增收的政策措施，尽力避免“头痛医头，脚痛医脚”和“治标不治本”，建立确保棉花产业快速发展的长效机制。实现我国棉花产业安全的总体思路是：通过加强对棉花生产的扶持政策，不断增强国内棉花生产能力，提高棉花生产的单产水平和棉花质量；通过完善国内市场政策和进口贸易政策，减少国内市场波动，合理安排进口数量、进口时机与节奏，既弥补国内生产不足，又避免对国内市场的严重冲击，协调好棉花生产者、经营者和使用者三方利益。

（一）加大棉花生产基础设施和科技投入

1. 加快中低产田改造

建议中央集中使用农业综合开发资金，优先将新疆基础设施较差的1000万亩中低产棉田和目前暂不具备种棉条件的500万亩低产耕地或复垦耕地改造为高产棉田，每亩可增产30千克，每亩棉田由财政一次性投入500元。

2. 起动后备资源开发

建议国家本着“既保护生态又科学开发”的原则，将新疆已经和即将竣工的大型水利工程受益的500万亩待开发土地，列入土地整治建设项目，每亩一次性投资1200元。

3. 支持科技体系建设

建议将进口棉花滑准税收入用于设立棉花重大技术推广专项基金，或由国家财政投入专项资金，加快棉花科技服务体系建设，彻底改变重大技术攻关、农民技术培训、高产技术示范、全程技术服务、产品质量监督等没有经费支持的现状。

（二）强化棉花生产环节支持

1. 扩大棉花良种补贴

长江流域棉区以优质杂交种为补贴重点，黄河流域棉区以优质抗虫棉为补贴重点，新疆地区以节水高产种为补贴重点。根据调研情况，每亩需补贴15元左右，确定补贴品种和经营企业，优先选择有优质棉种繁育基地的销售企业，由农业和财政部门监督管理。

2. 给予棉花生产机械补贴

建议国家尽快研究制定购置棉花机械补贴政策，对单机购置金额超过20万元的，给予不超过单机总金额20%的购置补贴，明确规定如转让出售大型农业机械时，必须核减国家补贴金额。对列入试点县市采棉机的辅助配套设备如运棉车、轧花设备的添置或改造进行补贴，补贴标准不超过单机总金额的20%。

3. 加大膜下滴灌政策性补贴力度

建议在5年内将现有和新增的棉田全部推广滴灌节水技术，每亩棉田由国家财政一次性补贴400元。补贴方式是：农民自愿，投工投劳，统一招标，规范管理。补贴主要用于抽水和净化压力泵站、输水管道等。

4. 实行棉花政策性保险补贴

为屏蔽棉农的生产性意外风险，由国家财政拨出专款，在新疆开展政策性保险试点，对棉农投保的保险保费给予50%的补贴，对经营棉花保险机构给予50%的经营费补贴和免税政策。

5. 将棉花列入农资综合直补范围

为了确保棉农收益，建议尽快出台棉花农资综合直补政策，参照粮食生产资料综合性补贴方式，将棉花生产所用的柴油、农膜、化肥、农药等主要生产资料纳入补贴范围，根据每亩棉花生产物质费用高出粮食生产费用50%的情况，有针对性地制定棉花农资综合直补标准，采取切实有效的方式发放到农民手中，稳定农民种棉积极性。

（三）加强棉纺行业支持

1. 加大棉花产业税收优惠

除了提高纺织品服装出口退税率，在今后一段时期，当进口棉花完税价格高于或等于基准上限时，适当下调固定的滑准税率，给纺织企业减负。现在纺织业处在转型的关键时期，国家要加大对棉花产业的税收优惠支持，比如对购买400型机的棉花加工企业，实行消费型增值税，允许其抵扣；考虑采用一定的转移支付方式，扶持纺织龙头企业做大做强；对增加的科技投入实行税收抵免等政策。

2. 重视棉产品系列精深加工

建议制定引导内地加工物流企业进疆的优先信贷等一系列优惠政策，进一步加大招商引资工作，积极引进国内外大型企业到新疆投资建厂，进行棉纱、服装和棉花副产品精深加工，加大新疆棉花的就地转化和消化力度，缓解铁路运输压力。

（四）改革进口棉配额管理办法和滑准税

从现行配额制度来看，配额发放的数量和时间随机性很大，企业根本无法左右和预测，因此对国内棉价将不可避免地造成影响。如果进口棉配额提前制定，并通过政府渠道保证公开、公正，那么棉花加工、纺织企业可以事先了解全年国内棉花的供求总量，而现行的这种几乎没有预兆的发放配额制度，对市场价格造成波动是不可避的。建议把配额发放时机放在国产棉花销售过半的时候，由国家发展和改革委员会、农业部、商务部协商，通过对全国实行与截止日期新购买的国产棉挂钩，同量分期分批下发进口棉花配额的政策导向方式，控制进口棉花的进度、数量、价格，直至国产棉销售完后，根据实际缺口适当放开进口配额。注意避免少数不法进口棉商借机囤积、从中渔利、打压国内市场。为保证棉农的合理收益，建议配额外进口的棉花滑准税的基础税率由5%调整为15%，中央政府将进口滑准税收入全部用于扶持国内棉花生产。同时，严厉打击、取缔倒买倒卖棉花、纺织品服装进出口配额，增加配额发放的透明性，严格把关申请棉花配额的企业资格审查，并尽快出台相应的处罚条例，保证真正的用棉企业拿到棉花。对出口纺织品服装实行配额招标，提高出口单价；指定中储棉等重点企业择机预先低价进口部分数量棉花用作国家调节或储备棉，实现低价进口棉花、高价出口纺织品服装的良性循环。

现行滑准税政策制定的背景决定了其过渡性和调整性的特征。对于棉花价格走势而言，虽然短期内是利多，但由于相对提高了纺织企业的成本、压缩了纺织企业的利润空间，降低了纺织品在世界的价格优势。因此，在保护国内棉价的同时，也要兼顾纺织企业的成本问题，制定更客观合理的计算方法。在现有计算公式上，应进一步提高各个参数设置的科学性，可根据进口量与国内消费量的比重等指标进行自动调整，提高滑准税率的微调作用。在公式改革上，可以进一步改革现有计算公式，实行复合税征收，从而实现随完税价格提高、税率递减、税额递增的政策效果。

（五）完善棉花市场调控机制

1. 试点封闭运行反周期补贴

为减缓市场价格剧烈波动对棉农收益的影响，应尽快研究制定封闭运行反周期补贴政策。先在新疆封闭式试运行，根据各棉花主产区前三年的平均生产成本再加上合理利润作为核算标准，尽快出台棉花最低收购价政策。执行可参考粮食最低收购价政策，载体可由中国储备棉管理总公司结合棉花质量检验体制改革委员会，委托经营良好的400型企业操作。

2. 引导棉花市场价格的变动

建立健全棉花市场风险预警机制，平衡、协调进口棉花配额和储备棉数量，引导棉花市场价格趋势，重视调控每年1月—5月国产棉销售高峰期、9月—12月籽棉收购期和3月—4月棉花播种期的棉花价格。及时公布储备棉和籽棉收购的农发行棉花贷款指导价格以及收购或释放储备棉等经济手段，平衡棉花、纺织两大产业利益关系，协调棉农、棉花生产经营企业与纺织企业的利益。

3. 建立收抛储调控的长效机制

可设定皮棉或籽棉价格的底线（应提前核定当年植棉成本），当皮棉或籽棉价格降至这一底线之下，国家就启动收储政策，可采取国家先出资收储棉花，当市场稳定后，由棉农赎回或国家卖出的方式，国家承担仓储费用和利息损失。抛储政策的实施可由国家有关部门测算库存消费比，当库存消费比低于某一警戒线时，则自动启动抛储计划。库存消费比及警戒线应当随时向社会公布，以使纺织企业等随时对国家政策有所预期。

（六）综合治理国产棉问题

积极实施棉花种植标准化生产。为尽快解决新疆棉花“三丝”质量问题，应当实行“虚实结合、以点带面、示范推广、综合治理”方针，建议国家发展和改革委员会、农业部、商务部、质检总局在新疆开展综合治理试点，以提高棉农素质为侧重点，以治理经营企业为突破口，以实施标准化采摘、购销、加工为基本内容，实施全程质量监控，建立确保棉花质量的长效机制，狠抓源头“三丝”控制（包括采摘、晒花、贮存、收购、加工五个环节）。

重视棉田生态环境整治。一是通过国家自然科学基金等专项，重点加大对新疆棉田生态环境的研究力度，为最终解决环境危害打下基础；二是重点对新疆使用标准农膜（0.008mm以上）进行专项补贴；三是国家支持、鼓励新疆对棉田进行休耕、倒茬，每年安排一定指标，对休耕倒茬棉田按面积予以专项补贴。

给予外运棉花政策性补贴。建议从“稳疆兴疆、固边富民”出发，对新疆实行特殊政策，给与棉花运输综合补贴，每吨补贴运费300元。同时，加大铁路车皮配置力度。对新疆棉花的发运采取统一计划调配，在棉花收购加工旺季，集中安排车皮，确保新疆棉花及时运往内地，实现与市场销售的顺畅衔接，并优先安排经过公检的大包型棉花。

第三节

积极促进我国油料产业发展

伴随我国人均收入水平提高和总人口不断增加，国内食用油消费需求呈直线型急剧增加态势，这必然导致国内油料需求急剧增加并呈“井喷”型增加态势。我国油料产业发展不仅关系国内食用油供给安全，而且与世界油料市场息息相关。

完善种植业宏观调控对策

一、我国油料产业发展现状与问题

从油料自给率方面来看，与20世纪90年代初油料国内自给率102%相比，2006年油料自给率已经下降到67%，进口依赖率则达到33%。其中大豆自给率下降到36%，菜籽自给率下降到94%，芝麻自给率下降到87%，花生等其他油料的自给率还保持在100%以上。可见，我国油料自给率的下降主要归因于大豆、油菜和芝麻进口量的不断增加，尤其是大豆进口急剧增加。

从油料生产方面来看，20世纪90年代以后，我国植物油料生产基本呈上升态势，从1993年的3911.2万吨增加到2006年的5842万吨，增幅为49.4%；各个植物油料生产的变动态势存在较大的差异，其中只有胡麻籽产量呈现下降态势，从1993年的49.6万吨减少到36.9万吨，减幅为25%；棉籽产量增幅最大，从1993年的610万吨增加到2006年1230.1万吨，增幅高达101.6%；接下来依次为油菜籽、花生、向日葵籽和芝麻，各品种增幅分别为82.3%、74.2%、40.6%和18.4%；大豆增幅最小，仅从1993年的1531.5万吨增加到2006年的1596.7万吨，增幅仅为4.3%。

从各植物油料产量来看，虽然大豆产量仍居植物油料总量首位，但花生和油菜籽产量都已接近大豆，1993年两者合计产量基本与大豆产量持平，到2006年两者产量已经发展到大豆产量的1.7倍。如果再考虑到我国每年约有40%的国产花生用于直接食用，国内植物油料自给重心早已偏向于油菜籽。2004年后国内油菜籽产量不断下滑，必然导致对如何确保植物油料国内自给方面的担忧，2007年我国出台促进油料生产的政策也是势在必行的产物。可见，促进国内植物油料生产发展的重点放在油菜籽等油料作物上是一个长期的必然趋势。

从植物油料净出口量来看，一方面，2005年依然保持净出口的植物油料是花生、向日葵籽、棉籽和胡麻籽；另一方面，我国大豆从1996年开始转变为净进口，油菜籽则从1994年开始（除1996年外）均保持净进口，芝麻从2004年开始转变为净进口，而且其净进口量不断增加。我国植物油料的净进口量已占世界植物油料进口总量的大幅比重，进口来源主要集中于美国、巴西、阿根廷和加拿大等国。

（一）油料作物品种及其种植结构失衡严重

棕榈油、大豆、菜籽占我国食用油75%以上市场份额，其中棕榈油、大豆及大豆油的2/3供给量来自进口，菜籽以自给为主，其他25%为花生、葵花和芝麻、茶籽、棉籽等油种。传统油料作物大豆在转基因大豆冲击下节节败退不断萎缩。从2006年我国主要油料作物种植面积与产值来看，大豆种植面积最大，其次是油菜籽，花生的种植面积最小；但从产值来看，花生产值最大，产油量也最高，而大豆产油量最低。可见，我国油料作物品种在种植结构上和产油量上存在一定的失衡性问题。从根本上讲，我国油料作物品种结构性失衡的原因在于大豆和菜籽进口的急剧扩大，这种结构失衡是一种外部压力型失衡状态。在食用油各品种间存在一定替代性（主要是色拉油）的前提下，如果任由这种状态不断发展，必将威胁我国植物油料生产与发展。

（二）油料生产主体分散且经营规模小

我国油料生产主体依然是以经营规模小且分散的农户为主，即使在经营规模相对较大的黑龙江省，大豆经营面积为每户1.37公顷（绥化市）①，无法与美国的平均农场经营面积75.27公顷相比。从2006年中美每亩经营成本对比来看，绥化市大豆经营成本为每亩236.5元，美国为每亩361.9元，但

① 来源于2008年6月24—28日在黑龙江省绥化市的111份农户调查结果。

美国大豆补贴每亩约为 218 元，即农场主实际经营成本只有 143.9 元。表面上黑龙江大豆并没有丧失国际竞争力，但实际上远远低于美国大豆的国际竞争力，再加上油料生产主体分散且经营规模小，导致单产变动幅度大、经营风险高，生产费时费力而且农业基础设施投资不足等问题，与美国大豆竞争中，中国大豆基本不存在比较优势。生产大豆的土地基本没有灌溉设施，虽然三年左右就可收回灌溉投资，但由于单个农户经营规模小，无力进行大规模的灌溉投资。农业机械投资较大，单个农户也无力购买油料生产的相应机械设备，导致生产劳动强度大而且费时费力。可见，我国油料生产主体分散经营已经在一定程度上阻碍了农业基础设施投资和机械化普及，同时也加大了油料生产收入风险。

（三）油料产业发展受制于人越来越严重

世界粮食交易量的 80%、我国油脂市场原料与加工及其食用油供应的 75% 以上已被四大跨国粮商“ABCD”——ADM（Archer Daniels Midland）、邦吉（Bunge）、嘉吉（Cargill）和路易达孚（Louis Dreyfus）控制，跨国粮商在我国 97 家大型油脂企业中的 64 家企业参股控股，占总股本的 66%；中国食用油三大品牌“丰益系”金龙鱼 100% 外资，“中粮系”福临门 100% 国资，鲁花 51% 内资（24% 丰益，25% 中粮），而“中粮系”主要贸易对象仍是美国 ADM。国际巨头凭借资本和历史经验的优势，已完成对上游原料、期货，中游生产加工、品牌和下游市场渠道与供应的绝对控制权，即中国食用油战略安全的“安全门”已不在国人手中，弱化了政府调控能力，这对食用油乃至对国家安全也是一个非常现实的直接威胁。国际巨头垄断已经取得一定控制权的情况下，如果任由这些巨头操纵，必然导致我国油料产业发展的主导权不断弱化，并最终可能导致国家对于油料产业的宏观调控失效。

（四）国内外油料价格隔断导致国内油料生产“矮小化”

政府限制桶装豆油价格，试图通过控制豆油价格上涨来控制食用油价格上涨，造成国内外豆油价格隔断的局面。如果国际市场大豆和豆油价格不断上涨，而国内油价不断下跌，政府补贴额度远远不足，那么必将导致企业缩小豆油生产，豆油可能会出现长期断货局面，国内食用油短缺局面将可能会更加严重；而除豆油外的其他食用油价格在需求远大于供给的情况下，也将会继续上涨，其结果可能会使得国内食用油供给安全问题扩大化和复杂化，并且不得不扩大进口以满足国内需求，最终导致我国油料生产总体规模“矮小化”。

二、国外促进油料产业发展的经验与启示

在上述分析和探讨我国油料产业的现状、问题、挑战和机遇的基础上，考察和分析美国、巴西、阿根廷、印度等油料及植物油消费，以及进口大国的相关产业发展情况和产业政策，可以为我国油料产业提供启示和借鉴，对于确保我国油料产业的持续稳定发展具有非常重要的现实意义。

（一）主要经验

世界各国关于油料、植物油部门的政策目标主要是促进出口、进口替代、增加种植者收入和刺激生产。相对于其他农产品，油料、植物油的贸易障碍相对较少，但是主要进出口国家之间、不同产品之间的贸易政策差别较大。发达国家一般对油料、植物油进口征收较低的关税，发展中国家的约束关税率虽然较高，但实际征收的税率仍低于约束税率。许多国家（中国、日本、韩国等）对植物油征收比油料更高的进口关税，允许自由进口油料，限制植物油进口。

具有比较优势的油料出口国，大多通过价格或收入政策支持国内生产，采用自由进口政策，对进口征收较低的关税；部

分国家通过征收不同的出口税，支持高附加值的产品出口。美国对大豆、花生生产者提供价格支持，加拿大对油菜籽生产者提供价格支持，欧盟对油料生产者提供直接补贴。这些政策措施干涉了油料生产，从而间接地影响油料、植物油的国际贸易。美国、欧盟等 OECD 国家和地区对油料进口实行零关税或非常低的关税，但对植物油进口征收较高的关税，以保护国内油料压榨者。

作为主要出口国，长期以来巴西、阿根廷对大豆出口施加了不同水平的出口税，对大豆油则实行出口退税，以促进国内油料压榨业的发展和高附加值产品的出口。从 1996 年开始，巴西取消了出口税，近年来阿根廷也降低了出口税，大大刺激了大豆生产和出口，对美国大豆出口形成了强有力的竞争。作为世界最大的两个棕榈油出口国，马来西亚、印度尼西亚对毛棕榈油征收比精炼棕榈油更高的出口税，以促进高附加值产品的出口。马来西亚棕榈油生产量的 80% 被出口，决定着印度、中国和巴基斯坦的植物油市场。印度尼西亚也持续不断地扩大其出口市场，但是与马来西亚不同，印度尼西亚的主要目标是保证其 2.2 亿人口有足够的食用油供给。多年来，印度尼西亚通过配额和许可证制度来限制棕榈油出口。最近几年，印度尼西亚也采取了更为自由的贸易政策，取消了出口配额，放松了对出口的限制。

过去十年来，世界油料、植物油的主要进口市场从 OECD 国家向发展中国家迅速转移，进口需求增长的绝大部分出现在亚洲的发展中国家。进口增长的原因之一是乌拉圭回合谈判后的贸易自由化。按照乌拉圭回合谈判的承诺，印度取消了对食用油进口的数量限制，代之以进口关税，立刻引发了食用油进口高峰。即使考虑了关税和消费者价格补贴之后，国内价格仍远高于国际市场价格，印度食用油市场经历了快速的进口增长。尽管最近几年印度政府将关税大幅提高，但食用油进口仍居高不下。

（二）启示

从以上各个国家采取的促进油料产业发展政策来看，主要分为以下几个方面：第一，美国和日本针对油料生产的直接补贴政策。第二，针对油料生产的价格支持政策，美国（反周期补贴）、欧盟、加拿大、日本等国家和地区对不同的油料品种有相应的政策手段。第三，进口关税手段。印度采用油料和食用油进口不同关税率，前者高于后者，保护本国油料生产。第四，出口关税手段。阿根廷采取食用油和油料出口不同税率，前者低于后者，提高油料产业附加值，促进油料制成品出口和国内油料加工业发展。第五，多数国家针对油料生产实施农业保险，各国保费率不同，基本按照政府出资50%补贴保费。第六，行业协会制度促进油料产业发展。美国采取大豆协会制度，有效地推动了行业发展和出口。第七，实施农业服务现代化规划，扩大油料经营规模，提高国际竞争力。这在阿根廷已经得到实施，但该政策也可能导致高债务。第八，实施农业新技术采用的促进政策，这主要是印度在实施，阿根廷的农业服务现代化规划中也包含该政策。第九，信贷优惠政策，这在美国、巴西都已经实施。第十，税收优惠政策，对于大豆生产采取收入税减免等政策，这在巴西、印度等国已经实施。

从以上各国的促进油料产业发展政策来看，各国已经针对油料种植、流通制度、销售价格、信贷、税收、保险、贸易以及长期规划各个环节采取了有效的政策措施。我国《关于促进油料生产发展的意见》中，直接补贴、基地建设、保险试点、科技创新、储备制度、预警体系、培育期货市场、控制油料转化等方面已经有所体现，但对于进出口关税措施、信贷优惠政策、税收优惠政策、行业协会发展方面尚未提出相应意见和措施，而且国内针对油料直接补贴仅限于大豆和油菜，而没有国内主要油料品种中的花生、向日葵籽、棉籽。因此，今后有必要在强化上述意见中各项措施的实施力度之外，进一步扩大进出口关税措施、信贷优惠政策、税收优惠政策、行业协会发展方面的政策意见和措施。

三、促进我国油料产业发展的政策建议

我国油料产业发展应该遵循：建立油料产业发展中长期规划，在不与粮食争地的原则下，有效利用国内和国际两种资源，稳定和提高国内油料生产综合能力；按照油料生产的地理优势，有效布局国内油料产业品种与区域结构，促进油料科技创新和示范，培育油料产业带，建立完善的运输网络；实施油料和食用油进口多样化和多元化战略，按照市场化原则，健全和增加商业周转储备，完善植物油市场宏观调控体系。

（一）制定油料产业发展中长期规划，稳定和提高国内油料生产综合能力

第一，在部分国内油料生产下滑和未来榨油用植物油料量接近1亿吨水平的背景下，应该把《关于促进油料生产发展的意见》中关于加大油料生产扶持力度、加强科技支撑能力建设、完善大豆和食用植物油市场调控、科学引导社会消费和切实强化组织领导进行制度化，在此基础上，制定油料产业发展中长期规划。

第二，借鉴国外经验启示，从确保我国食用油供给安全出发，在优先考虑油料进口的同时，适度调整油料和植物油进口结构。我国人口众多，力争到2020年我国食用油自给率能够保持在30%以上。

第三，加大油料生产扶持力度，强化科技支撑能力，尤其是优良品种推广与示范，稳定和提高国内油料生产综合能力。除了《关于促进油料生产发展的意见》中提出的各项措施之外，应该进一步增加进出口关税或动植物检疫、信贷优惠、税收优惠、行业协会发展等方面的政策措施。

第四，稳定和提高国内油料综合生产能力，鼓励农户或农

业企业进行大规模经营，这是从根本上确保中国食用油供给安全的基石。

（二）促进油料科技创新和示范，培育油料产业带并建立完善的运输网络

第一，发挥我国现有油料生产优势，加强科技创新和示范，在稳步提高油料产量的同时，要向高油油料品种倾斜，有效提高国内食用油自给率。

第二，油料产业布局要遵循油料和食用油物流顺畅和宏观调控应急响应及时的原则；培育油料产业带，建立油料和食用油调控走廊体系，逐步形成港湾—铁路和河海运输—内陆运输网络；加大桶专用油罐和管道运送为主的主干食用油运输网络的基础设施建设，以有效调剂省际间和地区间的供求平衡。

（三）实施油料和食用油进口多样化和多元化战略，健全商业周转储备

第一，在食用油自给率已经低于50%的背景下，有必要确保食用油进口的多样化和多元化，鼓励农业企业走出去，从植物油料的源头确保植物油加工原料安全和稳定供给。未来我国大豆进口量将超过4000万吨，豆油进口可能达400万吨以上，棕榈油进口将接近1000万吨水平。要鼓励本国农业企业到南美、非洲和东南亚等地进行植物油料生产投资，通过收购或控股等手段对海外食用油加工及其关联企业投资。

第二，建立和强化油料和食用油储备制度。在中国粮食储备之外，增加和强化主要进口植物油的战略储备，逐步形成沿海—高速沿线—内陆三级阶梯形储备网络。

第三，虽然中国是食用油进口大国，但食用油价格的定价权一直被国际大型植物油加工企业所垄断，如何利用期货市场稳定国内食用油价格是确保国内食用油供给安全的重要经济杠杆。通过培育和完善植物油料和植物油期货市场，争取国际上油料和食用植物油的定价权，稳定国内食用油价格。

第四，有效提高我国食用油利用率，建立有效的食用油回收制度，运用回收后的食用油打造生物能源产业链。鼓励利用国内荒地和盐碱地，种植可用于生物能源生产的植物；鼓励生物能源加工企业走出去，开拓海外生物能源基地，确保未来我国生物能源的持续稳定供给。

第四节

提高我国蔬菜与水果业国际竞争力

我国蔬菜和水果业生产规模不断扩大，出口增长迅速，已成为农业结构调整、农民增收、农业增效的重要增长点。但由于流通环节不畅、加工水平不高、农药残留和重金属超标等质量安全问题，我国蔬菜和水果出口屡屡受阻，市场波动大，不仅影响了产业持续健康发展，还影响了我国农产品的国际形象。因此，进一步提升质量安全水平，强化产后加工和流通环节的技术含量，优化宏观政策环境，对提高当前蔬菜和水果业出口竞争力非常重要。

一、我国蔬菜和水果业生产及贸易概况

（一）我国蔬菜业生产及对外贸易概况

蔬菜产业是我国农业经济发展的一个重要增长点，随着种植业结构调整和市场流通体制改革深入，我国蔬菜种植面积逐步扩大，产量和出口量已居世界第一位。

1. 生产概况

目前，我国蔬菜产业已基本完成数量扩张，开始迈入增加

单产、提高质量、调整品种结构、优化区域布局、扩大国际贸易的新阶段。2000年以来我国蔬菜生产以年均5%左右的速度稳步增长。2006年蔬菜播种面积18217千公顷，比上年增加496千公顷，增长2.80%；总产量达58326万吨，比上年增加1874万吨，增产3.32%，占世界总产量的60%。

（1）主要种植品种

我国种植的蔬菜主要有叶菜类、茄果菜类、块根块茎类、瓜菜类、葱蒜类及水生菜类等蔬菜。2006年我国叶菜类、茄果菜类、块根块茎类、瓜菜类、葱蒜类及水生菜类蔬菜产量分别占蔬菜总产量的38.1%、14.5%、14.3%、12.6%、8.8%和1.8%。叶菜类蔬菜以大白菜、圆白菜、芹菜和油菜为主，茄果菜类以茄子、番茄和辣椒等为主，瓜菜类蔬菜以黄瓜为主，块根块茎类蔬菜以萝卜和胡萝卜为主，葱蒜类蔬菜以大葱和蒜头为主，水生菜类蔬菜以莲藕为主。就具体品种而言，我国传统特色蔬菜品种——葱、姜、蒜在世界上的地位比较突出。2006年世界葱、姜、蒜栽培面积分别为60万公顷、50万公顷和120万公顷，而我国葱、姜、蒜的栽培面积分别约为54万公顷、24万公顷和77万公顷，分别占世界葱、姜、蒜栽培总面积的90%、48%和65%。

（2）主要生产区域

随着蔬菜种植规模扩大，产区相对集中，布局日益合理，主产区以山东、福建、浙江、江苏、广东等东部沿海地区和新疆为主。近年来，我国蔬菜播种面积在100万公顷以上的省（区）依次为山东、河南、广东、四川、江苏、广西、河北、湖南和湖北，共计1100多万公顷，约占全国的60%；蔬菜产量在2000万吨以上的省（区）依次为山东、河北、河南、江苏、四川、湖北、广东、湖南、广西和辽宁，约占全国的70%。

2. 对外贸易概况

近年来，我国蔬菜出口量和出口额呈快速增长趋势，但与基数较大的出口量相比，我国蔬菜进口很少。

(1) 主要出口省份

受自然资源、交通、保鲜技术等影响，我国蔬菜主产区与主要出口地区基本一致，山东、福建、浙江、江苏、广东等东部沿海地区和新疆是我国蔬菜出口的主要省份，其中东部沿海地区（山东、福建、浙江、广东、江苏、辽宁、河北、上海）蔬菜出口额约占全国蔬菜总出口额的73.4%，中西部地区（新疆、甘肃、宁夏、山西、河南、安徽、四川、湖北）约占14.6%，沿边地区（黑龙江、内蒙古、云南）约占5.8%。

(2) 主要出口市场

亚洲是我国蔬菜出口的最大市场，约占总出口额的2/3，其中日本是我国蔬菜出口的主要国家，约占总出口额的1/3。东盟各成员国中，我国蔬菜主要输往马来西亚、印度尼西亚和泰国。近年来，我国对美国、韩国、俄罗斯和德国的蔬菜出口也呈迅速增长态势。

(3) 主要出口品种

就出口产品加工形式而言，加工保藏蔬菜、鲜冷冻蔬菜以及干蔬菜是我国蔬菜出口的主要形式。就品种而言，大蒜、姜、洋葱、干菜豆、干制蘑菇、罐装蘑菇等蔬菜及其制品是我国蔬菜主要出口品种。但我国的一些特色、小品种蔬菜，如芦笋、花椰菜和青花菜等，目前在国际市场上所占比重还不高。2001—2005年，我国芦笋的出口额占世界芦笋总出口额的0.32%—0.62%，花椰菜和青花菜的出口额占世界总出口额的2.83%—5.99%。

(4) 进口情况

我国蔬菜品种繁多，产量较高，基本足够满足国内需求。因此蔬菜进口量较小，大多为国内调剂品种。进口主要种类有加工保藏蔬菜、鲜冷冻蔬菜和干（脱水）蔬菜。

(二) 我国水果业生产及对外贸易概况

随着居民收入增加和社会营养健康意识的增强，水果在我国城镇居民家庭食品消费性支出中的份额不断提高。2006 年城镇居民水果消费支出达到 240.15 元/人，占食品消费性支出的 7.72%，较 1995 年增长 1.37 个百分点。可以预见，今后城镇居民水果消费支出占食品消费支出的比重将继续提高，巨大的市场需求为我国水果业发展壮大提供了动力。

1. 生产概况

我国是水果生产大国，水果产量约占世界总产量的 15%。2003 年后我国水果产量以年均 6% 的速度稳步增长，在品种、质量和种植区域的优化等方面保持着良好的发展势头。

（1）主要生产品种

我国水果品种多达 50 余种，苹果、梨、柑橘是我国三种产量最大的果品。2006 年苹果、柑橘、梨、香蕉和葡萄的产量分别占总产的 15.1%、10.4%、7.0%、4.0% 和 3.6%。

（2）主要生产区域

我国水果生产主要集中在环渤海湾、华北、华南和西北地区。2006 年，果园面积在 50 万公顷以上的省（区）主要有河北、广东、广西、陕西、山东、福建和新疆，上述七省（区）果园面积 558 万公顷，占全国的 55%；水果产量在 1000 万吨以上的省（区）依次为山东、河南、河北、山西和广东，5 省水果产量合计 8026 万吨，占全国的 47%。

2. 对外贸易概况

我国是温带水果净出口国和热带水果净进口国。2000 年以来，水果贸易顺差逐年扩大，已由 2000 年的 3.57 亿美元增至 2007 年 1—11 月的 23.81 亿美元。

（1）主要出口品种

我国水果出口的种类主要有鲜冷冻水果、水果汁、水果罐头及其他加工水果。其中鲜冷冻水果以鲜苹果、柑橘和鲜梨为主，水果汁以苹果汁为主，水果罐头以柑橘罐头和桃罐头为主，其他加工水果以葡萄干及非柑橘属水果制果酱、果冻、果泥为主。

（2）主要出口市场

我国与东盟、欧盟和北美自由贸易区的水果贸易平稳发展，根据《中国与东盟全面经济合作框架协议》中的“早期收获”计划，2004 年起中国与东盟国家对包括水果、蔬菜在内的约 600 个种类的农产品开始下调关税，并于 2006 年取消这些农产品的进口关税。受此影响，2006 年我国与东盟水果贸易总额达到 8.39 亿美元，较 2003 年增长了 68.5%。我国与东盟的水果贸易以品种互补为主，进口水果主要是龙眼、榴莲、荔枝、香蕉和莲雾等，出口水果主要是苹果、梨、柑桔、桃罐头和枣类等。

（3）进口情况

我国进口水果品种主要有香蕉、葡萄、猕猴桃和柑橘，水果汁以柑橘汁为主，主要来自于泰国、美国、菲律宾、越南、巴西和智利等国。

二、影响我国蔬菜与水果业国际竞争力的因素分析

从经济学角度看，国际竞争力的大小实质就是产品供给满足国际市场需求能力的大小，而影响需求的主要因素是成本和质量。然而，技术水平、品牌及贸易环境因素也会对一国具体产业的国际竞争力产生影响，因此，从成本、质量安全、技术、品牌及贸易环境等五个方面，探讨影响我国蔬菜与水果业国际竞争力的因素。

（一）成本因素

蔬菜及水果业的成本构成要素主要包括生产成本、加工成本、流通成本及政策成本（税费）等，其中生产成本所占比重较大。蔬菜及水果业属于劳动密集型产业，长期以来我国充裕的劳动力替代了资本投入不足的缺陷，在国际市场上表现为劳动力成本优势。近年来，我国蔬菜及水果业产品的国内价格

明显低于国际市场价格，优质产品的国内价格仅相当于发达国家的八分之一至五分之一。

然而，随着国内原材料价格、劳动力成本和能源、运输费用普遍上涨以及各国对农产品质量安全的要求越来越高，检验检疫费用更是大幅上涨，加上人民币不断升值带来的出口效益下降，部分蔬菜及水果出口企业的利润明显下滑，甚至有些出口企业不堪出口成本压力，一度转向内销。据测算，2006 年我国农产品出口综合成本上升 6%—15%，但加工保藏蔬菜、干蔬菜的出口平均价格比上年分别仅增长 8.8% 和 7%。为化解成本上升带来的负担，我国农产品的出口价格也在不断提高。因此，随着出口成本压力的不断增大，我国蔬菜及水果业的劳动力成本优势受到很大冲击和削减，迫切需要转变增长方式，由“以价取胜”转向“以质取胜”。

（二）质量安全因素

20 世纪 90 年代，我国农业发展进入数量安全与质量安全并重的新阶段。为进一步确保农产品质量安全，我国明确提出发展高产、优质、高效、生态、安全农业的目标。经过十多年的努力，我国农产品质量安全水平有了很大提高，总体是安全、放心的。以蔬菜中农药残留为例，2003—2007 年农业部组织的 37 个大中城市蔬菜中甲胺磷、乐果等农药残留监测结果显示，我国蔬菜质量安全水平逐年提高，总体合格率持续上升。但我国蔬菜及水果生产中依然存在质量安全隐患，生产管理水平落后、标准化程度不高导致农药残留超标。2003—2006 年，农业部连续四年对全国苹果质量安全进行普查，结果显示我国苹果质量安全状况远不如欧美发达国家，铅、镉、汞、砷等 4 种重金属元素存在超标现象，9 种农药出现残留超标。进口国的质量安全标准在某种意义上就是“一票否决”，质量安全水平不高不仅制约着我国蔬菜与水果进入国际市场特别是发达国家（地区）市场，也是售价不高的主要原因。因此，不断提升质量安全水平，是我国当前蔬菜和水果业发展的重要目标。

（三）技术因素

我国蔬菜及水果栽培品种繁多，但符合国际市场需求的品种较少。一些传统特色品种（如大蒜、姜等）由于外观、口感、营养成分等质量指标均不高的原因，与目标市场需求差距甚大，如我国水果的优质果率为30%，而一些水果生产先进国家优质果率高达70%以上，可供出口的高档果占50%左右；世界柑橘以甜橙为主，宽皮柑桔仅占17%，巴西、美国的甜橙比例高达95%和76%，而我国柑橘以宽皮柑桔为主占60%以上，甜橙仅占30%。因此，我国应充分利用自身丰富的种质资源和自然气候多样性条件，培育出适应消费需求的优良品种。目前，我国出口蔬菜及水果业产品的品种大多是从国外引进，据统计蔬菜生产大市——山东省寿光市70%的种子市场被外资企业所掌握。这不仅直接大幅提高了我国农民用种成本，而且将会导致国内育种步伐放慢甚至停滞，长远来看必将影响我国蔬菜产业国际竞争力的积聚。

此外，采后商品化处理及储运仍是产业化链条中的薄弱环节，我国柑橘鲜果采后商品化处理率仅为5%，而发达主产国高达90%以上；柑橘加工比例远低于世界平均水平（35%），更低于巴西（80%）和美国（70%）。发达国家苹果贮藏能力一般在总产量的80%以上，且主要以气调贮藏和恒温贮藏为主，实行采后冷链流通。我国苹果贮藏能力在20%左右，先进贮藏方式所占比例少，基本还没有冷链运输。世界主要热带水果大部分是我国大宗品种，但我国的热带水果绝大部分以鲜食为主，价格受市场波动影响很大，其根本原因在于缺乏深加工制品。因此，在蔬菜水果业成本优势逐渐减弱和质量安全水平要求越来越高的形势下，应加强技术对产业的支撑能力，强化核心竞争力。

（四）贸易环境因素

各国贸易政策随着全球贸易环境的变化而不断调整，特别是发达国家为加强本国农业保护，不断强化病虫害和农残的检疫检测措施；以风险分析为借口，不断要求提供补充材料，延长解禁时间甚至停止进口；提出名目繁多的检验检疫项目；制定苛刻的检验检疫标准；按品种和产地逐个解禁；以保护人体健康为借口，限制进口数量；要求出口国先解决检疫处理方法，经确认后才允许进口等。欧盟修改了食品安全卫生法，日本出台了食品中农业化学品残留“肯定列表制度”，美国对农产品、食品提出了质量可追溯要求，我国向这些国家地区出口蔬菜与水果及其加工品的门槛进一步抬高。以香蕉为例，欧盟仅对香蕉农药最大残留限量指标就达到179项，日本更高达330项，而我国仅20项。这样无形中更有利于世界香蕉主产国将香蕉出口到我国，而我国香蕉出口却面临着更多障碍。

三、提高我国蔬菜与水果业国际竞争力的对策建议

蔬菜与水果业是我国具有明显出口优势的产业，在我国农产品国际贸易中具有特别重要的意义。因此，进一步提高我国蔬菜与水果业国际竞争力、扩大国际市场份额，必须发挥企业的主体作用、市场的引导作用、政府的调控作用，采取综合措施应对。

（一）科学规划果蔬产业战略布局

根据区域比较优势原则，科学规划我国蔬菜和水果业的战略布局，以市场为导向，重点扶持和发展比较优势强的“走出去”品种，适当“引进来”具有比较劣势的品种，实行资源置换，使我国生产资源要素配置效率最大化。加强产业链条上的关键和薄弱环节，促进产业化发展，提升规模经济水平。

一是突出重点品种。蔬菜业中应重点扶持和发展我国传统

优势特色品种，如葱、姜、蒜等。此外芦笋、青花菜、茭白等特色小品种，也需在适宜产区大力发展，这些价格较高的特色小品种市场需求将逐渐增加，而目前总体供应量偏小，是我国蔬菜业未来出口的增长点。水果业中苹果、柑橘、鲜梨、草莓、鲜葡萄、鲜桃（包括油桃）、葡萄干以及冷冻小浆果（如木莓、黑莓、桑椹、罗甘莓、醋栗、鹅莓）等果品生产规模不断扩大，对外出口呈现迅速增长趋势，这些品种应成为我国水果出口重点，应予以扶持和发展。此外，我国香蕉产量大，国际竞争力弱，是我国进口量最大的热带水果。因此，需进一步扶持发展香蕉产业，充分保障国内市场。

二是突出重点环节。积极发展蔬菜和水果业的优势产业带，逐个环节突破，健全产业链条。在种植环节上，以市场为导向，进行合理的优势区域布局（苹果、柑橘已有优势区域布局），并根据推广施行情况及时调整，培育种植目标市场需求的品种（如金冠苹果、粉红女士苹果、甜橙等），加强栽培技术管理，大幅度提高产品质量和优质果率。在流通环节上，尽快实现冷藏或气调贮藏和冷链运输，搞好果蔬产品的保鲜贮藏；实行产地检验、关口验放，节约通关时间，提高运行效率；提高果蔬产品及加工品（包括加工原料果蔬产品的生产）出口支持，增强市场竞争力。在加工环节上，鼓励采用先进的科学生产技术，鼓励发展加工用果品生产基地建设，严格分等分级，为市场和加工企业提供充足的、符合质量要求的果品，合理设置生产与加工布局，促进有序竞争。

（二）提升果蔬产品的质量安全水平

《中华人民共和国农产品质量安全法》已正式施行，我国农产品质量安全监管工作从此进入了依法监管的新阶段。进一步提高蔬菜与水果业产品的质量安全水平，应按照该法的要求，加强监管，堵疏结合。

一是强化技术措施。建立健全蔬菜及水果业产品及其加工品的质量安全标准体系，提升检测技术水平，普及科学种植知识。以生产优质果蔬产品为目标，加强花果管理、肥水管理和病虫害预测预报与科学防治，提高品质、降低农药残留水平。此外，还应积极宣传国家相关法律法规和标准要求，加强指导与监督农民科学合理使用农药、化肥等农业投入品，推广配方施肥，推广使用生物农药、性诱剂、杀虫灯等生物和物理方法，加强新型低毒高效农药的研发。

二是强化组织措施。加强农产品批发市场的质量安全控制，积极探索农产品产地“市场准出”和销地“市场准入”的工作机制与工作流程。鼓励和引导企业建立健全自检自控体系，支持企业进行ISO22000体系认证和HACCP认证，建立质量可追溯系统。

三是强化监管措施。欧盟和主要发达国家早在20世纪80年代就开始了长期性的农药残留监测，成效显著，农残超标率多数情况下不超过2%，甚至为零。我国虽然已开展了蔬菜与水果产品质量安全普查和监督抽查，但均以项目形式进行，属于阶段性工作，检测样品量小，持续效果不明显。因此，应在开展好现有质量安全普查和监督抽查工作的同时，对出口潜力大和国内外市场需求量大的蔬菜与水果品种，加大监测力度，公布不合格企业名单，加大处罚力度。

（三）加大政府拓展果蔬市场的力度

我国农业生产者的组织化程度较低，市场信息渠道窄，抵御风险能力弱，农业生产和农产品贸易无法实现小生产和大市场的有效对接。因此，在此阶段尤其需要政府大力扶持，拓展市场。

一是生产加工环节。引导和鼓励果蔬业生产向优势区域集中，支持适度规模经营，支持品种更新和结构优化，引导和鼓励做强做大果蔬品牌。进一步完善果蔬产品出口政策性保险制度，探索出口信用保险与农业保险相结合的风险防范机制，扩大农产品出口信用保险的承保范围，增强果蔬产品出口能力。

二是流通环节。目前，我国果蔬业储运技术落后，通关时间长，出口成本增加，产品品质受到严重影响。应逐步探索建立“出口农产品绿卡行动计划”。对符合农产品质量安全控制条件的企业，经有关部门批准，给予免检或委托自检；对农产品出口实行“大通关”制度，属地验收，关口验放，对鲜活农产品进出口实行快速通关。此外，可以探索利用我国制造业的渠道优势，建立果蔬产品出口包装和保鲜系统，利用共同的运输方式，开发农产品出口的专门运输路径和运输方式。

三是出口环节。充分利用现有政府、事业单位和行业协会等渠道，加强跟踪和监测果蔬产品重点出口市场的动态（包括政策制度、检验检疫制度、商标登记、培育权保护、市场需求、商品价格、流通状况、饮食习惯等），加强国际市场信息统计分析工作，建立有效的国际市场信息发布机制，并及时向生产加工环节反馈。此外，应借鉴国外在促进农产品贸易方面的先进经验，设立农产品贸易促进机构，努力开拓国际农产品市场。

（四）加强果蔬产业可持续发展的机制建设

一是信息服务体系。建立权威的信息汇总、分析、发布渠道，形成及时通报和预警机制。引导市场力量参与为果蔬出口企业提供有效服务，支持行业组织、专业咨询机构为菜农、果农和出口企业提供贸易信息服务和进口国有关技术法规、标准、检验检疫措施等方面的咨询服务，构建多层次、一体化的农产品出口信息服务体系。

二是技术支撑体系。建立健全为果蔬产业服务的以科研院所、大专院校和农技部门为主体的技术支撑体系。以市场为主导、企业为主体，国家科研单位和生产企业共同参与，通过育种、引种育成一批新品种，为稳产、优质的出口商品提供品种资源。加大对蔬菜和水果业品种的知识产权保护力度，借助市场规律引入激励机制。将蔬菜与水果业深加工及其综合利用、储运技术研发应用列入国家重点资助课题。加大对机械化、自动化作业、保鲜技术和深加工产品开发的科研投入。加大农业标准化的实施示范力度，普及蔬菜和水果业生产技术，增加对辐射示范带动效应强的龙头企业、农民专业合作组织开展标准化生产的扶持力度。

三是行业管理体系。尽快提高蔬菜与水果业生产者的组织化程度，加速行业协会和中介组织的发展，推进产销一体化模式。鼓励发展各种代表菜农、果农权益的营销机构、中介组织和专业合作组织，提高农民组织化程度，降低经营风险和成本。充分发挥行业协会的组织协调作用，对反倾销应诉工作进行组织与指导，为企业提供法律援助和技术支持。注重建立健全生产、加工、销售一体化的联合体，按“龙头企业 + 中介组织（专业合作社、专业协会等）+ 农户”模式，尽快将菜农、果农个体小生产变成与国际市场接轨的现代化大生产，统一生产加工技术，共同开拓市场，形成大品牌和拳头产品。

第五章

促进畜牧业市场稳定与远洋渔业发展[①]

畜牧养殖业和渔业是整个农业的重要组成部分，对农村经济发展具有重要作用。我国畜牧养殖业和远洋渔业在取得很大成绩的同时，也面临相当严重的困境。多年来，生猪生产大起大落，价格大幅度波动；奶品质量形势严峻，奶农—奶企利益联结机制松散；禁牧、休牧和轮牧制度推行遇到困难；远洋渔业因国际环境变化、入渔门槛提高、资源争夺加剧、燃油价格涨价等原因，面临前所未有的挑战。本章分析了生猪产业、奶业、禁牧休牧轮牧和远洋渔业面临的形势和主要问题，提出了相应的工作措施和政策

① 本章内容节选自如下农业部软科学课题："改善生猪市场调控问题研究"（课题编号200908），课题主持人：何忠伟；"中国奶业链利益联结机制：养殖小区与农业合作经济组织形式"（课题编号200910），课题主持人：贾相平；"禁牧休牧轮牧制度研究"（课题编号200512），课题主持人：宗锦耀；"远洋渔业发展支持政策研究"（课题编号200810），课题主持人：高强。

建议。

第一节

改善生猪市场调控

我国是世界上生猪生产和猪肉消费大国，约占世界总产量的一半；猪肉生产与消费量约占我国肉类生产与消费总量的65%，养猪业产值约占全国畜牧业产值的48%（即农、林、牧、渔业总产值的14%）。如何在最大程度上控制或稳定生猪市场价格，降低生猪产业链各环节所面临的风险，这是关系我国生猪产业发展和人民群众生活的大问题。

一、生猪生产波动的特征和规律

本部分将利用HP滤波法对1972—2008年我国生猪生产波动周期进行研究，分别测定生猪年末存栏量波动周期、肉猪出栏量波动周期和猪肉产量波动周期，并在此基础上分阶段分析我国生猪生产周期性波动的原因。对生猪生产波动进行研究，有利于增进对生猪生产规律的认识，继而为采取有效措施降低生猪生产波动强度、稳定市场、促进养猪业健康发展提供依据。

（一）生猪生产长期趋势分析

利用HP滤波法，分别对1972—2008年生猪年末存栏量、肉猪出栏量和猪肉产量进行长期趋势分解。可以看出，HP滤波法对长期趋势的拟合效果较好，趋势值和真实值的拟合优度很高，分别达到了99%以上；剔出趋势值后的波动值围绕零值上下波动。为了检验三列数据波动周期值的平稳性，进一步对波动值序列进行 ADF 单位根检验。从检验结果看，三者均不存在单位根，均为平稳时间序列。

从长期趋势来看，肉猪出栏量、肉猪存栏量和猪肉产量一直保持快速增长的态势，但生猪年末存栏量从 20 世纪 80 年代开始增长速度明显放缓，这表明改革开放以后饲养水平提高、养猪周期缩短、出栏速度加快是猪肉产量增长的主要原因。从波动周期成分来看，周期性波动是我国养猪业的显著特征，1980 年和 2007 年生猪生产出现了较大的异常波动。

（二）生猪生产周期成分分析

周期成分是剔出长期趋势后反应波动情况的波动值。变异率是用周期值除以长期趋势值得到的，是反应波动周期的重要相对指标。采用“峰—谷—峰”法进行周期划分，具体从变异率下降年份开始到低谷再回升至峰顶年份作为一个完整的周期。考虑到周期波动的市场必然性，周期划分的标准值要准确衡量，如果标准太高，只能识别较大的波动，造成周期数过少；如果标准太低，识别过于细小的波动，造成周期数过多。为了较全面反映我国生猪生产波动情况，结合三列数据指标的实际波动情况，本研究采用如下标准来识别周期：每次波动变异率的“峰—谷”落差大于 2%，且波峰大于零，波谷小于零。根据以上标准，分别对生猪年末存栏量、肉猪出栏量和猪肉产量进行周期划分，结果见表 5 - 1[①]。

① 表 5 - 1 中 1972—1973 年和 2008 年以后的情况没有列出，原因在于它们不构成完整的周期。

表 5－1　存栏、出栏和猪肉产量波动周期划分结果

a 生猪年末存栏量波动周期

周期序号	起止年份	峰位变异率	谷位变异率	峰谷落差（%）	上升阶段年数	周期长（年）
1	1973—1979	2.17	－3.79	6.0	1	6
2	1979—1983	3.87	－14.49	18.4	1	4
3	1983—1990	16.84	－4.81	21.7	3	7
4	1990—2001	0.85	－2.92	3.8	4	3
5	2001—2005	4.95	－3.24	8.2	3	4
6	2005—2008	1.23	－3.24	4.5	1	3
平均	—	—	—	10.4	—	4.5

b 生猪年出栏量波动周期

周期序号	起止年份	峰位变异率	谷位变异率	峰谷落差（%）	上升阶段年数	周期长（年）
1	1975—1982	0.82	－2.09	2.9	2	7
2	1982—1988	13.26	－14.53	27.8	3	6
3	1988—1998	2.01	－3.36	5.4	5	10
4	1998—2001	3.76	－0.52	4.3	1	3
5	2001—2006	7.27	－3.22	10.5	4	5
6	2007 至今	7.27	－9.99	—	—	—
平均	—	—	—	10.2	—	6.8

c 猪肉产量波动周期

周期序号	起止年份	峰位变异率	谷位变异率	峰谷落差（%）	上升阶段年数	周期长（年）
1	1979—1984	10.88	－1.73	12.6	2	5
2	1984—1998	10.88	－9.53	20.4	7	14
3	1998—2006	8.99	－0.71	9.7	4	8
4	2006—2008	4.47	－3.24	7.7	—	—
平均	—	—	—	12.6	—	9

注：“—”表示周期不完整，没有计算相应指标。

从生猪年末存栏量来看，1973 至 2008 年间发生了 6 次完整的周期波动。其中峰谷落差超过 5% 的较大波动有 4 次，平均每 4.5 年有一次周期波动，平均 9 年就会有一次大的周期波

动。20 世纪 90 年代以前，生猪存栏量波动剧烈，波动幅度大；90 年代以后，存栏量波动强度减弱。从周期长度看，显示出年末存栏量周期长度较规则，6 个周期中除去 2 个为期 6 和 7 年较长以外，其他周期多在 3 至 4 年之间；从发展趋势看，周期长度有由 4 年缩短为 3 年的趋势；从大的波动来看，周期长度不规则，4—7 年不等。因此，年末存栏量周期波动表明，如果包括小周期的波动变化，我国养猪业大约 3—4 年会有一个周期循环，并且周期长度有缩短的趋势；而大周期长度不规则，并有周期延长的趋势。

从肉猪出栏量来看，出栏量波动和存栏量波动变化趋势基本一致，两者变异率的相关系数也高达 0.78，但是出栏量波动周期更长、波动幅度更大。1975—2006 年间肉猪出栏量发生了 5 次周期波动，其中较大的周期波动有 3 次，平均每 6.8 年会波动一次，平均 10 年会有一次大的波动。在 20 世纪 80 年代中期以前，肉猪出栏量波动剧烈，波动幅度大；20 世纪 80 年代中期以后到 2005 年，出栏量波动强度明显减弱，年度变异率落差低于 5%，多数年份低于 4%；但 2005—2008 年波动强度增大，肉猪出栏量变异率落差最高高达 17.26%。1985 年以前，出栏量波动滞后于存栏量波动的趋势明显；但 1986 以后，两者趋于同步变化。这是因为 1985 年以前饲养周期较长，上年存栏量波动对下年出栏量波动影响显著；20 世纪 80 年代后期养猪周期缩短，从仔猪出生到上市出售只需 5—6 个月，人们能在一年内调整生猪产量，故出栏量受上年年末存栏量的影响不再那么明显。

从猪肉产量看，1979—2006 年猪肉产量发生了 3 次较大的周期波动，平均 9 年会有一次大的波动。猪肉产量和出栏量波动变化基本一致，两者的相关系数也高达 0.95，只是猪肉产量要多 1 次周期变化。猪肉产量变异率和存栏量变异率的相关系数达到 0.80，并且猪肉产量的 8 次大波动和存栏量的 8 次大波动的划分是一致的。20 世纪 80 年代以前，猪肉产量波动剧烈，波动幅度大；20 世纪 80 年代以后，猪肉产量波动强度明显减弱；2007 年生产波动强度增大。

综合以上分析可见，三个指标测定的我国养猪业的周期波动，既存在区别，又有紧密的联系。存栏量周期波动最为频繁，也能反映出我国养猪业大约 4—5 年一个周期循环，但是存栏量小幅周期波动并没有引起出栏量和猪肉产量的周期波动，因此其周期数目更多。从大的波动看，三者周期划分较为一致，反映三者协同变化的趋势。总的来看，1972—2006 年间我国生猪生产经历了 5 次大的周期波动，平均每 6 年多就发生一次，并且 1985 年以后波动强度明显减弱，1980 年和 2007 年生猪生产出现了异常波动，波动强度增大。

二、生猪市场价格波动的特征和规律

笔者有关生猪生产数据采用 1983—2008 年的《中国统计年鉴》数据。有关生猪市场价格数据资料采用了“中国畜牧兽医信息网”公布的 2000 年 1 月—2009 年 7 月 31 个省市的畜产品及相关饲料价格数据，共涵盖了仔猪、待宰活猪、去皮带骨猪肉、鸡蛋、商品代蛋用雏鸡、商品代肉用雏鸡、活鸡、西装鸡、去骨牛肉、带骨羊肉、玉米、豆粕、小麦麸、进口鱼粉、育肥猪配合饲料、肉鸡配合饲料、蛋鸡配合饲料等 17 个指标①。与众多研究不同的是，多数研究运用定基消费者价格指数对生猪市场价格进行调整。笔者采用分类价格指数将相关指标调整为 1999 年的不变价，以进一步精确价值数据的准确性和可比性。具体调整指数如下：仔猪、待宰活猪、商品代蛋用雏鸡、商品代肉用雏鸡、活鸡、西装鸡采用肉禽类消费价格指数进行 1999 年定基调整；去皮带骨猪肉、去骨牛肉、带骨羊肉采用肉禽及制品消费价格指数进行 1999 年定基调整；鸡蛋采用蛋类消费价格指数进行 1999 年定基调整；玉米、豆粕、

① 采集牛、羊、鸡的相关数据是为了进行猪肉替代品价格分析。

小麦麸、进口鱼粉、育肥猪配合饲料、肉鸡配合饲料、蛋鸡配合饲料采用饲料消费价格指数进行1999年定基调整。2008年1月—2009年5月的分类价格指数还没有系统公布，故利用消费者综合价格指数进行1999年定基调整。

（一）全国生猪市场价格波动的特征

1. 生猪价格和粮食价格的运动方向上具有相悖性

粮食是生猪生产赖以发展的基础，按理说粮多猪多，粮贱猪也贱，猪价和粮价成正比，它们的价格升降应该是同步的。然而，由于受生猪生产周期较长的制约，猪价和粮价的波动在现实运行中往往不同步。当粮食价格下跌、养猪效益趋于好转时，生产者踊跃购买仔猪以填圈补栏，生猪存栏量开始上升，但生猪出栏量并不增加，此时的生猪价格往往是上升的。当粮食价格上涨时，养猪效益趋于下降，有的生猪饲养场、饲养户甚至发生亏损，农民急于抛售生猪、有的提前将架子猪出栏。上市集中，结果越卖越贱。由于受生猪生产特点和价格调节作用迟滞的影响，生猪价格和粮食价格的波动不能同步进行，其运动方向往往是相悖的。这主要表现在生猪出栏量增长率和粮食产量增长率的变化周期是相悖的，从1984年到2008年生猪存栏量与粮食产量增长率变化周期来看，当期粮食产量的增长往往伴随生猪出栏量的减少，仔猪存栏量的增加，而带来下期生猪出栏量的增加，供求关系的变化往往又引发生猪价格下降。随着粮食产量的减少往往又引起当期仔猪存栏量的减少，从而又导致下期生猪出栏量减少，生猪供给减少又带来新一轮猪肉价格上扬。

2. 价格波动呈现出幅度逐渐增大、周期越来越短的趋势

猪肉价格、活猪价格和仔猪价格有着较类似的变动趋势，大体经历了2000年1月至2004年1月间的平稳发展期；2004年2月至2004年9月的上升而后下降时期，到2006年7月降到2000年以来的最低点；2006年8月开始进入了新一轮价格

狂涨阶段，到2008年8月达到了历史最高点，猪肉价格、活猪价格和仔猪价格分别达到38.2元/千克；16.9元/千克和25.7元/千克，分别比是2006年7月的最低点5.4倍、2.6倍和2.3倍。市场价格自2008年5月开始进入了新一轮降价趋势，受猪流感疫情国际化的影响，2009年2月以来，仔猪价格急剧下降，猪肉价格反映相对迟缓，但也进入了缓慢下降周期。

3. 价格波动的季节特征明显

猪肉价格、活猪价格和仔猪价格序列均存在与季节因素很强的自相关。为了进一步验证季节因素对猪肉价格、活猪价格和仔猪价格序列的影响，首先对三项指标进行自相关分析。通过自相关图可以观察到各猪肉价格、活猪价格和仔猪价格序列均存在于季节因素导致的很强的12阶（或24阶）自相关，且属于随时间推移波动幅度逐渐增大的序列，适用于季节调整的乘法模型。

从季节因子分析可见猪肉价格波动的季节性较强，每年1—2月猪肉价格较高，之后6月份相对较低，到9月份上升，再次小幅度震荡到每年的11月份而后上升至1月份持续到春节期间，完成一个周期为12个月的波动周期。活猪价格的季节性波动与猪肉的季节性波动在2000年1月至2005年6月，表现出高度的一致性；而在2005年7月至今2009年5月，猪肉的季节性波动要比待宰活猪的季节性波动约滞后1个月。这说明活猪价格的季节性波动是猪肉价格波动的主要原因之一。同时，活猪价格的变化也可以成为猪肉市场价格变化的晴雨表。仔猪价格的季节性波动比猪肉和活猪价格的季节性波动的季节周期更短，更加频繁，基本6个月一个周期波动。每年的3月和9月份是养猪补栏的旺季，仔猪价格较高，到6月和11月或12月，仔猪价格相对较低。三者相比，猪肉的季节性波动幅度最小，活猪的波动幅度最大。这主要是因为活猪出栏时间受饲养成本的约束，而仔猪、猪肉的上市时间跨度相对宽松，适应市场的能力相对较强。

4. 价格波动的趋势特征和周期特征

为了量化地获得价格波动的趋势特征和周期特征，在季节调整的基础上进行H—P滤波分析，分别得到生猪价格、猪肉价格和仔猪价格的趋势成分和周期成分。生猪、猪肉和仔猪价格的波动表现出相对一致的趋势。在样本区间内，2000年1月到2003年第一季度，三类价格序列基本沿着其自身趋势发展；受“非典”及高致病性禽流感的影响，鸡肉价格大幅度受挫，作为替代品的猪肉自2003年第二季度开始，价格较大幅度增长，并持续到2004年9月。受外界刺激的影响导致了生猪、猪肉价格的偏离趋势运行。2004年10月以后，猪肉价格开始大幅度下跌，到2006年6月，三列价格跌至谷底。而后进入了新一轮的大幅度上扬，直至2008年4月达到了历史的最高点。而后又开始了新一轮的下跌周期，受到猪流感疫情的影响，截止到2009年5月24日，下跌趋势还没明显回暖的迹象。

三列价格序列周期性波动幅度成增大的趋势，基本3年左右一个波动周期。样本期间，出现了两个明显的周期，一个是2002年3月至2005年7—9月波动周期，周期长40个月；另一个是2005年8—10月至2008年9月，周期长35个月。在此过程中，仔猪价格的周期性波动幅度最大，生猪价格波动幅度最小，猪肉价格波动居中间。究其原因主要是猪肉价格作为菜篮子工程的主要指标之一，受政府宏观调控的力度较大，相对稳定性较强，而生猪和仔猪的政府调控力度较弱，几乎完全受市场机制影响。

（二）生猪主产区市场价格波动的特征

1. 主产区价格情况

全国前10位（按2007年猪肉产量排序）的生猪主产区，生猪市场的波动趋势与全国的变化趋势相似。但受地区差价的影响，总体上主产区的价格低于全国平均价格。

2. 主产区价格周期特征

主产区价格周期走势（以四川为例）与全国的价格波动周期比较一致，还具有相对超前性。究其原因，主产区价格波动对全国辐射作用较强，影响较大。但全国养猪业存在滞后期，波动滞后于主产区。因此，主产区价格对全国价格波动具有预警性作用，应是今后重要监控点。

三、测定生猪生产和价格波动的成因

生猪价格受到多方面影响，其中"蛛网现象"与生猪的自然生产规律，造成了我国生猪市场每三年左右就会有一个变化周期，每个周期中又有上升期、高峰期、下跌期、低谷期4个阶段。但其价格波动，很难从某一方面得到较准确的估计与预测。

（一）常规因素对生猪价格波动的影响

采用季节调整后的时间序列建立计量经济模型，根据蛛网理论、市场供求决定价格理论等，从供给（包括生产与流通）和需求角度考察生猪饲养成本（肉料比）、生猪产量（出栏量）、上一期（年）价格、规模养殖情况（规模出栏占总出栏比例）、疫病因素、政策因素等对中国猪肉价格波动的影响，以及各因素的作用方向和影响程度。具体模型框架如下：

生猪价格 $P_t = F$（仔猪价格 X_{2t}、牛肉价格 X_{3t}、羊肉价格 X_{4t}、鸡蛋价格 X_{5t}、肉鸡价格 X_{6t}、上期生猪价格 P_{t-1}、年份虚变量 D_{2001}、……、年份虚变量 D_{2009}）

在31个省区生猪价格序列进行季节趋势调整的基础上，采用加权最小二乘法，模型估计结果如下：样本期2000年1月至2009年5月，有效样本3010个，模型估计结果见表5-2。

表 5-2　　模型估计结果

变量		系数	t-值	相伴概率
常数项		0.92	12.0	0.000**
自身产品价格因素	猪肉价格	0.10	9.2	0.000**
成本价格因素	上期生猪价格	0.045	19.4	0.000**
	仔猪价格	0.174	14.3	0.000**
	玉米	2.392	-15.4	0.000**
	上期玉米	-0.491	-4.1	0.000**
	豆粕	-0.323	11.4	0.000**
	上期豆粕	-0.32	-15.39	0.00**
	育肥猪饲料	0.19	-4.09	0.00**
替代品价格因素	鸡蛋价格	0.06	-5.94	0.00**
	肉鸡价格	0.058	17.7	0.00**
	羊肉	0.045	-13.8	0.000**
主产区地区虚变量	四川	-0.5	-7.3	0.000**
	湖南	-0.7	-6.6	0.000**
	山东	-0.3	-7.4	0.000**
	安徽	0.1	4.7	0.000**
	湖北	-0.4	-10.3	0.000**
	江西	-1.0	-17.5	0.000**
F 值	49505			0.000**
调整后的 R^2	0.9999			
DW 值	2.08			

注：** 代表达到了 1% 的显著水平。

从模型估计结果看，F 值 0.00 的统计极显著水平、调整后的 $R^2=0.9999$，说明所列影响因素对生猪价格波动的整体解释能力较强，达到了 99.99%；DW 值为 2.08，说明模型不存在序列相关性。且通过加权最小二乘估计方法，有效地消除了模型的异方差问题，总体而言以上模型估计结果是可信的。

从表 5-2 可见，生猪市场价格受当期猪肉价格、生产成本价格因素、替代品价格因素的影响达到了极显著水平。上期生猪价格对当期生猪价格的影响是正向的，因为生猪生产调整需要一定时间，就是说当年价格变化，由于一些成本已先期投入，当期的出栏量变化不大，甚至可能出现相反的变化，而在次年变化趋势将与价格趋同。当期猪肉价格、玉米价格、仔猪价格、育肥猪饲料价格对生猪价格影响是正向的，说明这些因素的价格变动与生猪价格变动有着一定同步性支撑作用，在生猪价格调控过程中可作为同向参考因素。上期玉米价格、上期豆粕价格对生猪价格影响是负的，在生猪价格调控过程中可作为反向参考因素，替代品价格因素的影响符合经济学的基本规律，有一定的市场指导参考价值。主产区地区虚变量对生猪价格水平的影响都达到了极显著水平，系数为负值，普遍低于全国平均水平，这也验证了前面绝对数值的分析结论，主产区生猪价格的微小变动，对全国会有一个扩大效应。

（二）疫情疫病对生猪价格波动的影响

生猪市场价格波动有内在原因，但也受到疫病、疫情灾难的冲击，是两者共同作用的结果。尽管疫情不是根本的原因，但它往往起到对生猪价格波动助推剂的作用，加剧波动幅度。

2003 年上半年我国发生“非典”疫情，生猪存栏下降，尤其是母猪存栏比重下降幅度较大，生猪生产从源头上遭到重创，市场供应长期处于严重不足的局面。供应量减少必然导致较高的猪肉价格，一直持续到 2005 年年底，长期的高盈利导致生猪存栏快速增加，母猪存栏比重攀升。2006 年生猪市场价格快速下降，此时猪价变动也明显验证了这一点。

2006 年下半年，生猪爆发无名高热病，引起存栏量下降，年底存栏数比 2005 年减少了 16.9%，直接导致猪肉价格猛涨。2007 年下半年到 2008 年 4 月，生猪价格每千克高达 5 元，毛猪赚 100% 利润，一度进入暴利时代，整个市场处于求大与供的状态。在利益的驱使下，人们养猪的积极性高涨，一哄而上，修猪圈办猪场，出现养猪热。2008 年高盛、德意志银行等外资、IT 界、地产业各地资本纷纷介入。当大批仔猪通过 6 个月左右的饲养期出栏时，肥猪的供求开始发生变化，即由供不应求逐渐变为供大于求，毛猪、猪肉价格下滑，进入下跌期。2008 年 5 月开始生猪价格大跌，由最高时的每千克 5 元跌至每千克 3 元的成本价，部分地区甚至跌破成本价。2009 年的“猪流感”又一次加剧了 2008 年 5 月以来的猪价下滑的速度，并将价格推向了谷底。

（三）政府政策对生猪价格波动的作用分析

政府对稳定生猪市场发挥了举足轻重的作用，近年来出台了一系列市场调控政策。但政府的宏观调控措施在市场运行的过程中也有时会产生放大和助推作用，只注意了市场价格的上涨，而对价格过低往往调控力度不够。

2006 年下半年和 2007 年出现的“猪肉荒”，导致猪肉价格飞涨，国家为了增加供给，出台了许多鼓励养猪的政策，2007 年年底和 2008 年年初全国上了一大批生猪养殖场和养猪户。如果应对养猪业寒冬的措施不当、不及时，对生猪养殖业生产力的破坏将大于过去任何时候。为此，2009 年 1 月 13 日，国家发展和改革委员会、财政部、农业部、商务部、国家工商行政管理总局、国家质检总局 2009 年 1 号公告联合发布了《防止生猪价格过度下跌调控预案（暂行）》（以下简称《预案》），并自发布之日起执行。但在随之而来的“猪流感”冲击下，其政策效应自 6 月份以后才显现出来，起到了积极的不可替代的宏观调控作用。此次猪价反弹的主要原因可归结为三个：一是政府开展收储，稳定了猪价；二是饲料成本再度攀升；三是上市量下降，支撑了价格止跌趋稳。

生猪收储计划对市场的支撑不容忽视，这并不是说生猪收储计划收购了市场上多少生猪，其真正的意义在于稳定了养猪户。通常养猪户尤其是散养户受市场信息干扰，容易出现恐慌性抛售等行为，如此前出现甲型 H1N1 流感时，猪价暴跌就是养猪户恐慌性抛售所致。生猪收储计划的出台让已经出现了抛售行为的养猪户重新建立信心，按计划正常出栏。

饲料成本攀升是另一个支撑猪价回升的因素。受玉米、豆粕价格上涨的影响，饲料企业连续提高饲料价格。当然，饲料原料价格上涨是受美国、阿根廷等国大豆产量降低影响。同时，国储大豆还未放储，豆粕价格持续走高；国内玉米库存消耗殆尽，新玉米上市量有所增加，但价格相对较高，造成饲料价格整体呈高位运行态势，养猪成本上涨在一定程度上支撑了猪价。

生猪存栏的持续下降也是生猪价格回稳的原因之一。据农业部公布的数据显示，2009 年 6 月份我国生猪存栏量 44720 万头，较 5 月下跌 1. 33%；能繁母猪 4830 万头，较 5 月下跌 1. 02%。

四、稳定生猪市场价格波动的对策建议

通过对生猪生产波动和市场价格波动的量化分析，我们发现生猪生产和市场价格均表现出明显的周期性波动，且近几年周期波动幅度有增大趋势。主要原因如下：①我国生猪产业存在“双缺陷”，一是生猪市场不完善，其价格机制未建立，价格调节生猪的生产能力与信息不强，生产者无法正确判断其价格信息；二是政府宏观调控能力薄弱，目前还没有一套完备的稳定生猪生产的支持机制，难以维持生猪市场在外部冲击（疫病、自然灾害等）下的价格水平。②市场风险与疫病风险的冲击要大于政府宏观调控的预期。③仅依赖生猪支持价格机制还不足以抗衡生猪面临的风险，有必要建立生猪价格预警机制，以提前防范生猪业面临的各种风险与不确定性。鉴于生猪生产是农业和农村经济的重要组成部分，猪肉是大多数城乡居民的主要食品源，因此抓好生猪生产，保持合理的价格水平，对稳定市场供应、满足消费需求、增加农民收入和确保畜牧业

持续稳定发展具有重大意义。面对新一轮生猪周期性波动，要采取得力措施，特别是要加强政府部门对市场的调控，以应对生猪产能过剩、销售不旺、饲料上涨、猪流感侵袭、季节性变化等对生猪生产和销售的影响。

1. 深入把握生猪周期演变规律，指导生猪产业发展

受制于缺乏未来价格和农户信息不完全，养殖户只能根据局部地区当前供求关系和价格变动安排生产，从而导致猪价经常呈现“蛛网现象”，即陷入“生猪卖难——→价格下跌——→宰杀母猪——→生猪减少——→供应短缺——→价格上涨——→养殖增加——→生猪卖难”的周期性恶性发展。因此，在生猪周期的不同阶段要采取差异性的调节措施。在短期，通过影响和改变饲料价格和生猪储备等调节生产流通；在中期，通过改变饲料和种猪群（繁育猪群），调整、优化生猪和畜产品供给结构；在长期，重点要促进转变饲养方式。指导养殖户新上养猪项目应在生猪周期的低谷期进行，在高峰期要加强对育肥猪的饲养管理，加速淘汰生产性能差的公猪、母猪等。促进生猪生产良性循环，既要打破在亏损周期一窝蜂下，质量下降，加速淘汰育肥猪和母猪的现象，也要打破在盈利周期一窝蜂上，饲养密度大，出现供过于求，导致新一轮“猪贱伤农”的现象。

2. 建立现代养猪业发展新机制，增强养猪业应对市场风险的能力

第一，保护和稳定母猪生产，进一步加大品种改良力度，确保生猪引种规范，防止引进“洋猪病”，建立行业准入制、饲料粮调控机制。母猪生产是生猪产业的基础，为防范市场波动对母猪生产的过度冲击，采取“一保二优三促”来稳定母猪生产：“保”——加强对母猪生产的保护，实行“能繁母猪淘汰申报制”，打击私屠乱宰母猪和经营母猪肉行为；“优”——在畜牧技术人员的监管和帮助下淘汰“屡配不孕、年老多病和品种不纯”的劣杂母猪，优化猪群结构；“促”——在鼓励养殖户自繁自养的基础上，大力引进良种母

猪。

第二，完善生猪良种繁育体系。鼓励全国大型种猪场与养殖企业、科研院所开展生猪联合育种。要加快建设和完善一批种猪原种场和人工授精站点，实施生猪良种补贴，加快生猪良种推广力度，提高养殖户使用良种的积极性，不断提高生猪良种供应能力和良种化水平。

第三，建立疫病疫情有效防控体系，提高政府部门防疫管理水平。加大对“高热病”等疫病的防控力度，搞好种畜禽生产经营、动物防疫、畜禽运输及检验检疫等方面的执法和监管，阻断疫病传播途径，减少疫病给养猪业带来的损失。

第四，加快饲养方式转变。引导农村养猪能手上养猪项目，帮助农民解决上规模和引种补栏方面的困难。推广生猪健康养殖模式，加快生猪养殖小区建设，促进规模养猪和标准化生产，提高养猪技术和经营水平，包括搞好成本控制、疾病防治和猪场的管理制度等，促进农民养猪集约化和专业化发展。

第五，提高养猪户组织化和规模化水平。鼓励和培育各种养猪专业经济合作组织和行业协会的发展，加大对养猪专业经济合作组织的财政补贴规模。鼓励养猪专业合作组织和部分大型猪场投资建设生猪屠宰企业和批发市场，直接加工、经营猪肉产品。引导和鼓励龙头企业与中小农户签订订单生产合同，减少养猪风险。同时，支持规模化养猪户（场、小区）进行标准化生产，扩大标准化养猪小区财政补贴的规模和范围，合理引导小规模养猪户发展规模化养殖。

第六，加强城乡市场管理，形成品牌化战略竞争优势。加大对大型龙头企业和生猪养殖基地的扶持政策，支持引导产品质量好、品牌信誉度高的生猪生产及屠宰企业发展连锁专卖企业，推进品牌化经营。

3. 引导和推进生猪保险工作，防范市场风险

在建立政策性农业保险制度时，设置生猪险种，鼓励商业保险公司对生猪生产和母猪进行保险，政府为参保农民提供一

定的保费补贴，按照“政府补贴一点、养殖者缴纳一点、保险公司在费率上优惠一点”的办法筹集。生猪养殖具有区域产业特点，可考虑实行强制性区域化保险。由专业农业保险公司试点，在获得免征营业税、保险经营补贴等优惠政策的基础上，直接经营相关业务。强制性险能够以较低的保费为农民提供更好的保障。

4. 继续加大对生猪生产的扶持力度

国务院已经相继出台能繁母猪补贴、能繁母猪保险、生猪良种补贴、奖励生猪调出大县、扶持生猪标准化规模饲养、加大信贷支持力度等项扶持政策。这些政策措施制定与落实，无疑对抑制生猪生产下滑起到积极作用，今后仍需继续运用这些扶持政策，并进一步使这些扶持政策规范化、正常化，以加大对生猪生产的扶持力度。实行标准化规模饲养是提高我国生猪竞争力的发展方向，今后的扶持重点应当是要加大对生猪标准化规模饲养的扶持力度，并解决与标准化规模饲养相关的品种改良、信贷、保险、土地利用、环境与排污治理等配套扶持政策。

5. 构建生猪生产与市场波动预警监测体系，完善信息报送与发布机制

第一，抓紧研究构建具有权威性的全国生猪生产与市场波动预警监测体系，重点从上期的生猪生产、市场价格相关的常规因素如肉料比、生猪产量、上一期（年）价格、规模养殖情况（规模出栏占总出栏比例）等指标，加强主产区价格监控和预警能力的提高。

第二，加强生猪产品市场信息服务体系建设。加大生猪生产、屠宰以及批发零售、饲料供应等各环节的信息监测力度，建立统一、高效、权威、准确、反应迅速的信息报送与发布机制，及时向领导部门、生产者和消费者提供有参考价值的生猪生产与市场信息、变化趋势。尤其要加强生猪存栏、出栏等生产与市场流通统计工作，完善供需监测系统，及时向社会提供

前瞻性信息服务。健全市场信息进乡村、进农户的服务网络，及时为农民提供生猪产销、市场供求、价格盈亏等信息，指导生产有序进行。

第三，在现有技术服务为主体的畜牧服务体系中，增建畜产品市场信息分析预警服务。通过“畜牧信息网”、《牧业信息》周刊、手机短信平台，为广大涉牧企业、养殖户及专业人士提供交流平台，及时为畜禽养殖场户提供政策信息和畜产品供求信息，提供技术咨询，尽可能在现有技术服务体系中增设市场信息服务岗位人员编制。

6. 强化市场调节和监管工作

第一，构建生猪价格稳定机制。研究建立以价格保护、风险基金、期货市场等为手段的价格稳定机制，稳定农民养猪补栏的心理预期。

第二，完善稳定猪肉供应的应急预案，切实保障猪肉供应不断档、不脱销。加强猪肉产区与销区之间的衔接与合作，健全应急调运机制，落实鲜活农产品“绿色通道”政策，降低运输成本。引导大中城市居民食用冷鲜（冻）猪肉，科学消费，促进猪肉冷链物流发展。

第三，完善猪肉储备体系。要建立健全中央与地方相结合、活猪与冷藏猪肉相结合的猪肉储备制度。中央储备主要满足应对突发事件和救灾需要；地方储备主要用于局部应急和保证节日市场供应。猪肉主销区的省、直辖市及沿海大中城市要将地方储备充实到不低于当地居民7天消费量，主要采用以冷藏为主的猪肉储备方式。

第四，适时推出生猪期货，平抑生猪市场波动。生猪期货设计原先面临三个难题：标准化、检验检疫和活体交割，目前这些技术问题都已基本解决，现在推出非常有必要。因此，建议尽快选择生猪主产省开展生猪期货试点。

第五，启动市场保护价。综合考虑“猪粮比价”和盈亏平衡点，当肉价进入盈亏平衡点区域时，发布预警信号指导养猪场（户）规避市场风险。一旦盈亏平衡点跌破，一方面适时启动中央收储措施紧急干预市场，另一方面对养猪户实施临时市场救济，适时进行补贴，以稳定生猪市场、保护养猪户利益。当然，肉价下跌在短期内对消费者有利，肉价上涨会加大困难群体的生活支出，可通过对他们实行特殊时期生活补贴。

第二节

探索我国奶业链利益联结机制

为了以有利的市场价格及时销售原料奶，奶农极易背弃与当地奶企的销售合同而将牛奶销售给出价略高的买主。奶农的相机抉择市场行为使整个链条进入恶性循环，"订单农业"成了一纸空文，无法实现奶农—奶企的良性利益联结机制，探索奶业利益联结机制成为中国奶业发展摆脱困境的核心问题。养殖小区以及（在此基础之上的）奶农合作经济组织联合奶农统一生产、统一销售、统一技术、协调奶农与奶业的市场组织形式，被广泛认为是实现奶业链良性利益联结机制的有效制度组织形式。

一、奶业中各种组织形式

"三鹿事件"前，我国奶业养殖模式主要以散户养殖为主，同时并存一些规模化养殖模式。之后，我国奶业组织形式发生了巨大变化，当前的奶业养殖模式主要有散户、规模化牛场、养殖小区、奶业合作社以及托牛所等。其中散户养殖所占比重急剧下降，以中国科学院农业政策研究中心北京河北奶业调查为例，散户养殖模式只占到总存栏头数的不到20%，在部分地区（如河北行唐）散户几尽消失。规模化养殖呈现出多样化趋势，其中规模化牛场比例下降，养殖小区和奶业合作组织数量迅速增加，“托牛所”等规模化养殖模式也脱颖而出。

（一）规模化牛场

规模化牛场是统一化程度较高的奶牛养殖模式，由专业技术人员进行奶牛养殖、饲养、疫病控制及牛场管理等，具有独立法人地位。规模化牛场投资成本大，与乳品企业纵向一体化程度较高。

（二）奶牛养殖小区

养殖小区由不同规模的养殖户集中在特定区域内进行奶牛养殖，业内俗称“集中化散养”。从发起人角度，当前存在的养殖小区可分为两类：一是规模化养殖户型，该类养殖小区由规模化养殖户发起，吸收周围其他奶牛养殖户；二是奶站发起型，“三鹿事件”后，国家取缔和规范了各种类型的奶站和奶厅，严厉打击了流动奶贩，奶厅/奶站投资者相机调整了投资方式，从奶站转型为养殖小区。

养殖小区模式有效地克服了散户养殖在挤奶环节的质量安全隐患，集中化养殖有利于统一饲料配方与疫病治疗，有利于生产技术和市场信息在农户之间传播。但养殖小区的经营单位仍然是农户个体，很难实现饲料统一、防疫统一、疾病资料统一、牛场管理统一。养殖小区也无法做到规模化牛场的疫病控制管理，集中化散养扩大了疫病发生和传播的概率。养殖小区作为规模化养殖的过渡形式，需要摸索新的制度创新。

（三）奶农合作经济组织

我国现有奶农合作经济组织大多建立在养殖小区基础上，其发起方式分为能人型、村干部型和政府型。中国科学院农业政策研究中心 2009 年“农民组织”调研发现，50% 奶联社由养殖大户（或联合其他规模化养殖户）发起，其余50%为村干部利用自身资源成立合作经济组织，吸收其他养殖户进入。组织发起时，成员多为本村奶农。合作社的功能主要集中在以下方面：①统一采购饲料，降低投入品购买价格的同时保证饲料质量安全；②统一挤奶、统一防疫和配种；③促进市场信息和技术信息在奶农间扩散。奶企或收奶方通过合作社或养殖小区收购原料奶，合同中并无约定价格与数量，价格随行就市。小区或合作社发起人从奶价中抽取每千克0.4—0.5元提成，其余款项与社员定期交割。合作社并不提取盈余公积，盈利为养殖小区主或合作社发起人的私人收益。

奶业合作经济组织是政策诱导所致，农业部规范奶站政策规定只有三类主体具有合法原料奶收购资格：企业投资型奶站、规模化牛场、合作社。前两类的投资成本和市场进入门槛较高，合作社模式则成为私人投资主体的"避风港"。2009年中国科学院"农民组织"课题组调研发现，近180个农民合作经济组织中只有30%设置股金，39%的组织只为成员销售提供牵线服务，成员销售和结算都由自己承担；23%的组织仅偶尔提供一些技术或市场信息等没有太多实质性内容的服务。总之，合作社治理机构比较松散，缺乏社员—合作社（或养殖小区）—乳品企业的利益协调机制。

（四）托牛所

托牛所是介于规模化牛场和养殖小区的中间模式，农户将奶牛以资本形式投入托牛所，由负责人统一管理（或雇佣养殖户），农户从中提取固定收益。虽然作为一种中间模式，托牛所改变了农户奶牛养殖的生产关系。散户及养殖小区（或合作社）形式下，农户是生产者与所有者的综合体，托牛所形式下生产者与所有者脱开，农户成为拥有奶牛的"资本投资者"，而不再是生产者。

各种类型的奶牛养殖模式之间边界并非完全清晰。奶业合作社可将养殖小区、牛场以及散户作为构成单元；养殖小区如果内部治理结构企业化，则与规模化牛场类似；托牛所既有可能是规模化牛场的发展雏形，也有可能是私人投资者套取国家补贴的“机构行骗者”，养殖单位的养殖模式也是动态的。中国科学院农业政策中心在河北奶业调查时发现，“三鹿事件”前的一些规模化牛场转型为养殖小区（并注册为合作社），利用合法化的奶站为依托，吸引和吸收散户奶农迅速扩大规模。通过多样化奶源，一个奶业组织可能同时与多个其他类型的奶业组织实现资本交叉，不容易直观区分，为奶业监管也带来一定困难。

二、各种养殖模式的利益联结机制分析

散户奶农与市场自由化下的矛盾主要集中在以下几点：①奶业供应链中奶企的市场力量逐渐收敛，农户缺乏与奶企博弈价格的能力；②配种繁殖、动物营养、疾病控制与防疫等科学技术的日新月异变化加大了散户奶农获取技术的难度；③分散化的奶农缺乏抵御市场风险和自然风险的能力；④市场经济越发达，公共产品越重要，但是发展中国家往往缺乏提供公共产品的决策经验和系统协调能力。

“三鹿事件”后，中央和地方政府对规模化养殖进行了不同程度的补贴和扶持，但接受补贴的规模化养殖单位日鲜奶产量要高于2.5吨。为了达到补贴标准，各种类型的规模化养殖模式加速了对区域内散户奶农进行收购和整编；同时，养殖小区及合作社通过在原料奶销售以及统一销售饲料等投入品两方面提取差价赚取利润。奶农进入养殖小区或合作社后，饲养成本比自家农舍散养时大大提高，加之奶价低迷，农户与各种类型规模化养殖模式投资者的矛盾非常突出。无论是养殖小区还是合作社，现有奶牛养殖模式无法实现良性的利益联结机制。养殖小区在某些地方成为套取国家补贴的“外壳”，矛盾冲突的“集中地”以及疫病隐患的“火药桶”；合作社则被“异

化”为市场经济中的另类私营经济组织，无法从根本上理顺奶农—奶企、原料奶—加工奶之间的关系。具体问题如下：

第一，“社员集资、社员控制管理、成员获益分红”是合作社运行的基本法则，社员股金除了（按比例）参加分红外，更主要的功能是将控制权和管理权物化。据中国科学院农业政策研究中心“农民组织”和河北奶业调研发现，所抽选的奶业合作组织样本没有设置股金和股权，进入的散户奶农虽然被称为“社员”，但并不入股，也不参加（小区或合作社）奶价提成和分红。因此，散户奶农在养殖小区或合作社里被边缘化，成为私营养殖小区主兑取国家补贴、赚取生鲜乳销售差价以及统一销售饲料等投入的获利来源。

第二，传统合作社模式的主要功能之一是以集体形式强化合作社与产品买方的交易关系，获取交易主动权，并通过该形式抵御市场风险。但是养殖小区模式下的合作经济组织通过“市场定价，小区（或合作社）顺价提成”的方式，将市场风险转移给社员，不仅没有理顺奶农—奶企的价格形成机制，反而恶化这种关系，尤其在价格低迷时期。

第三，除了强化合作社的市场力量，合作社的重要功能还体现约束内部社员，通过使用章程或内部非正规制度安排使得农户履行生产义务。当前的养殖小区只是散户的简单集中，治理结构非常松散。一些奶霸发起的养殖小区或合作社迫使农户接受生产和购销合同，这种制度组织形式背离了农户为生产单位的规模化统一养殖这一初衷，破坏了和谐社会秩序。

第四，农户与合作社（或养殖小区）在市场交易中没有任何市场力量。几乎所有的合作社和养殖小区都在原料奶产品检测均符合标准的情况下遭遇奶企的无理拒收，生鲜乳销售困难加剧了奶农与养殖小区（或合作社负责人）的不信任和矛盾，使得这个链条变得更不稳定。养殖小区主为了避免“奶农逃离”延长了奶款结算期，变相增加抵押金，加之乳品企业屡屡拒收鲜奶导致养殖小区（或合作社）拖欠奶款，奶农与养殖小区主（或合作社）之间的矛盾在某些地区非常突出。因此，如何探索奶业利益协调机制不仅仅是市场和产业问题，还关系到基层社会经济和谐发展的进程。

三、促进乳品加工企业与奶农利益联结的政策建议

（一）鼓励生产饮用巴氏消毒奶，刺激消费市场

在发达国家“最好的奶就是最简单的奶”，鼓励饮用巴氏消毒奶可以提高牛奶的营养价值，减少直饮奶的化学与工业过程，减低食品安全风险。乳业大企业跨区域销售产销模式增加了饮用奶的长距离调运和储藏包装成本，各种概念奶也加大了食品安全监管的难度。

（二）将“原料奶奶源标识”制度引入定价机制

在提高原料奶质量安全可追溯性时，强化合作社定价机制，将优质优价固化在奶业链始端，从而实现社员—合作社—奶企的利益联结机制（见图 5 - 1）。巴氏消毒奶保鲜期短，销售半径短，比较适合地方中小型乳品企业。据中国科学院农业政策研究中心河北奶业调查发现，地方中小型乳品企业在稳定奶价，加强奶企对奶站的纵向一体化程度以及减少各级奶站之间的交易成本有重要作用。新制度经济学理论中，产地和品牌是专用性资产的重要形式，只有当专用性资产与所有者结合才能有效地降低交易成本，最大化经济效率。“优质的牛奶源于养殖环节，而不是加工环节”。因此，奶牛养殖者应该实现在整个链条中的所有权以及参与“优质有价”的剩余权分配。以农户为基本生产单位，通过合作社或养殖小区以“订单农业”形式与巴氏奶加工厂订立购销合同。地方巴氏奶企业无法消化的剩余原料奶可以卖给大型跨区域乳品公司，但是必须携带合作社的奶源标识。合作社可以从与大型跨区域乳品企业的交易中获取奶源提成，鼓励优质优价，强化原料奶生

产的质量安全。

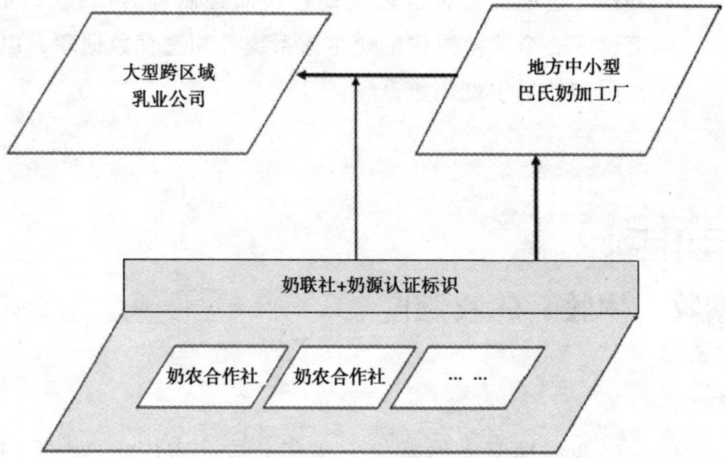

图 5－1　奶业利益联结新模式构想

（三）加强生产、技术、销售等信息的公开化和透明化

制度经济学“委托—代理”理论认为，合作社效率低于股份公司类组织，当社员目标不一致时，内部交易成本增加，导致组织效率减低甚至导致组织解散。在现行养殖小区模式下建立的合作组织形式只能是“个别散户的简单集中”，强化信任是解决内部问题的关键。政府需要大力增加在奶牛养殖信息化技术和财务信息透明制度建设等方面的投入，从硬件和软件两方面实现信息透明化，降低交易成本。规范现有合作经济组织形式，将农户的股权物化和实体化，推动合作组织形式的民主化，确保散户奶农在养殖小区和合作社中的利益。

（四）加大对各种规模化养殖模式的支持

各种类型的规模化养殖功能远远超过统一饲料、统一挤奶、统一配种、统一销售等形式。统一生产经营至少在两个方面提供社会正外部性很强的公共产品：统计奶牛种群谱系、优化选种及疫病控制，而政府职能之一就在于提供正外部性强的公共产品并对负外部性产品课税。因此，政府应加大对规模化养殖在选配优良种群以及动物疾病控制等方面投入的支持力度，建立全国范围内的奶牛谱系统计和选育数据库，以及全国范围内的奶牛疫病数据库。

第三节 完善禁牧、休牧、轮牧制度

我国拥有天然草原近 4 亿公顷，占国土面积的 41.7%，约占全球草原面积的 13%。草原是我国国土的主体和陆地生态系统的主体，也是畜牧业发展的重要物质基础和农牧民赖以生存的基本生产资料。草原资源是重要的战略资源，事关国家生态安全和食物安全，对构建社会主义和谐社会，促进我国经济与社会可持续发展具有十分重要的意义。由于全球气候变暖及长期以来草原开垦、超载过牧、滥采乱挖、违法征占等自然和人为因素，草原植被遭到严重破坏，草原生态环境持续恶化。这迫切要求采取合理措施，遏制草原继续退化的趋势，改善和维护草原生态平衡，实现草地资源的可持续利用。部分草原地区通过总结实践经验，认为禁牧、休牧、轮牧是恢复草原植被、改善草原生态、防灾减灾、促进畜牧业生产方式转变的重要措施。禁牧、休牧、轮牧制度成为草原保护建设的一项重要制度。

一、禁牧、休牧、轮牧制度的历史沿革

草原游牧民族传统的放牧方式为倒场放牧，即根据牧草生长状况在不同草场进行轮流放牧，这是牧民为保证牧草休养生息和牲畜正常生长所采用的草原利用形式，也是我国最早的轮

牧方式，距今已有上千年的历史。随着草畜矛盾的深化、对草原认识的深入和保护草原技术的提高，禁牧、休牧、轮牧制度经历了探索阶段、试验阶段和发展阶段，得到了较为快速的发展。

第一阶段，探索阶段（1951—1996 年）。新中国成立初期，我国对禁牧、休牧、轮牧进行了一些研究，为该制度的形成奠定了基础。例如，1951 年宁夏盐池县试行划区轮牧，并取得了一定效果；1965 年宁夏对 14 万亩典型草原和荒漠草原休牧 30—60 天，每亩产草量提高 14.8%—87.6%，同年内蒙古呼伦贝尔盟新巴尔虎左旗新宝力格公社禁牧 15 万亩，平均亩产草量提高 74%。

第二阶段，试验阶段（1997—2001 年）。据统计，新中国成立至 21 世纪初，牧区单位家畜占有草原面积已经下降了 60%—70%，与 20 世纪 80 年代相比，目前北方草原超载率上升了 18 个百分点。为了恢复草原植被，改善草原生态环境，部分地区开始实施禁牧、休牧、轮牧措施，禁牧、休牧、轮牧制度逐渐得到推广。例如，1997 年内蒙古鄂尔多斯市自发实施禁牧措施，三年后植被得到较好的恢复，植被覆盖度和牧草产量明显提高，优良牧草比例有所增加，草原涵养水源、防风固沙等功能明显增强，产生了很好的生态和社会效益。各地成功的实践，为禁牧、休牧、轮牧制度的形成奠定了基础。2000 年以来，国家实施了天然草原植被保护与恢复、京津风沙源治理、草原围栏、优质牧草种子基地、退牧还草等一系列草原保护与建设工程，工程主要建设内容以禁牧休牧、人工草地、舍饲圈养等为主，积极引导广大牧民合理利用草原，转变传统生产方式，增效增收。工程的带动，为禁牧休牧轮牧制度的推进起到了重要作用。

第三阶段，发展阶段（2002—2005 年）。2002 年 9 月国务院发布了《关于加强草原保护与建设的若干意见》（国发〔2002〕19 号），明确提出了推行禁牧、休牧、划区轮牧制度，为从根本上解决草原超载过牧问题、尽快建立科学利用草原的经营管理制度提供了政策依据。2003 年 3 月 1 日开始施行新修订的《中华人民共和国草原法》，以法律形式明确规定了“国家对草原实行以草定畜”、“对严重退化、沙化、盐碱化、石漠化的草原和生态脆弱区的草原，实行禁牧、休牧制度”、“在草原禁牧、休牧、轮牧区，国家对实行舍饲圈养的给予粮食和资金补助”，为建立和推行禁牧、休牧、轮牧制度提供了法律依据。禁牧、休牧、轮牧制度得到了进一步发展，并通过京津风沙源治理、退牧还草等生态建设工程的实施，得到了大力推行。

二、禁牧、休牧、轮牧做法及成效

（一）禁牧、休牧、轮牧操作办法

各省区根据当地自然、经济和社会条件，实施禁牧、休牧、轮牧措施，合理确定建设内容。

1. 禁牧

主要在三类地区实施，一是在生态脆弱、生态环境极度恶化、人口牲畜失去生存条件的地区。二是自然条件较好，秸秆资源比较丰富，但人口多、草地退化严重的农区和半农半牧区。三是在重要打草场。例如，内蒙古阿拉善盟阿拉善右旗处于荒漠地区，气候干旱，草地退化严重，部分地区农牧民失去生存条件。该旗按“围栏封育全面禁牧，搬迁转移集中发展”的思路，把退牧还草工程和易地扶贫搬迁试点工程有机结合起来，对禁牧草场大面积围封，将牧业户全部从牧区搬迁转移出来，并根据牧民的年龄采取不同的安排方式。年龄在 55 岁以上的牧民参加牧区养老保险，保险费大部分为投保户退牧还草项目的饲料粮补贴款，不足部分政府补贴一部分，自筹一部分；55 岁以下的牧民搬迁转移到基础设施相对完备、水土条件较好的生态园区从事种养业，或到城镇从事第二、第三产业，仅 2004 年就向工矿企业安置牧区劳动力 100 多人。梭梭林区的牧业户可季节性返回原承包草原从事梭梭、肉苁蓉人工种植，发展沙产业。通过上述多种形式增加牧民收入，解除牧民后顾之忧，使移民不仅移得出而且稳得住。

农区和半农半牧区自然条件相对较好，但牲畜数量多。内蒙古农区和半农半牧区牲畜占全区的70%。这里秸秆资源丰富，但利用率只有30%左右。由于该类地区户均草地面积小，草地经营权大部分落实到村民小组或联户，草地公用现象普遍存在。大量家畜集中放牧，使农区和半农半牧区草地退化相当严重。这些地区实施禁牧的方法是将草地围封起来加以保护，主要通过调整种植结构，增加饲草料种植面积，提高人工饲草料产量；购置饲草料加工机械，建青贮窖和微贮窖，提高秸秆饲料利用率，解决饲草料不足问题，并结合项目资金，修建棚圈，实现舍饲禁牧。

2. 休牧

主要在中度、轻度草原区实施。休牧主要有春季休牧和秋季休牧两种。春季休牧可为牧草提供一段稳定而不受干扰的萌发生长时期，有利于草地资源保护。目前我国休牧均为春季休牧，休牧期规定为3个月。休牧开始时间，一般为牧草开始萌发前的10—15天。当日平均温度≥5℃时，牧草开始萌发。但不同自然地带、不同草地类型，甚至同一地区和草地类型在不同年份，牧草萌发时间也不同。休牧开始时间按牧草萌发前的15天计，休牧期50天，也就是牧草返青后35天结束休牧。通过草原监测情况，科学确定结束时间，当植物的日平均生长速度超过10千克/公顷，地上干物质积累量超过100千克/公顷，可以结束休牧。从牧草生长发育情况看，牧草高度达到5—7厘米；以禾本科牧草为主的草地，禾本科牧草开始抽茎；以豆科和杂类草为主的放牧场在腋芽（或侧枝）发生时；以莎草科为主的草地在分蘖停止或叶片生长到成熟大小时，可解除休牧。休牧解除后，按照合理载畜量进行科学放牧。

在退牧还草、沙源治理等生态建设项目地区，休牧主要结合项目实施。内蒙古每个项目旗县安排的苏木乡镇个数，一般不超过5个。以户为单位，以嘎查为基本单元，采取统一模式，集中连片实施，项目区和项目户草场使用权必须落实到户。作业设计以户或以地块为单元，用GPS进行定位，标明经纬度，绘制施工图，并标明图纸编号、牧户名称、GPS坐标。围栏工程一般由专业公司实施，少数是牧民自己围，但质量必须符合要求。项目单位与项目户签订建设合同、休牧合同、管护合同和草畜平衡责任书。根据合同要求，由旗县农牧部门组织验收合格后，颁发合格证，休牧户凭合格证领取饲料粮补助。考虑到休牧区饲草料普遍缺乏的实际情况，内蒙古自治区决定在全面完成项目建设任务的前提下，允许使用节余资金进行人工种草、饲料基地、饲草料加工机械、青贮窖和棚圈建设。这样既完成了项目建设内容，又解决了休牧期家畜的饲草料需求，因此，休牧制度执行得较好。但一些没有项目的地区，因为基础条件差，没有围栏，休牧期饲草料也难以解决，尽管地方要求休牧，但实际上落实难度很大。

3. 轮牧

主要在植被较好或轻度退化的草场上实施。目前轮牧主要在牧区实施，半农半牧区和农区很少。轮牧方式主要有倒场放牧、分段放牧和划区轮牧三种。倒场放牧是比较传统的轮牧方式，在新疆、西藏等季节性草场分明的山地草场使用较多；此外，在草场面积较大的地区，如内蒙古的呼伦贝尔市、锡林郭勒盟的部分旗县还保留着倒场放牧的轮牧方式。分段放牧是将草场分成若干段，在人为控制下，有计划地逐段放牧，轮回利用。草场使用权承包到户以后，牧区有些牧户开始使用分段放牧技术，实现小范围的轮牧。倒场放牧和分段放牧是我国目前主要的轮牧形式。

划区轮牧是目前世界上放牧利用草原最科学的方式。内蒙古是推行划区轮牧较早的省区，克什克腾旗是联户划区轮牧的一种形式，在内蒙古锡林郭勒盟、呼伦贝尔市等一些户均草场面积大的旗县，多采用单户形式。克什克腾旗实施的划区轮牧示范项目是我国标准较高、规模较大的划区轮牧工程，总面积15万亩，共31个单元，每个单元划分面积相等的9个小区，共计279个；轮牧户193户，轮牧牲畜23415个羊单位，每单元平均755个羊单位。因为每户面积较小，不能以户为单位进行划区轮牧，因此，在草场承包到户的基础上，本着牧民自愿组合的原则，采用联户形式，几户草场共同组成一个轮牧单元，内部统一划分轮牧小区。

克旗政府专门成立由旗长担任组长的项目领导小组，保证项目的正常运行。克旗农牧业局制定项目建设具体管理办法，并与苏木及时办理移交手续，明晰产权，通过管护合同健全管护制度。苏木与牧户签订合同，明确各自的权力和义务。每个放牧小区的管护责任都落实到户，由牧户负责围栏管护。嘎查成立专门的管护队，负责设备的管护工作，管护责任具体到人。每个放牧单元选出一个组长，负责协调各牧户间的关系，主持解决内部出现的问题。加大执法力度，严格监督载畜量，严禁乱牧和超载放牧。建立健全草牧场流转制度，养畜大户有偿使用无畜户草场，实现资源流转和合理配置。灌溉饲料基地承包给懂技术、会管理的农民统一管理，以订单形式有计划地组织生产，计划内饲料以成本价销售给牧民，由牧民分户贮藏，其余部分议价向社会销售，承包者负担饲料地全部管护费。

（二）推行禁牧、休牧、轮牧制度的措施

近年来，国家加大了禁牧、休牧、轮牧的资金扶持力度，2000年以来，国家用于草原保护建设的国债资金达62.8亿元。仅退牧还草工程，就安排禁牧、休牧、划区轮牧建设任务2.9亿亩，投入中央资金42.5亿元。各省区紧紧抓住这一历史机遇，采取一系列行之有效的政策措施，通过项目推进本地区禁牧、休牧、划区轮牧，主要包括：

1. 加强宣传，提高农牧民对禁牧、休牧、轮牧的认识

农牧民是实施禁牧、休牧、轮牧的主体，也是生态建设的主体。积极引导群众，取得群众的理解与支持是做好工作的关键。各地把加强宣传教育做为一项重要的工作来抓。通过培训班、现场会、电视、广播、报纸等形式对有关法律法规和禁牧、休牧、轮牧政策大张旗鼓宣传，使各级干部群众统一思想，充分认识生态建设的重要意义。内蒙古克什克腾旗农牧部门深入嘎查、牧户进行宣传，共组织村民大会84次，走访牧户3000多户，集中办班2次，巡回办班41次，发放传单1万多份（册），同时利用广播、电视、宣传车等工具多次宣传，宣传到户率98%。西藏退牧还草的三个县，紧紧围绕禁牧、休牧、划区轮牧建设，安排科技人员深入基层指导工作，举办各类培训班9期，培训牧民1100余人次。四川省阿坝县采用多种形式培训农牧民6000多人次。通过宣传教育，多数农牧民对生态保护的重要性和必要性有了更深的认识，主动投入各项生态保护和建设中的积极性明显提高。目前，尽管还有部分农牧民对禁牧、休牧、划区轮牧仍有一些看法和意见，但多数还是愿意接受，认识比以前有较大提高。

2. 完善政策，为实施禁牧、休牧、轮牧提供保障

各地党委政府对禁牧、休牧和划区轮牧工作极为重视，结合当地实际，分别出台了各项政策。内蒙古自治区先后制定了《内蒙古自治区退牧还草试点工程管理办法（试行）》、《内蒙古自治区生态环境建设重点项目管理办法（试行）》；河北省2003年发布了《河北省禁牧舍饲管理办法》；吉林省2001年出台了《关于在我省西部实行草原禁牧与舍饲养畜工作的意见》；青海省制定了《青海省退牧还草工程管理暂行规定》、《青海省退牧还草工程专项资金监督管理暂行办法》；四川省2003年制定了《四川省天然草原退牧还草工程管理办法（试行）》等，均对禁牧、休牧、轮牧作了具体规定，为稳步、扎实地推进该制度提供了政策保障。

在出台一系列政策性文件的同时，各地制定了许多鼓励生态建设的优惠措施。例如，内蒙古通辽市科左中旗筹集资金统一购进粉碎机、揉碎机，发放到禁牧、休牧户手中；利用项目资金，采取以物代投方式，为贫困养畜户购进秸秆加工机械。科左后旗采取养畜户每购一台秸秆加工机械，政府补贴500元方式，发放加工机械。鄂尔多斯市财政2002年拿出1000万元专项资金用于农牧民购买饲草料加工机械为主的补贴。各旗县也都制定了相应的优惠政策，有的旗县对舍饲养羊户给予经济补助，规定每舍饲一只羊，种好一亩优质人工牧草补助4元；有的旗区规定凡购买一台饲草料粉碎机补贴50%；凡舍饲养殖规模达到大畜10头以上或小畜40只以上的牧户，政府提供给大畜每头30元、小畜每只5元的棚圈建设周转金；有的旗县规定，在4月1日至8月1日之间实行休牧的牧户，建设项目优先安排；有的地方规定，以草场为单位全年禁牧区每年每亩补贴3元，休牧区每年每亩补贴1元，以粮代补，按季发放，解决禁牧、休牧期间饲草料短缺问题。巴彦淖尔市筹资1900多万元，用于标准化棚圈、窖池建设和饲草料加工机具的补贴。包头市对种植优质牧草和连续3年以上舍饲圈养大畜20头或小畜100只以上的典型示范户给予政策和资金上的扶持。锡林郭勒盟各地都对禁牧、休牧牲畜发放补贴饲料，并实行供应卡和公示制。阿拉善左旗2002年给每个围栏牧户补助2000元。各地出台的一系列政策和优惠措施，保证了禁牧、休牧、轮牧的顺利实施。

3. 科学规划，引导禁牧、休牧、轮牧规范实施

为确保禁牧、休牧、轮牧有序进行，一些地区结合当地实际情况，对禁牧、休牧的时间、顺序和区域做了全面规划，认真进行了部署。青海省编制了《青海省退牧还草规划》，内蒙古呼伦贝尔市陈巴尔虎旗、鄂温克旗也都制定了2002—2005年禁牧、休牧规划。科学的规划，使禁牧、休牧、轮牧工作纳入了规范化管理轨道。

为配合禁牧、休牧、轮牧工作，推动畜牧业生产经营方式转变，内蒙古自治区人民政府召开了全区青贮现场会和农区畜牧业现场会。各地根据自己的具体情况，树立转变生产经营方式的典型，利用典型示范户带动周边农牧民。鄂尔多斯市涌现出许多舍饲圈养的典型，为了发挥这些典型的作用，各级政府和有关部门有计划地进行培植和扶持，做到乡乡有样板，村村有典型，一户带一村、一村带一片，以点带面，全面普及。通辽市畜牧业局专门印发了《关于抓好畜牧业典型工作的安排意见》，落实养殖专业村200个，种草养畜专业户2000个，家庭生态牧场示范场1500个，退化草地生态恢复典型2个。

在大面积推广禁牧、休牧、轮牧工作中，各地坚持规范实施、集中连片的原则，采取统一模式。以户或以地块为单元，用GPS进行定位，标明四至经纬，绘制施工图，并标明图纸编号、牧户名称、GPS坐标、禁牧休牧划区轮牧类别，以及围栏设计标准、工程量等，内蒙古还做到了全区统一上图，并建立了项目数据库。

4. 加强领导，确保禁牧、休牧、轮牧落到实处

为保证禁牧、休牧、轮牧的顺利实施，各省（区）和有关县（旗、市、区）都成立了由党政主要领导任组长、分管领导任副组长、有关部门负责人为成员的生态建设领导小组，具体负责禁牧、休牧、轮牧工作的组织实施、检查和协调工作，并设立办公室，负责处理日常工作。乡镇（苏木）、村（嘎查）两级也成立了相应的组织机构，实行一把手负责制，确保了各项工作的有序开展。各地都将每项工作责任明确、细化，落实到人。例如内蒙古鄂尔多斯市对有关旗县区和苏木乡镇政府，都把该项工作纳入到年度目标责任考核范围，并与农牧户签订目标管理责任书。通辽市科左中旗旗委、政府对生态建设工作排在全旗后三名的苏木乡镇实行一票否决。扎鲁特旗由畜牧部门牵头组成联合调查组，深入养畜户家中逐户调查，建立档案。各旗草原监理部门派专人看管禁牧、休牧区，严禁

牲畜在禁牧区内放牧。锡林郭勒盟层层成立了禁牧、休牧工作领导小组和办事机构，组建旗县市区草原监理所巡回检查大队28个，落实责任区28个，成立群众性管护组织187个，成员1004名，各级禁牧、休牧领导小组、草原监理所、群众性管护组织协调配合，实行昼夜巡逻，收到了良好效果。

5. 强化服务，为禁牧、休牧、轮牧提供技术支持

实行禁牧、休牧、划区轮牧，是草原畜牧业生产经营上的新生事物，需要向农牧民加强诸如饲草料加工调制、科学的舍饲和补饲、草原的合理划区及利用等方面的服务。目前，各地在这方面的配套服务虽然不能完全适应面上的需求，但都围绕禁牧、休牧、划区轮牧做了大量的工作。内蒙古赤峰市、旗、乡三级畜牧技术人员都围绕着技术推广和服务，确定自己的责任区和技术服务内容及对象，大力开展饲草料加工调制、青贮、氨化、家畜品种改良、家畜疫病防治和家畜育肥技术服务工作。锡林郭勒盟一些旗县在春季休牧期间实行干部包户责任制，技术人员全程进行服务，切实服务到嘎查村、到户。全盟还推行标准化舍饲试验示范，在舍饲中做到饲喂、防疫等工作科学化。鄂尔多斯市围绕禁牧、休牧，建立组织领导、技术服务、饲草料加工、饲养管理和产品销售五大保障体系，重点完善旗区、乡、村三级服务网络。科技人员实行定点、包片及联户制度，在种畜调配、饲养管理、棚圈建设、选种配种、接羔保育、疫病防治、饲草料加工调制等方面提供技术服务。

（三）禁牧、休牧、轮牧取得的成效

截至2004年年底，我国禁牧、休牧、划区轮牧总面积达10亿多亩。该制度实施以来，取得了良好的生态效益和社会效益。主要表现在：

1. 草原植被得到初步恢复，生态环境有所改善

通过实施禁牧、休牧、划区轮牧措施，草原植被盖度、产草量、草群高度、草群中优良牧草的比例等都明显提高，草原

生态明显改善。内蒙古西部地区禁牧区草场植被覆盖度提高10—20个百分点，牧草高度增加5—25厘米，产草量每亩提高15—25千克。中部锡林郭勒盟牧草高度增加4—15厘米，草群盖度提高了7—10个百分点。东部的呼伦贝尔市新巴尔虎右旗，休牧区植被盖度由原来20%—25%提高到40%—50%，产草量由30—40千克增加到40—60千克。河北省通过全面禁牧，天然草地植被覆盖率由禁牧前的平均35%左右提高到60%—75%，高度由不足15厘米提高到30厘米左右，产草量每亩增加25—45千克，改良草地平均亩产草量达到100—150千克，人工草地亩产达到280—500千克，地表径流减少40%。四川省实施退牧还草工程后，草原植被盖度平均从45%提高到58%，其中禁牧草地从36%提高到52%，休牧草地从55%提高到65%；产量平均每亩增加60.67千克，其中禁牧区每亩提高33.87千克，休牧区每亩提高128.07千克，项目区减少泥沙流失270多万吨。青海省项目区草原植被盖度平均提高30%—40%，减少地表径流75%—85%；云南省项目区草原植被盖度由50%提高到80%，牧草高度由5厘米提高到7厘米，土壤侵蚀度由40%减少到11%。

2. 畜牧业生产经营方式转变步伐加快，产业结构逐步优化

首先，提高了人工饲草料供给能力和科学饲养水平。内蒙古通辽市统一调拨草种125万千克，建立人工草地290万亩，退耕还草97万亩，引草入田19万亩，种植青贮107万亩；鄂尔多斯市2000年人工种草188万亩，饲料玉米80万亩，玉米青贮产量16.8万千克。饲草料产量的大幅增加和利用率的提高，为禁牧、休牧、轮牧的顺利实施奠定了物质基础，也促进了畜牧业生产方式的转变。

其次，促进了畜牧业饲养方式转变。休牧、禁牧区以放牧为主的饲养方式向舍饲半舍饲转变。目前内蒙古自治区禁牧区牲畜基本实现舍饲，舍饲牲畜数量2709万头（只）；休牧区

牲畜和其他地区的一部分牲畜实现半舍饲，数量达到2313万头（只）；划区轮牧是天然草地可持续利用的根本措施，是目前比较先进的草地利用方式，它不仅使草地得到充分合理的利用，而且可提高载畜能力25%左右，仅4年时间，全区划区轮牧面积已达到6788万亩，划区轮牧牲畜达到432万头（只）。

再次，加快了畜牧业生产结构调整。一是优化畜群结构。按照因地制宜，宜牛则牛、宜羊则羊的原则，优化牛羊比例。引进和改良牲畜品种，提高优质畜种比例，增加母畜比重，加快畜群周转。四川省白玉县因地制宜调整畜种结构，将牛、羊、马比例由6:3:1调整到5:4:1，户均养畜收入由844元提高到1250元，最高达到1500元。二是加快种植业和畜牧业有机结合。采取牧区繁育、农区育肥等措施，充分利用秸秆等资源，通过已垦草原退耕还草、引草入田、草田轮作、种植青贮玉米等措施，发展草食畜牧业，实现种养业的相辅相成，共同发展。内蒙古巴彦淖尔市充分利用农区资源优势，全力开展北繁南育，异地育肥工程，一方面促进禁牧、休牧工作顺利实施，另一方面也促进了地区畜牧业内部结构和生产结构的整体优化。畜牧业生产方式的转变和产业结构调整，不仅有效地减轻了天然草原的放牧压力，而且促进了农牧民优化畜群结构和改良畜种，科学饲养技术也得到了推广应用，集约化、规模化生产得到快速发展，畜牧业生产效益逐步提高。

3. 畜牧业生产效益不断提高，对农牧民增收作用不断增强

实行禁牧、休牧以来，各地通过改善家畜品种结构、加快畜群出栏周转等措施提高畜牧业生产效益，努力减少禁牧、休牧后饲养成本提高产生的负面影响，取得了较好效果。内蒙古赤峰市在传统放牧条件下，牛一般到第三年出栏，羊第二年出栏。实施禁牧、休牧以后，出栏牛年龄缩短为一岁半，并推行当年羔出栏，畜牧业生产不但没有

因禁牧、休牧受到影响，反而实现了较快发展。全市肉类总产量由2001年的23.17万吨增加到2003年的30.8万吨，增长29.95%，其中，牛肉产量由2001年的3.6万吨增加到2003年的4.1万吨，增长13.9%；羊肉产量由2001年的2.2万吨增加到2003年的4.2万吨，增长55.6%；鲜奶产量由2001年的3.3万吨增加到2003年7.1万吨，增长115.2%。云南省迪庆州实施禁牧、休牧以后，草地退化现象明显改善，草地生产能力提高，畜群周转加快，与2002年相比，2004年家畜数量增长5.4%，产肉量提高7.05%，农民人均收入增加268元，比2002年增长27个百分点。西藏自治区禁牧休牧区牛出栏率提高3%—5%，羊出栏率提高5%—8%，牧民户均增收744—1876元。

三、实施禁牧、休牧、轮牧制度面临的主要问题

（一）相关基础建设投入不足

围栏建设是草原保护建设工程的一项重要内容，是保证禁牧、休牧、轮牧制度顺利实施的主要措施和重要手段。加拿大90%以上的草场均建有围栏，通过围栏措施，草场较快地恢复到良性循环状态。截至2004年年底，我国禁牧、休牧、轮牧面积达10亿多亩，其中草原围栏面积只有4.5亿亩左右，仅占全国草原面积的7.5%。加拿大等国所采用的先进电围栏技术也值得我们借鉴。解除禁牧、轮牧后，大多数草原需采取科学的轮牧方式进行利用，因此必须加强围栏建设，保证该项制度的顺利实施。但由于牧区经济基础薄弱，在畜牧业基础设施建设上投入非常有限。舍饲圈养以后，棚圈、饲草料基地（配套小草库）、青贮窖池、饲草料加工机具等基础设施建设严重滞后，生产条件很难达到禁牧、休牧的要求，极大影响了禁牧、休牧工作的顺利开展和农牧民生产的稳定。轮牧需要资金较多，推

广困难，除国家资金扶持的项目户外，调查户中尚未发现自己投资进行划区轮牧的牧户。

（二）补助标准难抵成本费用的上升

一些地区禁牧以后，牲畜饲养量普遍减少，加之牧区产业结构单一，第二、第三产业缺乏，农牧民收入呈下降趋势。内蒙古鄂尔多斯市鄂托克旗新召苏木呼和陶勒亥嘎查孟克巴特尔家禁牧前饲养牛 27 头、山羊 300 只、绵羊 40 只；禁牧后只饲养牛 4 头、山羊 180 只、绵羊 20 只，比禁牧前减少了一半还多。从入户调查情况看，牧民普遍反映，牲畜数量减少影响到收入的提高，部分地区出现了草原生态逐步恢复，但牧民收入下降的现象。在收入减少的同时，饲养成本增加，农牧民劳动强度加大。内蒙古赤峰市 2001 年在部分山羊舍饲试点测定，半舍饲比全放牧高出 36.40 元，全舍饲比全放牧高出 71.20 元，禁牧、休牧的饲养成本分别增加了 1 倍和 0.5 倍。目前牧民普遍反映禁牧、休牧饲料粮补助标准偏低。内蒙古克什克腾旗休牧区牧民普遍反映休牧饲料粮补助标准低。调查的几个苏木的牧户羊单位占有草地面积在 16—25 亩之间，休牧期每羊单位得到的补助在 19.8—30.94 元，最高也达不到购草费用的 45%。如果再加上休牧舍饲期间家畜不适应，疾病增多而增加的医药费和掉膘损失，以及增加的劳动支出，则目前的补助标准远远不能抵消新增费用，因此，牧民的积极性一定程度上受到影响。

（三）技术服务还不能满足需要

禁牧牲畜全年舍饲圈养，春季休牧牲畜放牧时间从 6 月初至 12 月初，缩短了 3 个月。禁牧、休牧、轮牧措施改变了牧民们多年的生产、生活习惯，舍饲圈养等技术十分缺乏。另外，草原地区牲畜多为地方品种，长久的放牧方式已使牲畜形成比较稳定的采食习性。实施禁牧、休牧，牧草返青期间，牲畜闻到新鲜青草味道，采食干草量下降，导致疾病增多，膘情下降。牧民迫切需要在舍饲圈养、饲草料加工配制、营养组合与搭配，以及疫病防治、科学饲养等方面给予综合配套服务。禁牧、休牧以后，各地畜牧部门虽然在这方面做了大量工作，但因人力、资金不足等原因，社会化综合服务严重滞后，一些牧民的牲畜生产能力和畜产品品质明显下降，牲畜使用周期明显缩短。

（四）草原监理体系不健全

目前，我国草原监理存在机构不健全、建制低，人员缺乏、素质参差不齐，经费短缺，手段落后等问题，影响了禁牧、休牧、轮牧制度的推行。全国共有县级以上草原监理人员6300多人，平均1名草原监理人员约负责95万亩草原，如此大的工作量难以完成。由于经费不足，进一步增加了禁牧、休牧、轮牧措施的管护难度。如内蒙古自治区草原监理系统基本上都是只有人头费，没有事业费，甚至有的草原监理站财政只拨给30%的人头费。我国牧区草原大多地广人稀，远离城区和生活区，交通道路状况恶劣，对交通工具和野外通讯设备具有较高的要求，缺乏资金和必要的装备难于正常开展工作，很大程度上影响了禁牧、休牧、轮牧制度的推行进度。

（五）配套标准办法缺乏

由于草原分布区自然条件、经济条件、社会条件差别很大，各地需要根据自身情况制定符合本地区发展的禁牧、休牧、轮牧管理办法，确保禁牧、休牧、轮牧制度的实施，达到恢复生态、富裕农牧民的目的。尽管农业部已制定了《休牧和禁牧技术规程》和《草原划区轮牧技术规程》（农办牧〔2003〕13号），但目前只有四川在《四川省天然草原退牧还草工程管理办法（试行）》中对禁牧和休牧有初步的标准，黑龙江在《黑龙江省草原条例》对禁牧、休牧作出了具体规定。

大部分省、区还未结合实际情况细化禁牧、休牧、轮牧管理办法，部分省、区仅在相关条例和规定中有所涉及。

四、推行禁牧、休牧、轮牧制度的思路和主要任务

（一）思路

实施禁牧休牧轮牧制度，应以《中华人民共和国草原法》为指导，以草原家庭承包责任制为基础，以草原围栏、人工饲草地和牲畜棚圈建设为手段，以草畜平衡技术为支撑，以提高农牧民意识为保障，坚持科学规划、因地制宜的方针，尊重自然规律和经济规律，实现草原畜牧业生产方式和农牧民生活方式的转变，促进草原地区生态、经济、社会的协调发展。

（二）主要任务

为保证禁牧顺利实施，首先要解决好围栏、农牧民定居点、优质饲草饲料基地和棚圈等建设内容，并搞好后续产业的开发，达到维护草原生态和提高农牧民生活水平的目标。在对禁牧区进行管护、监督的同时，对其进行实时监测，了解牧草地长势情况，科学核定载畜量。达到解禁标准后，采取休牧和轮牧等措施，按照规定的载畜数量合理进行放牧。

在实施休牧的草原上，及时监测牧草长势情况，确定休牧开始时间。休牧期间，保证家畜的饲料供给，并针对家畜在牧草返青期采食量下降、免疫力降低的情况，做好疾病防控工作。根据监测结果，当草原植被恢复到解除休牧标准后，按照合理载畜量，实施划区轮牧等措施，防止解除休牧后过度采食破坏草原的现象发生，保证草原合理利用。

对实施划区轮牧的草原，首先根据牧草生长状况核定合理载畜量，并将草场划分为若干小区，规定每小区的放牧天数和次数，按照计划逐区放牧。为保证划区轮牧的质量，需要加强围栏、牧道等基础设施建设，解决好水源问题。对各分区的草原状况进行监测，及时调整利用情况。与此同时，要加强草原

监管力度，保证划区轮牧顺利进行。

五、推行禁牧、休牧、轮牧制度的建议

（一）加大资金投入，为制度实施提供基本保证

实施禁牧、休牧、轮牧制度，必须加强围栏、饲草料、棚圈、青贮窖、饲草料加工设备、划区轮牧饮水点设施与设备等的建设。目前牧民人均收入水平不高，低于全国农民的人均收入水平，2002 年牧民人均纯收入为 2187 元，比全国农民人均纯收入 2476 元少 289 元。在近几年的禁牧、休牧等生态建设中，牧民在经济上也付出很多，在这种条件下，牧民搞基础设施建设的投资非常有限。而禁牧、休牧、轮牧是改善生态环境，实现经济社会可持续发展的基础工作，关系到国计民生，必须长期坚持下去，因此，建议国家加强牧区基础设施建设力度，确保禁牧、休牧、划区轮牧制度稳步实施。当前，应注意加强与重大工程项目的结合，推进草原基础设施建设。国家近些年对草原保护与建设的投入大幅度增加，先后实施了天然草原植被恢复与建设项目、退牧还草工程、京津风沙源治理工程等重大草原保护建设项目。禁牧、休牧、划区轮牧措施应进一步与相关项目结合，加快该措施的推行步伐。

（二）完善相关政策，为制度实施发挥引导作用

1. 完善税收信贷支持政策

建议国家对实施禁牧、休牧、轮牧的牧户，在人工饲草料地建设和牲畜棚圈建设上给予资金扶持，减免税收，鼓励银行优先信贷。

2. 提高饲料粮补助标准

为了调动广大牧民生态建设的积极性，把禁牧、休牧、轮牧制度长期坚持下去，国家应根据各地区情况适当提高饲料粮补助标准，其中内蒙古建议补贴标准如下：禁牧 365 天，1 个羊单位日食量 2 千克，一年共需干草 730 千克，每千克干草按

0.4元计算，全年支出292元。按15亩地养1只羊单位计，每亩折19.47元。农区、半农半牧区实施禁牧，农副产品较多，饲草料资源相对比较丰富；牧区禁牧区也具有较好的草料生产条件，基本可以解决70%左右的饲草料，国家提供30%的补助，需要每亩补助5.84元。休牧期若按50天（现为90天）计算，1个羊单位需干草总量100千克，共计40元，每亩休牧草地折2.67元。就牧区大部分地区来讲，休牧阶段已进入传统畜牧业的放牧期，此时草料贮备已很少，通过挖掘各种饲草料生产潜力，也至多可解决40%的需草量，国家提供60%的补助，需要每亩补助1.60元。这样，通过提高国家饲料补助标准和挖掘禁牧、休牧区饲草料生产潜力，可以减轻牧民负担，为禁牧休牧轮牧制度的顺利实施提供保障。

3. 建立健全草原生态补偿机制

为把资源优势转化为经济和财政优势，应该逐步建立有利于生态保护的政策体系，充分体现生态价值和生态经济规律，纠正不计环境和资源成本的做法。建立有偿开发利用资源和全民保护资源的有效体制，适当提高现行资源税率，扩大资源税的征收范围，把资源成本、环境成本纳入企业效益核算指标体系。生态补偿机制一方面要求当地的企业和居民在进行经济开发的过程中，必须对生态环境的损失做出经济上的补偿；另一方面，也意味着环境保护不仅仅是一个地区的事情，草原地区保护生态环境付出的代价，受益地区应当分担一部分成本。这样才能把生态环境的经济外部性成本内部化，才能保证公平，调动草原地区生态建设的积极性。

（三）健全技术体系，为制度实施提供有力支撑

实施禁牧、休牧、轮牧制度，必须强化对牧民的技术服务，加强技术服务体系建设。对实施过程中发现的新问题，应探索切实可行的技术管理措施，提供合理的解决办法。例如，针对牲畜由于习惯在牧草返青期拒绝采食干草，造成多病减膘

的现象，有关人员应探索返青期科学的饲养技术，确保禁牧休牧轮牧制度的顺利实施。

（四）加强草原监理，为制度实施提供根本保障

随着禁牧、休牧、轮牧工作的普遍开展和草原生态保护建设力度的不断加大，急需充实人员，增加装备，加强手段，拓宽领域。草原监理部门的职能尽快由被动解决权属纠纷、调查案件，向主动开展草原巡查管护，落实禁牧、休牧、轮牧等工作领域转移。结合新《中华人民共和国草原法》的颁布实施，切实加大草原执法和依法治草的力度。建立健全地（盟）、县（旗）、乡（镇、苏木）三级草原监理机构，在增编、增人、增经费、拓展工作领域的同时，成立村（嘎查）群众性草原管护队伍，切实担负起草原监管的重任，有效开展工作。同时，必须注意对草原状况的适时监测，及时了解草原植被的长势，对禁牧休牧轮牧的实施提供保障。另外，通过监测草原利用状况，为开展监理工作提供依据。

（五）健全相关法规，为制度实施提供法律基础

当前，缺乏统一的禁牧、休牧、轮牧管理办法。《中华人民共和国草原法》第四十八条规定：“国家支持依法实行退牧还草和禁牧、休牧。具体办法由国务院或者省、自治区、直辖市人民政府制定。”国家应尽快制定该管理办法。目前部分地方政府在有关条例、办法等对禁牧、休牧、轮牧作了一些规定，但由于草原受水分、气候等自然条件影响较大，加之草原类型丰富，造成草原返青期、解除禁牧休牧标准多样化，执行过程有一些困难，需要制定更为灵活、全面的管理办法。因此各级政府应根据地方特点加快制定禁牧、休牧、轮牧管理办法，从而建立起我国禁牧、休牧、轮牧管理的法律法规保障体系，依法确保该项工作的顺利开展。

（六）加强宣传教育，为制度实施打牢社会基础

以贯彻落实科学发展观和“十一五”规划为契机，广泛开展宣传和教育活动，使牧区广大干部、群众充分认识到草原超载过牧对经济社会发展带来的危害，认识到禁牧、休牧、轮牧制度将给牧区经济发展带来的长远利益，教育引导他们处理好当前利益和长远利益的关系，提高广大农牧民的生态保护意识，为稳步推行禁牧休牧轮牧制度提供保障。

第四节

大力支持远洋渔业发展

从世界渔业发展历程来看，由沿岸到近海（包括外海海域）再到远洋，是海洋渔业的规律性进程，也是海洋渔业发展的必然趋势。由于海洋生物资源是一种重要并相对稀缺的国际战略资源，许多渔业发达国家和地区均采取各种方式对其远洋渔业企业给予政策扶持，以更多地抢占公海和利用他国渔业资源。特别是进入21世纪以来，由于新海洋法的实施，特别是世界粮食危机以来，各沿岸主权国纷纷抬高我国渔船入渔条件，欧盟、日本、我国的台湾地区都大力扶持其远洋渔业企业，导致我国远洋捕捞业日渐失去初期的竞争优势。因此，研究并解决远洋渔业发展中存在的问题，制定正确的产业发展支持政策，对于促进我国远洋渔业持续健康有序协调发展，实现我国成为远洋渔业强国的战略目标来说具有非常重要的现实意义。

一、当前我国远洋渔业发展的困境

由于近年来国内、国际以及产业自然规律的原因，如国际石油价格攀升、入渔门槛提高、资源争夺加剧、政策扶持不足以及远洋渔业设施落后，我国远洋渔业发展面临前所未有的挑战。

（一）远洋捕捞成本快速上升

远洋渔业属高投入、高风险、高燃油依赖度的弱质产业，燃油是构成远洋渔业的主要成本因素，每生产 1 吨远洋鱼货要消耗燃油（主要是柴油）1—1.5 吨，一艘大型渔船（如拖网加工船）年耗油量 4500 吨左右，因此，远洋渔业在国际上被称为“石油渔业”。近年来，因石油需求日益增长、油源供应日益紧缺、石油勘探成本逐渐增加、国际政治经济局势紧张等，致使原油价格持续上涨，远洋渔业生产成本成倍增加，给企业带来了巨大压力。据中国渔业协会远洋渔业分会统计，2000—2004 年远洋渔船使用燃油的平均价格约为 290 美元/吨；2005 年后国际油价达 600 美元/吨以上；2007—2008 年，油价持续攀升到 800—900 美元/吨，甚至超过 1000 美元/吨。燃油在远洋渔业生产成本中的比重从 2005 年以前的 30% 上升到 70%；再加上修船成本不菲、扩张资金投入不足、冷藏运输费用提升以及每年从国外进口的很多机配件需按有关部门规定缴纳关税和进口增值税等因素，远洋渔业生产成本大幅攀升。在此情况下，如果没有国家的政策性支持，远洋渔业企业将不堪承受，远洋渔业也难以为继。

高油价带来远洋渔业高成本可能引发一系列问题。一是渔业生产安全隐患。渔船为追求捕捞效益最大化，习惯地会采用延长生产作业时间的办法来提高产量、减少燃油成本，这将给渔业生产带来不安全隐患。二是发展再生产后劲削弱。实行股份合作制以来，渔民都把积蓄全额投入到渔船更新改造和设备、网具添置上，多数渔民还负债投资。由于近年来渔业生产不稳定，而燃油价格持续上涨造成效益下降，渔民实际可支配收入很少，发展再生产后劲不足，作业调整难度增大。同时，为了追求捕捞比较效益，渔民不得不放弃耗油高的作业，向耗油少、成本低、效益好的作业方式发展，这将对下一步捕捞作业结构调整带来很大难度。三是渔船将面临泊港停产。有些企业项目因严重亏损已经停产，特别是一些国有企业承担执行两国渔业协定的项目也面临撤船停产的严峻局面，而采取大批停船停产的“休克法”，后果极为严重。首先停船停产将会带来数万人失业，在国内外较大范围引起社会不稳定；其次停船撤船放弃公海生产，按国际惯例等于退出公海，今后再也无法恢复进入，几十年来获得的国际公共资源得而复失；最后个别企业与其他国家的渔业合作是承担国家之间渔业协定要求的，如企业从这些国家撤船停产，等于停止了协定规定的合作行为，必将造成国家关系的负面影响，对我国海洋渔业的稳定发展构成严重冲击，在当地也会引起极大震动。

此外，国内人力资源费用的提高对远洋渔业也带来很大压力，劳务成本、培训费用在远洋渔业总成本中的比例持续上升。由于远洋渔业劳务人员从主要来自沿海转向大量来自内地，劳务人员的环境适应性也有所降低；远洋渔业中大量的一线管理人员，负责海上生产指挥、后勤补给、鱼货转运等，业务工作量大，人员素质要求高，随着人才的社会化进程加快，其待遇要求也在快速提高。

（二）世界渔业资源竞争加剧

国际海洋法生效后，随着专属经济区和国际资源养护组织体制的建立，各沿岸国都对本国经济水域的海洋资源保护和开发利用开始进行规划，制定多种政策措施，将本国经济水域发展成为“海洋牧场”，由“捕捞型”向“养护型”转变，限制甚至拒绝向外国渔船开放，保证本国海洋资源持续再生产。

渔业资源管理也走向国际化，海洋渔业发展不可避免地从过去“资源掠夺型”转变成“资源管理型”，以保证海洋渔业的可持续发展。渔业资源保护的国际化对我国远洋渔业发展亦有一定的抑制作用，具体来说：

首先，我国在一些渔业发达国家海域内的传统渔场开始被迫退出，如俄罗斯的鄂霍茨克海域是北太平洋传统的鳕鱼渔场，随着200海里经济区的建立，俄罗斯逐步加强管制，从过去（200海里时代前）的免费入渔到政府配额收费管理，到配额商业性拍卖，再到2002年对外国渔船的彻底关闭[①]。

其次，那些资源丰富而自身无力开发的国家则对外国船只有限度开放，征收入渔许可证费或资源配额费获得收入，来扶持本国渔业发展和资源养护。这些国家的渔业政策多变，往往对项目正常运转造成影响，如纳米比亚政府调整渔业许可证和配额发放办法，加之既得利益集团操纵，我国个别新进入者因合作成本飙升而退出；另如南太平洋岛国以及西非海域沿岸的一些国家，对外国入渔的条件更加苛刻，他们制定了“地域性注册制度”和报告制度，新增加了入渔许可证制度、征收入渔费、渔具贮放、派驻观察员、船舶标志、指定代理、安装卫星传送器、禁止海上过渔、提交公海捕鱼数据等条款，这些苛刻条款对我国远洋渔业生产发展起到了较大的限制作用。此外，由于《联合国海洋法公约》条款繁多，各国理解和执行情况有很大差别，如果缺乏对某些国家准许入渔条件的理解也会遭受损失。

再次，由于对公海渔业资源管理意识增强，各大洋甚至各渔区都开始建立起名目繁多的国际性养护组织。以金枪鱼为例，就已建立包括大西洋和印度洋金枪鱼养护委员会的区域性资源养护组织多个。这些组织开展资源评价，制定海域的持续

① 云经才：“中水集团发展远洋渔业的环境分析与战略选择”，对外经济贸易大学硕士论文，2003年。

捕捞量方案，然后为各成员国船队确定捕捞配额，并通过建立船籍国、鱼货上岸国和进口国的多边管理机制，对每艘渔船进行监控，对超出配额部分将限制销售。确定捕捞配额以各国历史产量为依据，“存在即权益”的思想非常严重。由于我国远洋渔业起步晚，金枪鱼渔业更是发展缓慢，历史产量低，在大西洋海区的配额严重不足。

最后，一些发达国家和地区特别是欧盟和日本等，出于自身利益，不愿看到我国远洋渔业发展壮大，设置政策与技术壁垒，通过国际渔业管理组织在配额上加以限制，给我国远洋渔业的正常经营带来了诸多困难，如欧盟为实现继续垄断渔业资源空间，有针对性地采取严格的卫生许可等市场准入制度，迫使我国企业付出昂贵代价。

（三）远洋渔业设施落后

经过多年运营，目前远洋作业船队与设备已经出现严重老化，不能满足公海渔业开发的高投入需求，成为我国远洋渔业面临的主要困境之一。船只老化不仅增大了维修成本，而且给安全生产带来隐患。而我国渔船数量庞大和技术水平落后的问题也十分突出，不仅数量众多的渔船仍在使用传统的技术和作业方式，即便是新开发的几类大洋性渔船，也基本上是第一代船型，与世界上一些渔业发达国家相比，几乎差了两代船型。还有些地区的远洋捕捞船只，大多数是由过去近海作业的船只转移或改造的，总体上装备水平比较低，且技术储备不足，生产方式落后，与美国、日本等发达国家之间存在很大差距。同时，中国大吨位、大功率的钢制渔船数量还比较少。

远洋渔业是一个高投入行业，任何一环资金链断裂，企业就将面临危机。我国现有的许多远洋渔业企业均为股份制或民营企业，这些企业很难以船向银行获取抵押贷款，因而在资金运作上主要依靠企业内部职工投资、民间借贷。由于实力不足，这些企业只能忙于维持现状，面对逐年老化，抗风险能力不断下降的远洋渔业船舶，单个企业和渔民经济实力有限，缺乏资金，很难按要求配备高技术、高价格的船用设备，更无法对现有船队进行及时更新换代。目前，许多沿海地方现有的远洋渔业船队主力军，大部分仍为20世纪90年代原国有企业建造的船舶。按照现行检验规则，很多渔船都难以达到要求。

另外，由于渔业资源调查、渔场探测技术滞后，且缺乏船舶制造、网具设计等关键技术的储备，使得从拖网生产向钓业生产的过渡存在船只、网具、设备、作业技术不配套等问题，不利于高价值鱼的钓业生产。再加上中国渔船在救助艇、无线电通信设备配备，以及船员外语能力方面距有关方面的规定还存在差距，导致在生产竞争中处于被动地位。此外，中国部分远洋渔船安全状况与国际标准仍有差距，渔船制造业没有高水平的设计研究单位，重要船用设备的研发跟不上渔船的发展步伐。

二、发达国家和地区对远洋渔业的支持政策及启示

海洋生物资源是一种重要并相对稀缺的国际战略资源，渔业发达国家高度关注本国远洋渔业发展，早在1898年日本就开始实施远洋渔业奖励法。特别是20世纪50年代以来，各远洋渔业国家纷纷对本国远洋渔业都不同程度地实施了产业扶持政策，其中一些发达国家和地区远洋渔业发展的有益经验，对于我国远洋渔业有着重要的借鉴作用。

（一）欧盟远洋渔业支持政策

为了在捕捞能力和可捕资源之间建立平衡机制，解决过度捕捞问题，欧盟一直运用财政手段推行减船政策。在欧盟共同渔业政策框架下，欧盟远洋渔业支持政策主要体现在如下几个方面：

1. 采取入渔扶持政策

欧盟与非欧盟国家达成了许多协议，包括相互入渔、入渔

与贸易协议以及付费协议。20 世纪 90 年代，欧盟与西非的佛得角、冈比亚、赤道几内亚、几内亚、几内亚比绍、摩洛哥、塞拉里昂，与东非的马达加斯加、莫桑比克、坦桑尼亚等国家达成入渔协议。根据入渔协议，每年欧盟付费 3.5 亿美元。这些资金直接支付给第三国政府，而不是直接提供给入渔者；1996 年欧盟与毛里塔尼亚达成 5 年渔业入渔和贸易协议，欧盟应允进口价值为 3.5 亿美元的水产品；2001 年欧盟与毛利塔尼亚又达成了新渔业合作协定，协定期限到 2006 年止，增加在毛利塔尼亚海域捕捞头足类的渔船，由原来的 42 艘增加到 55 艘，欧盟的延绳钓船由原来的 56 艘增加到 67 艘，以及增加甲壳类渔船的吨位数量。

此外，欧盟与摩洛哥签订了有限制渔业协议，允许部分欧洲船队进入摩洛哥水域作业，但禁止进入被认为是摩洛哥渔民最重要的区域，其协议为期两年（2002—2003 年），补贴金为 1.25 亿欧元。欧盟部长级会议还要求改善与马达加斯加的关系，以允许法国、西班牙和意大利的 40 艘金枪鱼围网船，以及核准西班牙、法国及葡萄牙 40 艘金枪鱼延绳钓渔船进入马达加斯加海域内生产。欧盟与科摩罗间 2001 - 2004 年渔业协定，允许西班牙、法国和意大利 40 艘金枪鱼围网船和下一步的 25 艘金枪鱼延绳钓渔船进入该国水域内作业。此外，欧盟还与爱沙尼亚、拉脱维亚、斯洛瓦尼亚以及斯洛伐克签订了鱼类及其鱼产品自由贸易的协议等。

2. 以制度规范远洋渔业管理

为了实现远洋渔业的可持续发展和规范远洋渔业企业行为，欧盟积极推行总可捕量（TAC）制度的渔业管理措施，而欧盟 TAC 制度得益于欧盟统一渔业配额管理制度和统一执照制度的支持。这两项政策为保护远洋渔业企业可持续发展和企业间合理竞争起到了举足轻重的作用。

3. 实施远洋渔业补贴政策

欧盟对远洋渔业生产的各个环节采用财政补贴手段来扶持

远洋渔业产业的发展。1994—1999 年，欧盟渔业总预算为 32 亿美元，平均每年为 5.3 亿美元，主要用于捕捞量调整、粗加工、市场、养殖、港口设施和一般产品的深加工。其中，用于捕捞量调整的预算为 8.371 亿美元。此外，欧盟除了对远洋渔业生产环节补贴外，还实行出口补贴政策，以降低出口水产品价格。

4. 实施船队现代化和减船计划

欧盟非常重视远洋船队建设及渔船的大型化和现代化，1994—1999 年，欧盟在船队更新和现代化的预算为 7.477 亿美元。为了提高远洋渔业生产率和渔业资源保护，欧盟一方面大力实施远洋船队现代化建设；另一方面又在欧盟内部积极推进减船计划，欧盟理事会第 2980/83 号第一条规定欧盟执委会可对共同减船计划给予财政补助。欧盟的减船计划大体经历了四个阶段：第一次渔船削减计划（1983—1986 年），第二次减船计划（1987—1991 年），第三次减船计划（1992—1996 年），第四次减船计划（1997—2001 年）。从 2003 年 1 月 1 日起欧盟将采用新的渔船管理计划，即 100GT 以下的船舶按 1∶1 的比例进行更新，100GT 以上的船舶按 1∶1.35 的比例更新。

（二）日本远洋渔业支持政策

20 世纪 30 年代日本远洋渔业已颇具规模，70 年代是其鼎盛时期，这一时期远洋拖网渔业是日本远洋渔业的重要组成部分，日本曾拥有 340 多艘远洋拖网船。以后产量呈下降趋势，但日本远洋渔业世界强国的地位仍没有改变。

1. 多方位实施远洋渔业财政补贴

在世界石油危机和 200 海里专属经济区的影响下，促使日本政府加大了远洋渔业补贴。1996 年财政预算中，有 2.7 亿美元（预算经费）用于提高捕捞能力和生产水平，包括对年轻渔民培训，对合作社和渔船船主的援助、市场开拓、消费教育、价格稳定和各种捕捞技术的推广普及；有 5 亿美元的特殊补贴用于渔船的保险和再保险。根据 APEC 提供的资料分析，1996—1997 年对渔船损坏保险每年为 130 万美元，低息贷款 2400 万美元，新渔船和渔具研究支持每年 2000—2300 万美元，渔业科研发展每年 8000—9000 万美元，远洋渔业资源调查和国际渔业合作每年 1.1—1.5 亿美元。20 世纪 90 年代日本渔业部门每年花费 1 亿美元用于远洋渔业的入渔协议，主要是为了取得在西太平洋许多岛国和其他发展中国家沿岸水域作业的入渔权。另外，还有 1 亿美元用于国外援助，目的是取得持续性的捕鱼权。

2. 开展远洋渔业资源调查和研究

协助并参与国际区域性渔业管理组织对资源状况和海洋生态系的调查和研究，并将有关成果和海况及时提供给国内远洋渔业生产企业和远洋渔业管理组织。对发展中国家和地区进行资金、技术等方面的支持和合作，通过双边、多边谈判和国际渔业合作，保护应有的捕捞配额。

3. 开展渔业结构调整

为了应对世界范围的原油价格高涨给远洋渔业经营带来的影响，日本政府积极引导远洋渔业设施共同利用，开展渔业结构调整。通过培训提高远洋渔业技术水平和管理能力，促进渔业技术传承和渔业就业结构优化，提高渔民作业安全意识和海上救助能力，确保安全作业和劳动环境的改善。

（三）韩国对远洋渔业的支持政策

韩国远洋渔业始于 1957 年在印度洋金枪鱼捕捞作业，20 世纪 60 年代和 70 年代中期取得了迅速发展，1992 年远洋渔业产量达到 102 万吨，创历史最高水平，之后韩国远洋渔业出现萎缩。2002 年远洋渔业产量达 58 万吨，出口值达 4 亿美元。目前韩国远洋渔业渔船拥有 482 艘，船员 1 万名，集中在世界 25 个海外基地。其主要的渔货物为金枪鱼、鱿鱼、鳀鱼和虾类，所捕获的渔产品大部分供国内消费，以满足本国对渔产品需求的增长。韩国远洋渔业取得的显著业绩与韩国政府对远洋渔业采取积极和有效的支持政策以及远洋渔业企业的积极参与密不可分。

1. 注重海外渔业基地建设

韩国在全球21个沿海国家设立25个国外渔业基地，其中太平洋11个，大西洋8个，印度洋6个。为更好地推进远洋渔业的发展，韩国还设立海外渔业合作财团，以确保海外渔场开发、远洋渔业基地建设等。

2. 加快远洋船队现代化建设步伐

受总可捕量（TAC）制度限制，韩国远洋渔业产量有所下降。为了提高远洋渔业的国际竞争力，韩国积极推动远洋船队现代化建设战略。以金枪鱼船队为例，韩国远洋船队向大吨位、现代化方向发展特征非常明显。韩国海洋水产部计划，从2004年起在10年时间里将韩国远洋渔船由现在的444艘减为400艘。

3. 政府财政加大扶持远洋渔业发展的力度

根据APEC提供的资料，1996—1997年韩国政府每年支付2500万—2800万美元支持远洋渔业；船员保险每年200万—300万美元；远洋渔船免税每年50万美元，以及用于渔业科研支持为500万—800万美元；渔业成本利息的降低每年6500万—6900万美元。韩国政府为了稳定远洋渔业的经营以及加强竞争力，还提高了远洋渔业生产补助金融资的比率，根据新的政策，规定最多可借50亿韩元。2014年前，韩国将投资7000万韩元开展下列工作：积极发展金枪鱼渔业，依靠企业自身和市场规则维持远洋拖网和鱿鱼钓渔业，整顿北洋拖网、秋刀鱼舷提网、鳕鱼底延绳钓渔业。

4. 构建远洋渔业的生产经营信息体系

韩国远洋渔业生产信息体系建设由韩国海洋水产部委托国立水产振兴院负责，包含信息的采集、处理、分析和运用四个部分。虽然信息体系不外乎渔捞日志的收集、整理分析和运用，但信息体系的建立和运作纳入了法制轨道，信息的采集和处理体现了科学性。

5. 促进国际渔业合作

到2002年底韩国与13个沿海国家签订渔业协议，通过支付捕捞费和合资取得捕捞许可。韩国政府加速支持经济合作，包括邀请渔民培训，向沿海国家派遣专家等。与韩国签订渔业协议的国家有日本、澳大利亚、伊朗、法国、基里巴斯、所罗门、库克岛、图瓦卢、毛利塔尼亚、厄瓜多尔、俄罗斯、巴布亚新几内亚和中国。另外，韩国渔船通过合作和合资方法进入别国水域作业的国家有新西兰、苏里南、几内亚、阿曼、马绍尔、安哥拉、墨西哥、瑙鲁、加蓬、印尼、秘鲁、乌拉圭和马达加斯加等。

（四）中国台湾对远洋渔业的支持政策

20世纪60年代，我国台湾地区远洋渔业有所发展，到80年代末已达到70多万吨，比80年代初增长了一倍多。进入20世纪90年代，中国台湾地区远洋渔业已具有举足轻重的地位。1997年远洋渔业产量为74.9万吨，远洋渔业已成为台湾地区渔业的重要支柱。中国台湾地区渔业结构分为远洋渔业、近海渔业、沿岸渔业和养殖渔业四部分。中国台湾渔业发展基本遵循了一条由沿岸至近海到远洋的发展路径。相应地，渔场也由近而远，生产基地由岛内转向岛外的发展之路。为了应对总可捕量（TAC）制度，中国台湾积极进行远洋渔业的调整和转型，力求将自己塑造为有实力、负责任、服务社会的远洋渔业大省。

1. 协助渔业者改善经营策略，提升产业竞争力

为了消除世界沿岸国家相继实施200海里经济专属区制度给远洋渔业带来的负面影响，中国台湾重视运用渔业试验船和民间渔船开展公海渔业资源勘探，拓展远洋渔场；推行渔船监

控系统，即时掌握渔船动态，加强管理，以适应国际责任制渔业等相关渔业管理规范；扩大与沿岸国家渔业合作，确保作业渔场，辅导业者进行渔船本地化经营；参加国际渔业管理组织，以确保远洋渔业权益；加强海外渔业基地的配套设施建设，提高远洋渔业社会化服务水平；推行“渔船淘汰”政策等。

2. 重视远洋科学研究、管理及相关人才、人员培训工作

中国台湾积极参与国际渔业的组织和管理活动，加强对渔业资源的动态调查，积极开拓新渔场，确保台湾远洋渔业资源可持续利用，为渔业者争取最佳的远洋渔业发展空间和最大利益。中国台湾依托9大水产科研院所，大力培养海洋法律、海洋资源等各方面的人才，改进远洋渔捞技术及渔捞机械。同时，加强对渔业从业人员的培训及宣传教育工作，以维护海洋渔业秩序。

3. 发挥渔会作用，延伸产业链条

渔会是中国台湾的渔民自治团体，居于当局与渔民之间，为兼具政治、经济、教育、社会服务等功能的法人组织。其中省级渔会1个、区级渔会39个，共有会员20多万人。渔会的主要职能是调解渔业纠纷，推广渔业技术，救助海难事故，通报渔况和渔业气象，管理渔港设施，开展水产品加工、冷藏、运输和鱼市场经营，提供渔需物资供应，向当局报批渔需物资补贴，协调海外渔业基地建设和国际渔业合作项目，开展金融业务，发放低息渔业贷款，做好渔村文化、医疗、福利、救助等社会工作，搞好渔村建设，为遇难渔船申报救济经费，负责水产资源的保护，开展渔业保险和渔民的保险业务，负责实施当局委托业务等。

4. 加强远洋渔获物的销售及加工处理

中国台湾一方面帮助远洋渔业企业大力拓展海外市场，保护远洋渔业生产者的利益；另一方面不断鼓励开发水产加工新技术，鼓励远洋渔业企业参与水产加工业，提高远洋渔获物的

附加值，使产、加、销形成一条产业链而平衡发展。

总之，欧盟、日本、韩国、中国台湾地区等大力扶持其远洋渔业的做法主要表现为加大远洋渔业的资金扶持力度，培植远洋渔业龙头企业，加大远洋船队现代化建设步伐，加强国际渔业合作并开辟新渔场，深化远洋渔业价值链中的产学研合作。

三、我国远洋渔业支持政策评估

（一）我国远洋渔业政策回顾

由于受数千年传统农耕意识影响，我国渔业资源开发大多为“守地养田”模式，长期局限于近海范围。直到1985年3月，我国第一支远洋渔业船队开赴西非作业，才开始有远洋渔业。1989年3月，在国务院颁布的国家产业政策中，把远洋渔业列为重点扶持发展的产业。1990年7月召开的全国副食品工作会议上，时任总理李鹏曾对发展远洋渔业给予了高度重视，指出：“今后一方面要保护近海渔业资源，另一方面要大力发展远洋捕捞。”

1996年，中国水产科学院、农业部远洋渔业发展研究中心在《我国远洋渔业前景的研究》中提出：“科教兴渔”是发展中国远洋渔业的重要战略；发展中国的远洋渔业，首先要解决生产区域的合理布局，重点发展“三南”海域（南太平洋海域、南美海域和非洲南部海域）作业；同时注重捕捞方式的合理优化，改变以拖网为主的单一结构，大力发展鱿鱼和金枪鱼业，重视资源考察、渔场探测、新捕捞技术的研究与应用，重视远洋渔业各种专业技术人员的培养。

1997年，国务院批转了《农业部关于进一步加快渔业发展的意见》，文件明确指出，要把远洋渔业作为一个大产业进行有计划地重点发展，将远洋渔业作为实施可持续发展战略的重要领域，远洋渔业作为优先发展和重点支持的产业，将继续享受国家关于扶持远洋渔业发展的各项优惠政策。

2000年，我国明确了“效益第一”将是我国远洋渔业发展的新方向，远洋渔业捕捞将尽快实现向效益型转变，由单纯重视发展船队规模向综合经济取得较好效益的方向发展，在稳定巩固现有远洋渔业项目的基础上，增强我国在利用公海渔业资源上的竞争力。

特别是“十五”期间，国务院批准了《我国远洋渔业发展总体规划》，将远洋渔业列为国家重点支持和鼓励的行业，财政部、国家发展和改革委员会制定了有关减免税收、造船资本金补贴、贷款贴息，安排专项资金支持公海探捕等一系列优惠政策给予扶持。

（二）我国远洋渔业支持政策现状

1. 实施关税优惠

国家对公海或按有关协议规定的国外海域捕获并运回国内销售的自捕水产品进口实行免征进口关税、进口环节增值税以及免征农业特产税等税费优惠政策，另外销售远洋捕捞的水产品免征增值税。对取得《农业部远洋渔业企业资格证书》的远洋渔业企业旧船更新所需进口的船用关键设备和部件、进口少量带有入渔配额的二手远洋渔船及国内尚不能建造的特种渔船等给予一定的税收优惠。

2. 免征企业所得税

企业所得税优惠主要是对取得农业部颁发的“远洋渔业企业资格证书”并在有效期内的远洋渔业企业从事远洋捕捞业务取得的所得，暂免征收企业所得税。对取得各级渔业主管部门核发的“渔业捕捞许可证”的渔业企业，从事外海、远洋捕捞业务取得的所得，暂免征收企业所得税。国有农口远洋渔业和其他国有农口渔业企业从事渔业类初加工所得，按照财政部、国家税务总局下发的《关于国有农口企事业单位征收企业所得税问题的通知》（财税字〔1997〕49 号）的规定免征企业所得税。

3. 发放燃油补贴

2007 年根据《农业部办公厅关于发放渔业柴油补贴资金有关问题的通知》，首次将远洋渔业柴油补贴正式纳入国内补贴机制，中央财政对远洋渔业柴油补贴共 3.4 亿元。

4. 给予购船补贴

根据 2001—2010 年《我国远洋渔业发展总体规划》和《国家计委关于发展远洋渔业有关问题的报告》，2006 年国家对远洋渔业企业建造远洋渔船给予一定投资补助，其中对超低温金枪鱼延绳钓船每艘补助建造资金的 30%，对玻璃钢冷海水金枪鱼延绳钓船每艘补助建造资金的 25%，对大型鱿鱼钓船每艘补助建造资金的 20%。

5. 财政支持远洋公海渔业资源探捕项目

为加快我国远洋渔业产业结构调整步伐，合理开发大洋性（公海）渔业资源，从 2005 年起财政专项增加了远洋公海渔业资源探捕项目。

四、我国远洋渔业发展支持政策体系

（一）我国远洋渔业发展支持对策

首先，建立一个法制化的预算体制。以法律的形式通过国家财政预算、地方财政预算（包括省、地、县市等），明确划分中央和地方在远洋渔业支持和保护体系上的权责和职能。中央预算重点负责全局性远洋渔业发展事项，如相关财政补贴、大中型基础设施建设项目、重大或重要远洋渔业科技项目等；地方预算侧重于为地方渔业企业提供资金支持。其次，建立一个完善的管理机制、监督机制和评价机制。最后，形成一个全面的、系统的远洋渔业支持政策体系（见图 5 - 2）。要加强 WTO 所允许使用的远洋渔业基础设施支持政策体系、远洋渔业科技创新与应用体系、预警和应急政策、人才政策体系，最终达到提高远洋渔业生产能力、增强远洋渔业国际竞争力竞争力、保证水产品供给以及提高企业和渔民收入、促进我国远洋渔业发展的目标。

1. 财政支持政策

对于远洋渔业发展而言，国家实施财政支持主要表现在：第一，政府可以运用税收杠杆，适度降低远洋渔业企业的营业税和所得税或实行减免税政策，以减轻远洋渔业企业的经营成本；第二，对远洋渔业的渔船以及柴油进行相应补贴，以弥补成本收益不对称现象。

2. 金融支持政策

第一，远洋渔业发展可充分利用政策性银行的信贷支持。相关金融机构可以设立远洋渔业开发专项基金，目标明确地向高价值项目倾斜，增加贷款贴息。第二，保险公司应加大对远洋渔业开发项目的支持力度，增强远洋渔业项目信贷能力，为远洋渔业企业筹措足够资金提供风险保障。中国证券管理委员会和各级管理机构在充分了解远洋渔业企业的实际情况下，适当放宽远洋渔业企业上市筹资的各项条件。第三，鼓励远洋渔业企业创新远洋企业发展基金。组织几家实力较强的远洋渔业企业共同出资成立远洋渔业发展基金，并委托专业机构负责运营。各会员可根据出资额或协议在需要资金时从基金中取得所需额，用于自我发展或投资其他产业。

3. 基础设施建设政策

国家应该通过规划建设渔港码头、交易中心、冷库等基础设施，重点加快冷链建设，为远洋渔业的发展提供良好环境。具体做法：第一，根据远洋渔业发展的需要，由政府提供用地和资金，规划建设现代化的渔港码头；第二，加快海外渔业基地建设。鼓励有能力的大企业或企业间合作在海外有发展潜力的项目临近国家和地区，建设陆上后勤基地，从事海上油料、饵料补给及鱼货运输和销售，真正形成产供销和后勤补给配套的一条龙发展体系。

4. 科技创新和应用政策

（1）渔具渔法。主要是对钓钩、钓线、干绳、支绳、系钓线、浮标线和浮子等渔具的研究开发和钓鱼技术的研究。

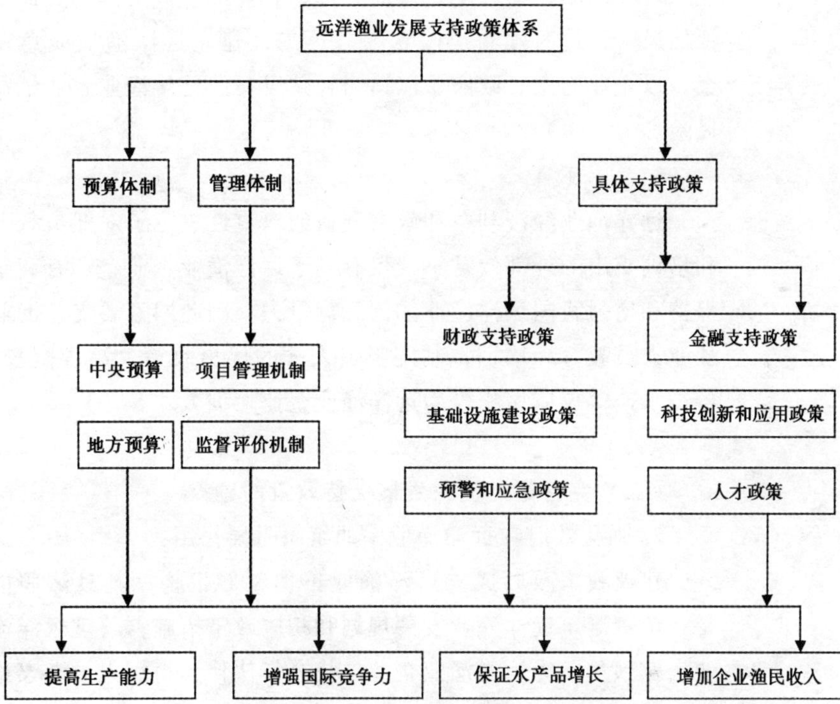

图 5-2　我国远洋渔业发展支持政策体系

(2) 项目评估技术。运用现代技术手段对渔业资源动态进行科学评估和预测、预报，建立起有专业科技人员、专门设备和仪器的远洋渔业资源评估专家系统。根据已有渔获量统计资料、鱼类群体生物学参数、评估需求和目标，利用专家系统中的模型库和专家知识对模型进行选择、拟合和计算等方法，对不同渔区的主要鱼种、主要渔汛或每年的资源量、最大持续产量、可捕量作出科学预报。

(3) 加工技术。从加工、保鲜技术人手，研究出适合不同区域、不同消费群体需要的加工产品，使远洋渔业的大宗鱼产品保质、增值。

5. 预警和应急政策

第一，进一步完善预警机制。针对远洋渔业市场风险、作业风险和国际政治风险，由商务部、农业部、外交部和交通部评估风险，适时发布风险预警。第二，建立远洋渔业应急基金，以企业为主、政府予以适当补贴以帮助远洋渔业企业抵御风险。

6. 人才政策

远洋渔业经济利益和政治利益的双重性决定了对船员教育和培训支出的外部效益不仅仅有利于远洋渔业企业，还有利于保持和增强我国远洋渔业的国际竞争力。因此国家要支持渔业从业人员教育和培训，制定吸引人才的优惠政策，高等院校、各类水产学校应该积极为远洋渔业企业培训人才。

（二）完善远洋渔业发展支持政策的建议

1. 强化政府在远洋渔业中的组织引导作用

建议我国政府成立远洋渔业工作领导机构，其具体职能是：负责制定远洋渔业发展规划和相应政策措施；管理远洋渔业合作项目，为远洋渔业企业寻找合作伙伴，组织人员考察论证远洋渔业项目，负责安排各项优惠政策指标，管理和监督远洋渔业优惠政策的执行情况，协助远洋渔业企业办理有关业务，全面掌握远洋渔业项目实施情况，负责搜集、储存、咨询、交流远洋渔业信息。通过政府的引导作用降低远洋渔业企业政治和经济上的风险和压力，促进远洋渔业的快速稳定发展。建立多层次资金扶持体系，如设立远洋渔业专项贴息贷款资金来支持远洋渔业企业购置船只设备，建立远洋渔业发展基金支持重点企业和项目，还可建立远洋渔业政府信贷担保制度等。

2. 完善远洋渔业管理制度

严格执行《中华人民共和国渔业法》有关规定，省级渔业行政主管部门要严把项目审核关，制止和杜绝未经渔业主管部门批准，通过租赁、挂靠等方式到他国海域捕捞作业现象。借鉴国际经验，规范和加强对远洋渔业船舶的建造、出国审批、项目执行情况等监督管理，维护我国渔业权益。另外，还要发挥行业协会的作用，加强行业自律，实行行业自治，规范企业行为，提高远洋渔业企业的组织化程度。充分发挥行业协会在资源管理、质量安全、维护渔业权益、贸易纠纷调处和行业自律等方面的作用，提高其自我管理能力。

3. 加大对远洋渔业的财政支持力度

从当前我国实际来看，燃油补贴最为迫切。目前各国对本国燃油补贴居高不下，而我国对远洋渔业企业的相关燃油补贴支持力度相对较小，需要适当提高对远洋渔业企业的燃油补贴，维持远洋渔业企业的正常经营。

4. 培植远洋渔业龙头企业

可以考虑由政府控股，拿出一部分启动资金，组织大型渔业企业共同出资，组建远洋渔业股份公司，发展远洋船队参与国际远洋渔业竞争。也可通过资金扶持、政策优惠等，选择有发展前途的远洋渔业企业进行重点培育。在此基础上，发挥骨干龙头企业的带动作用，通过参股、代理等方式，吸引群众渔业发展远洋渔业。另外，我国90%的远洋渔业企业都是国有企业和集体企业，对于西方国家来说，国有企业和集体企业都属于政府控制下的国有企业，从而它们有理由认为政府对这些企业存在大量补贴，这有可能会把我国对渔业的补贴列为《SCM协议》规定中的禁止性补贴范围。今后我国应该实行政企分离，切实把政府服务职能做好，使企业真正成为独立经营的经济实体。

5. 加强国际渔业合作，开辟新渔场

2004年我国远洋捕捞区域已经涉及太平洋、印度洋、大西洋公海及35个国家和地区管辖水域，远洋渔业要进一步发展，需要寻找新的合作伙伴。扩大我国国际渔业合作可通过两个主要渠道：一是政府间渔业合作渠道。由于远洋渔业是一个开发别国沿岸或大洋公海渔业资源的产业，具有较强的涉外性和合作性，因此，通过政府间达成的渔业合作协议，可有效降低远洋渔业企业面临的政治风险和经济风险，促进远洋渔业的快速稳定发展。政府间渔业合作渠道方式可采取多种方式，如对外经济技术合作和友好城市、驻外机构等外交渠道，帮助企业争取远洋渔业合作项目；利用国家援外项目换取官方远洋渔业项目或国外入渔许可配额；加强与国际组织的合作，扩大公海渔场等。二是民间渔业合作渠道。在国家扶持的基础上，建设渔业中间组织和鼓励行业自律。

6. 深化远洋渔业价值链中的产学研合作

国家不仅要在科研经费、人才培养、实验室建设等方面给予远洋渔业相关高校和科研院所必要扶持，更应鼓励科研单位与远洋渔业企业间的密切合作，促进新型渔船、新渔具、探鱼装备等硬件设备的技术研发，以及远洋渔业人才培训、相关软件开发、新渔法研发、市场推广等软工程的研究工作，实现整个远洋渔业产业链升级。